## ★★★★★ 이 책을 추천하신 분들

**곽선희 목사**, 소망교회 원로목사

　인도의 정신적 지도자 간디는 우리 인간들에게 세 가지 죄가 있다고 지적한다. 첫째는 공부 안 하는 죄, 둘째는 공부한 것을 실천하지 않는 죄, 셋째는 아는 바를 가르치지 않는 죄라고 했다. 공부하지 않는 것은 인간이기를 포기하는 것과 같다. 하나님이 주신 소중한 이성적 기능을 죽이고 본능대로만 살겠다는 것, 이보다 위험한 인간 생활양식은 없다. 또한 배우고 깨달은 바를 실천으로 옮길 때, 지식은 지혜로 바뀐다. 여기에 가르치고 배우는 거룩한 수고가 있어야 비로소 인간은 인간답게 발전해간다.

　칼 바르트는 하나님의 계시를 객관적 계시와 주관적 계시로 나누어 설명한다. 객관적 계시는 하나님께서 보여주시는 계시 사건이다. 예수 그리스도와 성경을 뜻한다. 주관적 계시는 그 계시를 우리가 알고 믿고 순종하도록 친히 역사하시는 성령의 역사이다. 객관적 계시 없는 주관적 신비체험은 가장 위험한 신앙양태로 전락한다. 때문에 우리는 계속해서 하나님의 계시하신 바 진리를 가르치고 배워야 하며, 또 배운 바를 실제 생활에 실천하면서 그 신앙을 바른 진리 위에 성장시켜야 한다.

　성육신은 그 계시의 본체이며 하나님께서 선택하신 계시 언어이다. 이 계시 사건은 성육신적 소통 과정을 통해 재해석되고, 그 진리는 오늘의 언어로 성육신되어야 한다. 우리의 문화언어로 그 버전을 바꾸어 가야 하는 것이다. 이 귀중한 성육신이 중단되었을 때 말씀의 소통이 중단되고 진리의 교통이 단절되는 것이다.

여기에 새 시대를 향한 계시언어 소통의 길을 터놓으려고 수고한 한 젊은 신학자의 생생한 수고가 있다. 교리, 진리의 고전적 언어를 현대적 표현으로 바꾸어, 종교적 가치를 외면하려는 현대인에게 새로운 언어로 접근하려는 신선한 시도는 참으로 아름다운 현대 목회의 자세라고 본다. 더욱이 배우고 가르치고 전하고 섬기며 교육 목회 현장에서 체득한 생생한 경험을 따라 새 지혜를 얻고, 이제 이를 통해 깨달은 바를 새 시대 젊은이와 평신도들에게 전하려는 귀중한 시도에 찬사를 보낸다. 모쪼록 이 글을 읽는 이들이 귀중한 계시 사건을 만나며 진리의 길을 찾게 되기를 바라는 뜻에서, 기쁜 마음으로 추천하는 바이다.

**김지철 목사**, 소망교회 담임목사

윤동일 목사는 예수 그리스도의 복음에 대한 열정과 사랑이 있는 사람이다. 그는 무엇보다 젊은 신앙인들이 복음의 진리에 들어오는 데 선한 안내자가 되어 그 깊이와 넓이를 체험할 수 있도록 도와주는 목사이다. 이 책에서 저자는 자기 생명을 걸고 고백한 예수 그리스도, 아버지 하나님, 성령님이 어떤 분인지 잘 보여준다. 인간의 죄와 죄책감에 대한 문제와 성령의 은사, 그리고 종말론 등의 신학적 주제들을 흥미롭게 다루고 있다. 그의 신앙을 변증하기 위한 언어와 삶의 고백을 담은 진솔한 언어가 잘 맞물려 있다. 어려운 신학적 주제들도 젊은이들이 사용하는 오늘의 언어로 풀어쓰고 있다. 신앙적 고민을 해결하고픈 이들에게 신앙의 성숙을 위한 소중한 책이 될 것이다.

**고용수 목사**, 전 장신대 총장, 현 대구제일교회 담임목사

　이 책의 저자는 나의 가장 사랑하고 아끼는 제자 가운데 한 사람이다. 교회의 청소년과 청년 사역에 남다른 전문성과 열정을 지닌 저자는 2년 전 「교회학교 1%의 변화로 성장할 수 있다」라는 책을 출간해 다음 세대를 품는 교회학교 교육 지도자들에게 매우 설득력 있는 비전을 제시했고, 지금까지도 일선 교사들에게 필독서로 추천되고 있다.

　이번에 출간된 「크리스천 매뉴얼」은 기독교의 중심교리인 하나님, 예수 그리스도, 성령, 인간, 죄, 구원, 종말 등 기독교가 믿고 고백하는 교리의 중심 주제들을 평신도들의 눈높이에 맞추어 매우 간결하면서도 재미있게 소개하고 있다. 기독교 신앙은 미신도, 맹신도 아닌 철저하게 진리에 기초한 '지식 있는 신앙' 이다. 진리를 아는 지식 위에 바로설 때, 성숙한 신앙에 이르게 되고(엡 4:13), 그 진리가 인간을 자유하게 해준다(요 8:32). 따라서 신앙의 성숙을 위해 기독교 교리의 지적 이해가 신앙인들에게는 매우 중요하다.

　이 책의 특징은 이해하기 어려운 기독교 교리를 저자의 재치 있는 문장력으로 너무도 쉽게 풀어주고 있다는 것이다. 그래서 특별히 기독교 신앙의 사고체계 형성이 필요한 평신도들에게는 본서가 매우 유익한 지침서가 될 수 있다고 믿기에 꼭 일독을 권하고 싶다.

**김동호 목사**, 높은뜻숭의교회 담임목사

　작지 않은 예배당을 건축해 본 경험이 있다. 집을 건축할 때 제일 먼저 그리고 제일 중요하게 하는 작업이 있었는데 그것은 기초를 파고 다지는 일이었다. 비단 건축뿐 아니라 공부나 운동 그리고 음악과 미술 모든 면에 있어서도 마찬가지이다. 눈에 보이지 않는다고, 기초를 소홀히

한다면 모든 것이 부실해 질 것이다.

이는 신앙생활에 있어서도 마찬가지이다. 그러나 신앙생활과 교회생활은 학년이 있는 것도 아니고 학기가 있는 것도 아니기 때문에 그 어떤 것보다 기초를 충실히 하기가 어렵다. 신앙생활과 교회생활의 기초를 충실히 닦아두지 못해 교회나 교인들에게 생기는 문제는 이루 말로 다할 수 없다. 신앙의 기초를 닦을 수 있게 돕는 적절한 교재를 찾기가 쉽지 않았는데 이 책을 읽고 얼마나 반가웠는지 모른다. 신앙의 기초를 바르고 튼튼하게 닦으려는 교인들에게 정독을 권한다.

**이찬수 목사**, 분당우리교회 담임목사

이 시대의 크리스천에게는 개인기보다 기본기가 필요하다. 논리로 사람들을 예수 믿게 할 수는 없지만 신앙적 감정보다는 냉철한 논리로 무장되어야 할 때이다. 개개인의 종교적 열심도 중요하지만 세상을 향해 무례함 없는 예의를 갖추는 것도 중요하다. 한 명의 천재보다는 건강한 시스템이 더 필요한 영적인 시기이기도 하다. 이러한 문제를 해결하고자 크리스천들이 갖추어야 할 영적인 기본기와 시스템을 매뉴얼로 만들어 가르칠 수 있다면 세상 속에서 더 이상 무시받지 않고 엄청난 영향력을 발휘할 수 있게 되리라 믿는다. 조직신학의 주제들은 교리처럼 들려 진부하고 딱딱해지기 쉬운데 실제적인 적용과 더불어 재미있으면서도 명쾌히 현 시대의 언어로 풀어간 것이 이 책의 탁월한 점이다.

이 책을 통해 믿음이 연약해 흔들리는 크리스천들의 기본기가 다져져 다시 한번 도약하는 계기가 되기를 바란다. 특히 자신의 의지로 이제 막 믿음 생활을 새롭게 시작하는 청소년, 청년들에게 더욱 유익한 책이다.

**장경철 교수**, 서울여대 교수

    윤동일 목사의 「크리스천 매뉴얼」을 기쁜 마음으로 추천하는 데는 몇 가지 이유가 있다.

    첫째, 교리를 다루는 책이지만 교리만 담겨 있지 않다. 일상의 아픔과 고민이 기독교 교리 해설 가운데 녹아 있다. 성경에 보면, 율법학자의 가르침과 예수님의 가르침에는 명백한 차이가 있었다. 율법학자들은 율법에 관한 이야기만 하였다. 율법학자의 설명에는 듣는 회중의 삶이 생략되었다. 하지만 예수님의 가르침은 달랐다. 예수님은 하나님나라를 가르치면서 일상의 사건들을 이야기해 주셨다. 그물과 물고기, 밭과 겨자씨, 잔치와 포도주 이야기들이 가르침 속에 담겨 있었다. 이런 점에서 볼 때 이 책에서 이야기를 풀어가는 방식은 예수님의 방식을 따르고 있다.

    둘째, 이 책은 상투적이지 않으나 자연스럽게 우리에게 스며들며 우리 삶에 흔적을 남기는 내용을 담고 있다. 나는 이 책을 읽으면서 기독교 교리가 결코 추상적인 내용이 아니며 우리 삶의 혼돈을 정돈해 주는 능력이 있음을 다시 한 번 느낄 수 있었다. 모두가 한 번쯤은 고민해 보았음직한 내용이 이 책에 담겨 있다. 어떤 형태로든 우리 의식과 삶 속에 아름다운 흔적을 남길 것이라고 확신한다.

    셋째, 이 책은 읽기에 쉽지만 결코 진부한 내용이 아니다. 이 책은 단순한 감동과 교훈을 넘어서 신앙의 뼈대를 형성해 주는 내용을 담고 있다. 우리에게 감동을 주는 책은 많다. 하지만 우리 생각의 뼈대를 놓을 수 있도록 개념을 설명하고 쟁점을 다루는 책은 그렇게 많지 않다. 신앙의 뼈대를 놓는 데 큰 도움을 주는 동시에 그것을 일상적 언어로 풀어 놓는다는 데 이 책의 탁월성이 있다. 이 책에 담긴 내용은 신앙 여정을 걸어감에 있어서 좋은 지도의 역할을 할 것이다.

당신이 기독교 신앙의 매력에 대해 호기심을 갖게 되었거나, 이미 체험한 신앙의 힘과 아름다움에 대해 설명해 주는 좋은 안내자를 찾고 있다면, 이 책은 명백하게 당신을 위한 책이다.

**김광석**, 참존화장품 회장

갈 바를 알지 못하는 힘겨운 인생 길에 안내자가 있으면 얼마나 좋을까? 성령과 교제하며 그분의 인도를 따라 살기 위해 노력하고 있지만, 기독교의 기본적인 가르침에 약하다고 생각하던 차에 「크리스천 매뉴얼」 추천사 부탁을 받았다. 초고를 읽으면서 "아, 이거다!" 하고 탄성을 질렀다. 기독교 기본교리로 인정받아온 조직신학을 신일, 새문안, 소망교회의 청·장년부 성경공부를 통해 가르쳤던 내용과 교인들의 신앙고백과 생생한 예화들을 모아 훌륭한 교리 지침서가 탄생시킨 것이다. 인생의 구체적인 문제들까지 아우르는 기독교의 원리에 목말랐던 내 갈증을 해결해주신 주님께 감사드리면서 초신자와 불신자, 믿음이 약한 자, 아니 성도라면 누구나 일독을 권한다.

**나석환**, 전 한보철강 사장

어린 시절부터 신앙생활을 해온 나 같은 사람들은 대개 믿음이라는 한 마디 말로 모든 것을 덮고 습관적으로 신앙생활을 하기 쉽다. 하지만, 교회학교의 학생들을 지도한다든지, 누구를 전도하려 들면 크고 작은 질문들에 때로는 당황스럽고, 적절한 설명이 빈곤해 안타까울 때가 많다.

이 책은 기독교 신앙을 축약한 사전과 같아서 한번 읽고 서가에 꽂아두는 게 아니라, 가까이 두고 의문날 때마다 다시 펴볼 만한 신앙의 가이드북이라고 생각한다. 자칫 어려워지기 쉬운 교리를 쉽고 명쾌하게 설명한 것은, 저자가 오랫동안 교회학교 교육을 전담하며 쌓아온 노하우 덕택이 아닐까 한다.

　이 책을 읽으며 하나님의 전적인 사랑으로 아들된 특권, 예수 그리스도를 통해 얻은 죄사함, 성령님과 동행하는 삶이 얼마나 큰 축복인지 확인할 수 있었다. 이제는 과거의 죄책감에서 벗어나 미래를 바라보며 살 수 있음을, 그리스도 안에서 주어진 자유가 참으로 놀라운 것임을 다시 한번 깨달았다. 언제나 우리를 짓누르고 있는 율법을 예수님이 주신 한 차원 높은 적극적인 계명의 실천을 통해 극복하고, 각자에게 주신 은사를 즐거운 헌신과 봉사를 통해 실천함으로 참된 기쁨을 누리고저 다짐해 본다. 초신자로부터 오랜 신앙인들까지, 특히 전도의 사명을 수행하고자 하는 모든 성도들과 교회 안의 사역자들에게 귀중한 지침서가 되길 기대한다.

**주경혜**, (주) 신화 대표이사

　크리스천 기업인이란 이름으로 세상 속에 살면서 부딪힐 때 혼돈 상태를 경험한 적이 한두 번이 아니었다. 그러나 「크리스천 매뉴얼」 한 페이지, 한 페이지를 읽어갈 때 치열한 세상 속에서 적용가능한 살아 계신 하나님의 계시를 경험하는 짜릿한 전율을 느꼈다. 이 책은 나 같은 사람을 위해 정리된 것 같다는 생각이 든다. 이 책을 읽으며 내 신앙의 기본기가 일목요연하게 정리되는 것을 느꼈다. 그뿐 아니라, 실제 삶 속에서 하나님의 귀한 은혜를 어떻게 누리고 살아야 하는지도 알게 되었다. 복음에 대한 자부심이 생겼다. 이 책을 통해 독자들이 하나님의 위대한 사랑을 받아 누리게 되길 기도한다.

**민경윤, (주)한미약품 부회장**

    회사에 입사한 신입사원에게 필요한 것은 업무 매뉴얼이다. 비싼 전자제품을 사용할 수 있게 해주는 것도 매뉴얼이다. 인생길을 가는 데 많은 스승과 친구, 이웃이 있지만 우리를 참으로 복된 곳, 천국으로 인도할 수 있는 것은 하나님의 말씀이다. 말씀의 진리를 누리게 해주는 매뉴얼이 바로 이 책이다. 아무리 비싼 전자제품을 사놓았다 하더라도 매뉴얼이 없으면 새로운 기능을 사용할 수 없듯, 이 책을 신앙의 매뉴얼로 삼아 신앙의 기초를 튼튼히 하고 축복을 누리며 살 수 있길 기대한다.

    이 책은 불신자들에게는 기독교 신앙에 대해 소개해주며, 초신자들에게는 올바른 신앙관을 정립해주고, 기신자들에게는 건강하고 성숙한 신앙의 자세를 갖게 해준다. 또한 믿지 않는 자들에게 복음을 전하거나, 교회학교에서 아이들을 가르치거나, 소그룹을 인도할 때 훌륭한 지침서가 될 것이라 믿는다.

# CHRISTIAN
## 크리스천 매뉴얼
윤동일 지음 | 곽선희 목사 추천
## MANUAL

좋은씨앗

# 크리스천 매뉴얼

초판 1쇄 발행 | 2008년 8월 12일
초판 7쇄 발행 | 2018년 12월 5일

지은이 | 윤동일
펴낸이 | 신은철
펴낸곳 | 좋은씨앗
출판등록 | 제4-385호(1999.12.21)
주소 | 서울시 서초구 바우뫼로 156, MJ 빌딩 402호
주문전화 | 02-2057-3041 주문팩스_ 02-2057-3042
페이스북 | facebook.com/goodseedbook
이메일 | good-seed21@hanmail.net
ISBN 978-89-5874-121-3 03230
좋은씨앗 ⓒ 2008

본 저작물의 한국어 판권은 저자와 독점 계약한 〈좋은씨앗〉에 있습니다.
저작권법에 의하여 한국 내에서 보호를 받는 저작물이므로
무단 전재와 무단 복제를 금합니다.

재미있게 읽고 명쾌하게 이해하는 기독교 핵심 진리

# 차 례

들어가는 글 • 16

## 1장 _ 신은 있다 : 신론

나는 사람대접 받고 싶다 – 무신론 vs 유신론 • 20
신이 있다 vs 신이 없다 – 존재 증명 방법 • 24
무신론을 증명하라 – 기독교의 신 존재 증명 • 32
믿으면 보인다 – 기독교와 타 종교 사이 • 37

## 2장 _ 인간 사용 설명서 : 인간론

제 명에 못사는 비결? – 욕심 • 66
욕심과 한판 겨루기 – 탈욕심 • 72
죄를 안 짓는 존재 vs 죄를 못 짓는 존재 – 자유의지 • 82
원래부터 죄인 맞다 – 원죄 • 88
너무나 비싼 바가지 – 죄의 대가 • 103
잘못했으면 사과해야지 – 죄에 대한 회개 • 110

## 3장 _ 아빠 하나님 : 성부론

왜 태어났니? – 창조의 목적 • 116
밥 잘 짓는 법 – 은혜와 사역 • 125
성경 속 보물 찾기 – 성경 속의 사랑 • 131
지나친 사랑, 지나친 헌신 – 사랑의 속성 • 141
적극적인 쉼을 위해 – 안식일의 정신 • 145
그러게 말입니다 – 불가항력적 사랑 • 152
절대 그럴 놈이 아닙니다 – 사랑과 믿어줌 • 156
죄지어도 좋으니 교회는 꼭 다녀라 – 믿어줌과 편들어줌 • 161
사전 예방과 사후 치유 – 치유 사역 • 168
공사중입니다 – 용서와 용납 • 175
정의가 목적은 아니다 – 사랑과 정의 • 181

## 4장 _ 구원자 예수님 : 성자론

신성모독죄 – 아들로 오신 목적 • 194
사람이 되셔야만 했던 이유 – 성육신 • 198
기독교의 필살기 – 십자가 • 207
예수가 마스터키다 – 예수 이름의 능력 • 219
예수를 꼭 믿어야 하는 이유 – 예수 이름에 대한 확신 • 225

## 5장 _ 보혜사 성령님 : 성령론

왜 굳이 성령님이? – 성령이 오신 목적 • 232
치료는 악령도 한다 – 성령의 오용과 남용 • 236
지나치거나 모자라게 – 인격체이신 성령님 • 238
성령님, 사랑해요 – 성령과 친밀함 • 242
쏙 빼닮았네 – 성령과 닮아감 • 245
큰 복종, 큰 선물 – 성령의 능력 • 247
성령 충만하라 – 성령 충만 • 255
성령과 상극은? – 성령과 죄 • 258

## 6장 _ 부름 받은 사역자 : 은사론

일하라고 주신 것이다 – 은사의 목적 • 262
후천적 은사 vs 선천적 은사 – 재능 vs 은사 • 266
위 아래가 없다 – 은사의 특징들 • 273
이런 은사도 있나? – 다양한 은사 • 282
훈련보다 은사가 먼저다 – 훈련과 은사 • 295
네트워크가 대안이다 – 은사 사역 • 299

# 7장 _ 사단이 주는 나쁜 선물 : 죄책감

염치 좀 있어봐라 – 죄책감의 결과 • 306
무조건 거부해야 할 거짓말들 – 인생의 참 목적 • 312
배알도 없는 하나님 – 하나님의 속성 • 316
그래, 나 염치없다, 왜? – 죄책감을 이기는 방법 • 320
죄의식과 죄책감은 다르다 – 죄의식과 죄책감 • 325


# 8장 _ 주여, 어서 오시옵소서 : 종말론

끝은 반드시 있다 – 개인적 종말과 우주적 종말 • 332
기왕이면 주님이 오시죠 – 개인적 종말론 • 341
유사품에 주의합시다 – 잘못된 종말론 • 352
변명할 여지가 없다 – 종말론 실천 1 • 357
잘 죽자 – 종말론 실천 2 • 363

들어가는 글

  황석영의 「손님」이란 책에 보면 우리나라에 초대받지 않는 두 손님이 있다는 이야기가 나온다. 하나는 공산주의이고, 다른 하나는 기독교다. 북에는 공산주의가 들어와 싸우고 남에는 기독교가 들어와 싸우고 있다고 저자는 말한다. 기독교에 대한 푸대접은 현대 사회로 올수록 더욱 심해졌다. 요즘은 그 분노가 극에 달해 이른바 '개독교'라는 별칭까지 붙였다. 사실 일제 강점기에는 0.2퍼센트밖에 되지 않았던 극소수의 크리스천들이 당시 사회에 엄청난 영향력을 갖고 존경 받았다. 그러나 현재 기독교는 세상에서 무시 받고 있다. 「무례한 기독교」에서 지적한 대로 "확신이 있으면 교양이 없고 교양이 있으면 확신이 없다"는 평가를 받고 있다. 이렇게 크리스천들이 세상에서 본을 보이지 못하고 선한 영향력을 미치지 못해 손가락질 받게 된 이유는 무엇일까? 나는 그것이 기독교의 기본기를 잃어버렸기 때문이라고 생각한다.

  기독교의 기본기는 다름 아닌 교리다. 사람들은 교리 하면 복잡해 머리 아프며 고리타분한 내용들이라 나와는 상관없다는 선입관을 가지고 있다. 그러나 이것은 잘못된 편견이다. 진짜 기독교 교리 안에는 단순한 원리가 있다. 쉽고도 명확하며 현재 내 삶에 적용 가능한 원리 말이다. 단순한 원리는 전체를 아우른다. 어떤 삶의 문제를 만나든 해결 방향을 제시한다. 한국 기독교는 빠른 부흥이라는 마술에 걸려 이 기본기를 전달하는 데 소홀했다.

마라톤 선수는 시계만 쥐고 뛰면 된다. 그러나 망망대해에 있는 선장은 시계는 물론 하나를 더 들고 있어야 한다. 나침반이다. 현 세상은 어디로 가야할지 모르는 망망대해와 같다. 그래서 정확하고 바른 방향을 가르쳐 주는 나침반과 같은 기본기가 필요하다. 신앙에서도 세상과 겨루어 이기면서 살 수 있는 비결이 있다. 바로 교리를 기본기로 다지는 것이다. 교리가 강한 사람은 나침반을 손에 쥔 선장과 같다. 자신이 어디로 어떻게 나아가야 하는지 정확히 알고 있기 때문이다. 교리는 원리다. 원리에 강한 사람은 세상도 두려워하는 존재가 된다.

그래서 나는 타협할 수 없는 기독교의 원칙과 철학을 이 책에 담고 싶었다. 특별히 오랫동안 기독교의 기본 교리로 인정받아온 조직신학을 쉽게 풀어 쓰려 애썼다. 성도들의 삶과 상관없이 느껴지는, 어렵고 딱딱하기만 한 교리가 아니라 실생활에 밀접히 닿아 있는 교리를 가르치려 노력했다. 조직신학의 주제들을 담았기에 이 책을 순서대로 읽는다면 기독교 신앙의 기본기를 갖추는 소중한 기회가 될 것이다. 특히 신앙생활을 처음 시작하는 초신자나 기본기가 없어 세상 속에서 흔들리는 크리스천들에게 유익한 책이 되리라 믿는다.

새문안교회에서 부목사로 3년, 소망교회에서 6년간 사역하면서 장년부와 청년부 소그룹 성경공부를 통해 가르쳤던 내용을 정리하면서, 그동안 만났던 교인들의 눈물과 신앙고백이 떠올랐다. 부족한 나와 성경을 공부하며 삶의 현장에서 만난 고민과 애환을 들려주셨던 그분들에게 감사와 영광을 돌린다. 그들 덕택에 자칫 딱딱해질 수 있었던 교리적인 내용이 더 풍성하게 정리될 수 있었다. 바쁜 부목사로 10년 넘게 동네남편, 동네아빠로 살아왔음에도 항상 기도와 사랑으로 묵묵히 뒷바라지를 해준 사랑하는 아내와 아들 화평이, 성산이에게도 감사를 전한다. 그리고 부족하고 허물 많은 나에게 요안나와 수산나가 되어 주셨던 박여순 권사님, 주경혜 권사님, 유경순 선교사님께도 고마움을 전한다.

# 1. 신은 있다 _ 신론

● ● ● ● ●

태초에 하나님이 천지를 창조하시니라(창 1:1).
하나님이 자기 형상 곧 하나님의 형상대로 사람을 창조하시되
남자와 여자를 창조하시고(창 1:27).
하나님이 모세에게 이르시되 나는 스스로 있는 자이니라
또 이르시되 너는 이스라엘 자손에게 이같이 이르기를
스스로 있는 자가 나를 너희에게 보내셨다 하라(출 3:14).
너를 위하여 새긴 우상을 만들지 말고 또 위로 하늘에 있는 것이나
아래로 땅에 있는 것이나 땅아래 물속에 있는 것의
어떤 형상도 만들지 말며(출 20:4).

# 나는
# 사람대접 받고 싶다
_무신론 vs 유신론

인류 역사의 모든 철학과 학문의 기원을 거슬러 올라가면 최종적으로 두 가지 사상과 신앙을 만나게 된다. 유신론과 무신론이 바로 그것이다. 신이 계시다는 유신론에서 신이 우주를 창조하셨다는 창조론이 나온다. 창조론의 입장에서 본 인간은 하나님이 지으신 피조물이다. 피조물에는 창조주의 섭리가 담겨 있다. 존재의 의미와 목적이 있는 것이다. 신이 만드신 피조물의 가치는 존재 그 자체로 평가된다. 이것을 '존재 가치'라고 말한다. 피조물은 세상 어느 무엇과도 바꿀 수 없는 소중한 존재가 된다. 이런 사상을 배경으로 인간 생명의 가치를 소중히 여기는 문화가 꽃피우게 되었다. 자본주의의 경제 형태와 민주주의의 정치 형태가 나온 것이다.

그러나 무신론에서 출발한 철학과 학문을 통해서는 진화론이 나온다. 무신론자들은 신도 영혼도 사후세계도 존재하지 않는다고 말한다. 인간을 포함한 모든 생물은 신의 섭리가 아니라 진화의 산물이라는 것이다. 인간의 모든 생각과 감정은 신체의 전기적, 화학적, 물리적 작용에 불과하다고 말한다. 인간은 신의 섭리의 산물이 아니라 아무런 의미와 목적이 없는 단지 우연의 산물일 뿐이라 여긴다. 인간이 우연의 산물이라고 한다면, 인간에 대해 숙고할 필요도, 의미를 부여할 필요도 없어진다. 인간은 하나의 물질과 같은 존재로 전락된다. 그러니 존재에 대해서도 큰 의미부여를 하지 않게 된다. 인간의 가치를 소유로 판단한다. 인간 자체가 아니라 그가 갖고 있는 소유로 인간의 가치가 결정된다. 이것을 '소유 가치'라고 말한다. 이렇게 인간을 물질과 소유로 취급하는 사상과 철학의 결과물은 유물론과 공산주의다.

사람들은 진화론을 학문과 과학이라 착각한다. 진화론의 근거를 과학으로 내세우기 때문이다. 그러나 실상을 들여다보면 진화론은 과학이 아니라 신앙이다. 진화론 안에는 신이 없다고 믿는 무신론이라는 신앙이 숨겨져 있다. 무신론이라는 신앙적 배경이 진화론을 필연적으로 만들어낸 것이다. 무신론을 증명하기 위한 이론으로 진화론을 만들어 낸 셈이다. 인간은 자신의 신앙에 따라 유신론이냐 무신론이냐를 선택하게 된다.

인간의 가치도 결국 유신론이냐 무신론이냐의 신앙 선택에 의해 결정된다. 무신론을 믿으면 인간은 결국 의미 없는 소유와 물질에 불과한 취급을 받는다. 우연에 의해 생성된 존재로 전락하게 된다. 인간을 물질로 취급했던 과거의 역사를 기억하는가? 유물론을 숭상했던 사람들은 살인을 저지를 때에도 양심의 가책이 없었다. 살인은 인간을 죽인 것이 아니라 물질을 처리한 것이기 때문이다. 물질을 처리하는 방법 중 하나가 살인이었을 뿐이었다. 결국 대량살상과 인종청소, 전쟁, 독재 등의 결과를 낳았다. 이로 인한 인류의 피해가 얼마나 컸던가 생각해 보면 끔찍한 일이다.

그러나 유신론을 믿으면 인간은 영적 가치를 지닌 존재가 된다. 하나님으로부터 "천하보다 귀한 영혼"이라는 소중한 대접을 받게 된다. 인간 존중, 섬김과 나눔, 사랑과 박애주의의 문화가 꽃핀다.

인간으로 대접받기를 원하는가? 물질로 대접받기를 원하는가? 존재 자체로 자신의 가치를 평가받기를 원하는가? 지니고 있는 소유로 자신의 가치를 평가받기 원하는가? 이 모든 것은 신의 존재 여부를 믿느냐, 믿지 않느냐에 의해 결정된다. 유신론과 무신론 사이에서 무엇을 선택하느냐에 따라 자신의 가치가 결정된다는 말이다.

무신론자들은 유신론을 믿는 신앙 때문에 십자군 전쟁, 유대인 학살, 종교분쟁, 9.11 테러가 발생했다고 공격한다. 그러나 이러한 결과는 인간 욕심과 야망의 산물이지 결코 우리가 믿는 신의 속성 때문이 아니다. 사람의 문제를 신의 문제로 덮어씌우지 말아야 한다. "신이 없다는 것을 증명하는 것"과 "기독교를 비판하는 것"은 전혀 별개의 문제다. 이는 뚜렷이 구분되어야 한다.

무신론자들은 두 가지 논쟁을 통해 신의 존재를 부정하려 한다. 첫째, 인류가 종교를 만든 이유는 무엇인가 하는 것과 둘째,

종교가 인류에게 꼭 필요한 것인가 하는 논쟁이다. 두 논쟁은 신의 존재 여부에 사실상 아무런 영향을 끼치지 못한다. 이러한 논쟁의 결과가 신이 있고 없고를 결정하지 못한다. 단지 종교의 해악과 필요성에 대한 저들의 비판일 뿐이다.

무신론자들은 말한다. "신이 없어도 인간은 얼마든지 열정적이며 영적일 수 있다. 인간을 주목하라. 신의 존재를 의심하라." 미래사회의 대안은 종교가 아닌 인간 자체에 있다고 주장한다. 인간의 존엄성이 오히려 신 때문에 무너져 왔다는 것이다. 기독교 안에 있었던 종교 전쟁과 가난, 아동학대와 동성애자 차별과 같은 예를 들며 강조한다. 그러나 이것은 "종교에 대한 비판"일 뿐, "신의 존재 증명"과는 전혀 상관없다. 종교에 대한 비판과 신 존재 증명은 전혀 별개의 문제이므로 구별되어야 한다.

무신론자들은 신이 있어야 할 자리에 인간을 대신 앉혔을 뿐이다. 그들은 인간을 신으로 만들려 하고 있다. 에덴에서 아담이 신의 자리에 앉으려 했을 때 벌어진 결과를 생각해 보라. 무신론자들은 종교를 비판하는 이유가 인간의 가치를 찾기 위해서라고 주장한다. 그러나 이것은 엄청난 모순이다. 저들이 믿는 무신론으로 인해 인간의 가치가 결국 소유와 물질로 전락되고 있기 때문이다. 인간을 의미 없고 우연의 산물인 물질로 전락시켜 놓고 인간의 가치를 찾는다고 하는 것은 모순이다.

# 신이 있다 vs
# 신이 없다
_존재 증명 방법

성경은 우주의 기원에 대해 "태초에 하나님이 천지를 창조하시니라"고 단언한다. 이 말씀에 대해 어떠한 설명이나 사전이해도 구하지 않는다. 명확한 진리로 선포하고 있다. 이는 타협할 수 없는 기독교의 근본이기 때문이다.

지금까지 세상의 과학과 종교는 우주의 기원에 대해 설명하고 증명하려 많은 노력을 해왔다. 그렇다면 기독교에서는 하나님의 존재와 우주의 기원에 대해 어떻게 설명해 왔을까?

### 1. 원인 위에 원인 있다 _ 제일원인 증명

모든 자연현상에는 인과의 법칙이 있다. 원인 없는 결과는 없으며 결과가 있으면 반드시 원인이 있다. 이 법칙에 이의를 제기하는 사람은 없다. 책상이 있으면 책상을 만든 사람이 있듯 우주가 있으면 우주를 만든 존재가 있지 않겠는가? 우주가 저절로 생겼다고 말하는 것은, 책상이 저절로 생겨났다고 하는 것과 같다.

모든 결과의 원인의 원인을 거슬러 올라가면 처음의 원인이 나온다. 이것을 제일원인이라 부른다. 이 제일원인을 우리는 신이라 부르며 기독교에서는 이 신을 하나님이라 말한다.

이에 대해 무신론자들은 세 가지 이의제기를 한다. 첫째, 인과의 법칙으로 신의 존재를 증명하는 것은 무리라는 것이다. 그들은 이렇게 주장한다. "우리 조상들은 자신에게 닥친 자연 현상을 이해할 과학적 지식이 없었다. 그렇다고 모르는 대로 살자니 중요한 사건의 원인을 찾지 못해 정서적으로 불안해졌다." 지식이 부족한 상황에서 어떻게든 이야기를 꾸며내 자연현상을 설명하려 했다는 것이다. 꾸며낸 원인 가운데 하나가 신이며 인과의 법칙 자체가 인간에 의해 만들어진 조작된 법칙이라는 것이다.

인과의 법칙이 신 존재 증명을 위해 유신론자들이 만들어낸 조작된 법칙이라면 다음과 같은 모순이 발생된다. 진화론자들은 유신론자들의 창조론이 그저 믿음일 뿐이고 자신들의 진화론은 과학이라고 차별화한다. 그러나 과학의 기본적인 근거가 인과의 법칙이 아니던가? 진화론을 과학이라 말해놓고 과학의 근본이 되는 인과의 법칙을 유신론자들이 만들어낸 조작된 법칙이라 스스로 부정하는 자기 모순에 빠지는 것이다.

둘째, 무신론자들은 인과의 법칙을 따른다 해도, 우리가 말하는 제일원인인 신을 있게 만든 또 다른 원인이 있지 않겠느냐고 이의를 제기한다. 유신론자들은 원인 위에 원인을 지금까지 제일

원인이라 불렀다. 그 제일원인이 하나님이라 믿어온 것이다. 그러나 무신론자들은 반박한다. "너희들이 믿는 제일원인이 하나님이라 하자. 그러면 인과의 법칙에 따라 그 제일원인을 있게 한 또 다른 제일원인은 무엇이냐?" 즉, 하나님은 누가 만들었냐는 것이다. 이러한 모순 때문에 인과의 법칙으로는 신의 존재를 증명할 수 없다고 말한다. 이것을 설계자 가설이라고 한다. "설계자는 누가 설계했는가?"라는 더 큰 문제를 만나게 되기 때문이다.

성경은 하나님을 "스스로 있는 자"로 정의한다. 스스로 있다는 말은 인과의 법칙과 설계자 가설을 뛰어넘었다는 말이다. "무시했다"는 말과 "뛰어넘었다"라는 말은 의미가 다르다. 세상은 인과의 법칙에 의해 움직이는 것이 맞다. 그러나 하나님은 인과의 법칙을 초월하신다. 인과의 법칙은 처음이 있으면 마지막이 있고 원인이 있으면 결과가 있다는 시간과 순서에 매인 법칙이기 때문이다. 하나님이 태초에 천지를 창조하셨다는 말은 시간도 창조하셨다는 말이다. 천지창조 이전은 시간이 없었기에 인과의 법칙이 더 이상 적용되지 않는 세상이다. 이것을 순서와 시간이 없는 영원이라고 한다. 시간이 없었던 창조 이전을 시간과 순서의 개념이 들어간 인과의 법칙으로 설명하는 것은 무리다. 그러나 시간에 속해 사는 사람에게 시간을 뛰어넘어 존재하는 신을 설명하기 위해 인과의 법칙을 사용해야 하는 것이 바로 우리의 한계다.

마지막으로 무신론자들은 제일원인이 신이라고 인정했다고 하더라도 그 신이 너희가 믿는 성경의 하나님이라고 어떻게 증명할 수 있냐고 반문한다. 사실 이 말에는 더 이상 논증할 수 없다. 왜냐하면 그 다음부터는 우리 믿음의 영역이기 때문이다. 무신론자들은 오히려 자신들이 여러 신들 가운데 신을 잘못 선택해 다른 신들의 노여움을 사 지옥에 들어갈 수 있다고 말한다. 차라리 처음부터 무신론을 선택해 안전을 확보하는 것이 낫다고 부추긴다. 이 말 속에도 모순이 있다. 신이 없다고 믿는 무신론자들이 여러 신이 있다는 전제를 스스로 하고 있는 셈이기 때문이다.

### 2. 무엇으로 채울래? _ 종교 문화적 증명

이는 기존의 복음주의 선교단체에서 즐겨 써왔던 증명방식이다. 어느 민족과 국가를 불문하고 인류는 모두 종교 형태를 가지고 있다. 이에 대해 처음에는 서로간의 문화적 교류가 있었기 때문에 종교가 있다고 생각했다. 그러나 철저히 고립된 부족들도 종교를 갖고 있더라는 것이다. 인류학적, 문화적 특성 가운데 모든 인류가 가지고 있는 몇 안 되는 공통점 중 하나가 바로 종교성이다. 이것이 바로 신의 존재를 증명한다는 것이다.

파스칼은 말했다. "인간에게는 그 무엇으로도 채워지지 않는 영적 공간이 있다. 그것은 인간을 창조한 조물주로만 채워질 수 있는 신적인 영역이다." 인간 안에는 세상 그 무엇으로도 채울 수 없는 영적 공간이 있다. 그 누가 가르쳐주지 않아도 인간 스스로 자신을 지은 신을 찾는 영적 본능이 있다는 것이다. 오직 신으로만 인간의 영적 공허함을 채울 수 있다.

그러나 무신론자들은 인간이 신을 찾는 것은 신이 남긴 흔적, 즉 영적 본능 때문이 아니라고 말한다. 그저 연약한 인간이 무엔가 의지하기 위해 조작된 신을 스스로 만들어 냈다고 말한다. 의존 본능에서 나온 문화적 현상일 뿐이라는 것이다. 이 말에도 무신론자들의 모순이 들어 있다. 모든 인류는 종교 형태를 가지고 있다. 그러면 모든 인류가 다 연약하다는 말인가? 모든 인류가 연약해 신을 조작해 만들었다는 말은 더 큰 억지다.

단지 인간이 약하기 때문에 신을 찾는다는 말에도 동의할 수 없다. 여러 사람들의 임종을 지켜보며 너무나 확실한 증거를 찾았기 때문이다. 사람이 임종을 맞이하게 되면 가까이 있는 가족들이 급해서 병상세례라도 받고 임종하도록 목사를 초청하는 경우가 많다. 목사는 병상세례를 줄 모든 준비를 마치고 황급히 병원을 찾아간다. 숨이 넘어가는 사람에게 복음을 제시한다. 예수님을 구주로 고백하고 영접하면 세례를 줄 터이니 영접한다는 표현으로 고개를 끄덕이거나 그것도 힘들면 눈을 감았다 뜨라고 말한다. 놀라운 것은 오히려 고개를 돌려 외면한 채 돌아가시는 분들이 있다는 것이다. 죽음을 맞이하는 순간만큼 인간이 나약해지는 때도 없을 것이다. 약하다고 해서 모든 사람이 신을 찾는 것은 아니다. 불신자 입장에서 천국의 존재 여부는 50대 50이다. 그저 보험 드는 셈치고 한번 눈감았다 뜰 수 있는데 그 쉬운 일을 하지 않는다. 우리에겐 쉬워 보이지만 그 사람에겐 정말 어려운 일이기 때문이다.

모든 사람이 약하다고 해서 신을 찾지는 않는다. 하나님이 선택한 사람만이 하나님을 찾는다. 그러나 하나님이 선택하지 않은 사람은 아무리 약해져도 하나님을 찾지 않는다. 무신론자들이 주장하는 것처럼 인간이 모두 약한 것은 아니다. 설령 인간이 약하다고 해서 모두 신을 찾는 것도 아니다.

### 3. 허무 방지책 _ 존재 유익성 증명

「믿음의 엔진」이라는 책을 저술한 루이스 월포트(Lewis Wolpert)는 인간이 신, 유령, 늑대인간, UFO, 사후세계 등 과학적으로 설명할 수 없는 존재를 믿는 것은 한 마디로 인간의 머릿속에 '믿음의 엔진'(belief engine)이 있기 때문이라고 했다. 본래 신이 있어서 믿는 것이 아니라 인간의 심리적 유전인자 때문에 허구임에도 믿는다는 것이다. 월포트는 철두철미한 무신론자이자 진화론자이다. 「만들어진 신」을 쓴 도킨스 역시 "조작된 신, 만들어진 신을 버리라"고 말했던 무신론자이다. 그러나 월포트는 도킨스와 전혀 다른 충격적인 고백을 한다. "나는 내 아들(39세)이 기독교 신자가 됐을 때 말리지 않았다."

월포트는 신앙이 진화의 산물에 불과한 허구라고 말했던 사람이다. 그러나 그는 신앙이 그 종교를 선택한 사람에게 막대한 이익을 가져다준다고 말했다. "신앙생활은 심적 스트레스를 줄이고 행복감과 낙관론을 고취시킴으로써 심장 부담 같은 신체상의 스트레스를 경감시키는 데 일조한다. 신의 존재를 믿는 사람은 그렇지 않은 사람보다 생존적인 경쟁에서 살아남을 가능성이 크다." 그는 과학이 눈부시게 발전한 25세기에도 교회와 사찰은 동네마다 성황일 것이라고 말했다. 아이러니하게도 무신론자가 종교의 필요성과 유익을 인정한 셈이다. 조작된 허구가 사람들에게 엄청난 이익을 주었다고 말하는 게 오히려 이상할 정도다. 실제로 기도하며 사는 사람은 기도하지 않고 사는 사람보다 수명이 5년 정도 길다는 의학계의 보고가 있다. 신에게 기도하고 살면 마음의 화를 다스릴 수 있기 때문이다.

인생에는 신도 목적도 소명도 없다고 말해왔던 월포트에게 어떤 사람이 물었다. "그럼 당신의 인생에도 목적이 없었습니까?" 그는 차분하고도 밝은 목소리로 대답했다. "즐겁게 연구하며 보람 있게 살아왔지만 역시 이 나이가 되고 보니 허무하진 않아도 약간 우울하긴 하지요." 자신이 믿은 무신론이 우울함을 가져다주었다는 말이다. 유익의 측면에서도 신이 있어야만 한다는 결론이 신의 존재를 증명하고 있다. 그러나 "인류에게 유익하면 그 존재가 증명되는가?"라는 질문에는 유신론자들도 사실 답할 길이 없다.

### 4. 진짜 메시아 맞아? _ 신앙적 증명

C. S. 루이스는 우리가 두려운 양자택일의 갈림길에 있다고 이야기했다. "우리가 지금 이야기하고 있는 이 사람은 그 자신의 주장대로 하나님이었거나, 아니면 미치광이 내지는 그보다 더 못한 자였을 것입니다." 그는 사람들에게 예수를 미치광이로 여기든, 아니면 진짜 메시아라고 인정하든 둘 중 하나를 선택하라고 말한다. 두 가지 선택 중에 루이스 자신은 예수가 메시아이심을 선택했다는 것이다. 예수가 하나님의 아들이 아니라면, 그는 인류 역사상 가장 대단한 사기꾼인 셈이다. 사실 믿지 않는 사람들조차 예수가 성자였다고 하지, 미치광이나 사기꾼이라고 하지 않는다. 그러나 자신을 메시아라고 말한 예수는, 그의 말대로 진짜 메시아

가 아니었다면 미치광이에 불과하다.

　이에 대해 무신론자들은 이렇게 반박한다. "예수가 자신을 신이라 생각했다는 역사적 증거는 전혀 없다. 다만 그는 사람들에게 신으로 오해받았을 뿐이다. 그러므로 예수가 신인가, 신이 아닌가 양자택일하라고 해선 안 된다. 그가 신인가, 신이 아닌가, 신으로 오해 받았는가 이 세 가지를 놓고 선택해야 한다." 무신론자들은 예수가 신으로 오해받았다고 선택했다. 예수는 자신을 신으로 여기지 않았는데, 제자들이 예수를 신격화하기 위해 조작했다는 결론을 내릴 것은 뻔한 수순이다.

# 무신론을
# 증명하라
_기독교의 신 존재 증명

무신론자들에게 공격적으로 도전하는 크리스천들도 있다. "신이 있다는 것을 우리가 증명 못했다 치자. 그러면 당신들도 신이 없다는 것을 증명해 보라." 지금까지는 무신론자들이 유신론자에게 신의 존재를 증명해야 할 의무가 있다고 말했다. 그러나 이제 유신론자들도 무신론자들에게 신이 없다는 것을 증명해보라고 한 것이다. 사실 이에 대해 명확히 대답할 수 있는 무신론자는 없다. 종교에 대한 비판은 얼마든지 할 수 있다. 그러나 신이 없음을 증명할 방법이 무신론자들에게 전혀 없다.

결국 무신론 역시 하나의 믿음이라는 결론에 도달한다. 어차피 저들도 신이 없다는 증명은 못하기 때문이다. "나는 신이 없다고 믿는다"고 말할 수밖에 없다. "믿는다"는 단어에 주목하라. 무신론 역시 신앙의 선택이며 무신론을 믿는 하나의 종교일 뿐이다.

말년에 기독교 사상에 심취했던 프랑스 수학자 블레즈 파스칼은 무신론자들을 논박하면서 일명 "파스칼의 내기"를 제시했다. "신이 존재하지 않는다면 신을 믿었다고 해도 손해를 볼 것은 전혀 없다. 그러나 만일 신이 존재한다면 신을 믿지 않음으로써 모든 것을 잃게 된다. 신이 존재할 확률이 아무리 낮다고 해도 잘못 추정했을 때 닥칠 대가가 훨씬 크다." 구원의 문제를 파스칼답게 확률계산으로 풀어 말한 셈이다. 신이 있다면 영원한 행복이 주어질 테고 신이 없다면 아무런 변화도 없을 것이니 확률적으로 신이 있다고 믿는 편이 낫지 않겠는가. 신이 있다고 믿는 것은 밑져야 본전이라는 말을 통계학적으로 하고 있는 것이다.

무신론자들이 제일 싫어하는 말이 있다. "신이 있고 없고는 서로 증명하지 못하니 신의 존재 여부는 확률 상 50대 50이라 하자. 신의 존재를 믿지 않는 당신들은 살 수 있는 확률이 50퍼센트라는 것만 믿고 63빌딩에서 뛰어내리는 사람과 무엇이 다른가?" 사실 이 말에 기분만 상할 뿐, 설득되어 예수님을 믿는 사람은 없었다.

무신론자 가운데에는 두 종류의 사람이 있다. "신이 없다고 철석같이 믿는 사람"과 "신이 없었으면 하고 바라는 사람"이 있을 뿐이다. 무신론자들의 내면을 들여다보면 사실 대부분이 신이 없었으면 하고 바라는 사람들이다. 무신론자(無神論子)들이 아니라 불신론자(不神論子)들이라는 말이다. 불신론자들의 잠재의식 속에는, 신이 정말 있다면 심판이 있을지 모른다는 두려움이 있다. 지은 죄에 대한 심판이 두려워 의식적으로 신의 존재를 부정하는 셈이다. 신이 없었으면 하는 바람을 무신론이라는 이론으로 포장한다. 이 사람들에게 신의 존재를 증명하려 드는 것은 소 귀에 경 읽기 꼴이다. 아예 처음부터 설득되는 것을 마음으로 거부하기 때문이다. 이런 사람들과는 종교적 논쟁을 가급적 피해야 한다.

무신론자들은 유신론을 거부하고 범신론으로 피해가기도 한다. 범신론은 기독교의 인격적인 유일신은 부정하지만 모든 만물 안에는 신성이 들어 있다고 믿는 신앙이다. 유일신을 믿지 않는 대부분의 종교들이 이러한 범신론을 숭상하고 있다. 그러나 성경은 창조자와 피조물을 명확히 구분하고 있다. 피조물을 보면 창조자가 어떤 성품과 인격을 가진 분인지 알 수 있다. 그러나 피조물인 자연 안에 창조자가 들어 있다는 말과는 전혀 다르다. 신과 자연을 동일시하는 것은 무신론보다 더 위험한 신앙이다. '확실한 것'의 최대의 적은 '불확실한 것'이 아니라 '애매모호한 것'이기 때문이다. 범신론은 확실한 우리의 신앙을 애매모호한 것으로 만들려는 사단의 한 전략이다.

성경 자체도 신의 존재 자체를 증명하려 들지 않는다. 하나님 자신도 증명되길 원치 않으셨다. 신이 있음을 증명하는 것은 이성과 논리의 문제가 아니라 믿음의 문제이기 때문이다. 증명할 수 있는 것을 증명하는 것은 과학이다. 증명할 수 없는 것을 증명하는 것은 철학이다. 그러나 증명할 수도 없고 증명해서도 안 되는 것이 바로 종교다. 한계를 가진 인간이 신을 증명하는 것은 불가능하기 때문이다. 그래서 믿음으로 풀 수밖에 없다. 인간적인 과도한 증명을 하지 말라는 것이다. 한계가 있는 인간의 과도한 증명은 결국 하나님의 온전한 실체를 훼손할 수 있기 때문이다.

신의 존재가 설령 논리적으로 증명되었다 하더라도 무신론자들이 신의 존재를 믿게 되는 건 아니다. 세상에 상대방을 개종시킬 만한 논리는 없다. 사람들은 논리의 힘에 설득 당해 신의 존재를 믿지 않는다. 신은 증명도 불가능하지만 설령 증명된다 해도 사람들이 믿는 것은 아니다.

신은 증명되어 믿는 것은 아니다. 그러나 믿으면 증명이 된다. 믿었더니 경험되는 것이 신이다. 그래서 믿음은 신의 영역이며 선물이라 한다. 믿음의 선물은 지성인과 비지성인의 차별을 두지 않는다. 지성의 유무와는 전혀 상관없다. 믿음을 주시는 분 하기 나름이기 때문이다. 믿음의 선물을 받은 사람만 믿을 수 있다. 어떤 논리도 믿음의 영역을 대신할 수 없다. 신의 피조물인 인간에 의해 증명되는 존재라면 엄밀히 말해 더 이상 신이 될 수 없다. 유한하며 무지무능한 인간에 의해 무한하며 전지전능한 하나님이 완전히 증명될 수 있겠는가? 증명될 수 없어야 신이다.

불신론자들은 생물학적 아버지 없이 처녀의 몸에서 태어난 아기 예수가 자라나, 죽은 지 오래되어 악취를 풍기던 나사로를 살리고 물 위를 걸으며 죽은 지 3일만에 살아나 승천한 내용에 이의를 제기한다. 인간적으로 불가능하다고 시비를 거는 것이다. 답은 단순하다. '인간적으로'는 불가능하지만 '신적으로'는 가능하다. 예수를 인간으로 믿는가, 신으로 믿는가에 따라 답이 달라질 뿐이다. 과학적 답을 말할 것인가와 신앙적 답을 말할 것인가의 차이다. 예수를 인간으로 믿으면 기적과 초월적 현상은 이해가 될 수 없다. 그러나 신으로 믿으면 기적을 너무나 당연하고 자연스럽게 받아들일 수 있다. 결국 믿음의 문제다. 예수를 누구로 얼마만큼 믿느냐의 문제다. 신인 예수가 죽은 지 사흘 된 나사로를 살리지 못하는 것이 훨씬 더 이상하다. 그러나 예수를 인간으로 믿는 사람들에게는 예수가 죽은 나사로를 살리셨다는 내용이 절대 믿어질 리 없다.

신은 시간과 공간에 제한을 받지 않으신다. 그러나 사람은 시간과 공간 개념에 매여 있다. 언어적 한계도 있다. 이런 인간이 신의 존재를 증명하려는 것 자체가 무모한 시도 아니겠는가? 그래서 하나님은 성경 어디에도 우리더러 하나님의 존재를 증명하라고 요구하신 적이 없다. 한다 해도 불가능하며 증명해도 부정확해 쓸모가 없기 때문이다. 개미들은 인간이 존재한다는 것을 어떻게 증명할까? 이것만 생각해 봐도 아마 비슷한 결론이 나올 것이다.

# 믿으면
# 보인다
_ 기독교와 타 종교 사이

1993년 유홍준이 쓴 「나의 문화유산 답사기」의 대전제는 이렇다. "사랑하면 알게 되고 알게 되면 보이나니 보이는 것은 예전 것과 다름이라." 사람이 눈으로 본다 해서 다 보이는 것은 아니다. 사랑하고 아는 것만큼 보인다는 말이다. 무엇을 알고 보느냐에 따라 같은 것을 보아도 전혀 다른 것을 볼 수 있다. 믿음의 세계에서 사람은 자신이 믿는 만큼만 보인다. 하나님을 제대로 믿으면 믿을수록 타 종교와의 차이점도 그제서야 우리 눈에 보인다.

우리나라에 깊이 뿌리박고 있는 무속신앙과 기독교에는 열 가지 차이점이 있다.

**1. 신을 조정한다 vs 신께 조정받는다**

무속신앙은 신을 조정하는 도구와 수단으로 돈과 정성을 제시한다. 돈과 정성으로 신의 마음을 바꿀 수 있다고 말한다. 그러나 기독교의 하나님은 돈과 정성으로 조정당할 분이 아니다. 무당들이 즐겨 쓰는 말이 있다. "정성이 부족해." 신의 마음을 움직이려면 이 정도 돈으로는 부족하다는 말이다. 무속신앙의 신은 액수에 따라 마음이 움직인다. 하지만 기독교의 하나님은 다르다. 사람의 형편에 따라 마음이 움직이신다. 가난한 과부의 두 렙돈을 귀히 여기시는 예수님만 보아도 알 수 있다. 무속신앙은 돈이 목적이지만 하나님은 마음이 목적이기 때문이다.

무속신앙은 신이 나의 편 되길 기도한다. 그러나 기독교는 내가 신의 편 되기를 기도한다. 남북전쟁을 이끌었던 링컨의 기도를 기억하는가? 부하들은 하나님께 내 편이 되어 달라고 기도하자고 했다. 이때 링컨은 우리가 하나님 편이 되게 해 달라고 기도하자고 말했다. 이것이 무속신앙과는 다른 기독교의 정체성이다.

내 뜻과 하나님의 뜻이 다를 때가 있다. 신의 뜻을 내 뜻에 맞추어 달라고 요구하는 것은 무속신앙이다. 신의 뜻을 구하는 기도보다는 내가 원하는 뜻만을 말하려 든다. 그러나 내 뜻을 하나님의 뜻에 맞추어 드리는 것이 기독교다. 그래서 성숙한 크리스천은 조용하다. 내 입을 닫고 조용해야 그분의 음성을 들을 수 있기 때문이다.

에덴에서 인간이 범죄하기 전에는 하나님의 뜻과 인간의 뜻이 같았다. 이심전심 상태였다. 그러나 범죄 이후 인간의 뜻과 하나님의 뜻이 달라졌다. 동상이몽이 된 것이다. 죄가 이심전심을 동상이몽으로 바꾸어 놓았다. 하나님의 뜻은 천지창조 이후 한 번도 변질된 적이 없었다. 다만 인간의 뜻이 욕심으로 인해 변질되어 하나님의 뜻과 인간의 뜻이 달라진 것이다. 하나님의 뜻과 인간의 뜻을 같게 만드는 방법 하나가 있다. 변질된 인간의 뜻을 변질되지 않은 하나님의 뜻에 맞추면 된다. 인간의 뜻이 달라졌기 때문이다. "내 뜻대로 마옵시고 주의 뜻대로 하옵소서"가 크리스쳔의 기도 명제다.

## 2. 경전이 없다 vs 경전이 있다

종교학자들은 고등종교와 하등종교를 경전의 유무를 갖고 구분한다. 경전이 있다는 말은 일관성, 역사성, 지속성이 있음을 뜻하기 때문이다. 기독교는 활자로 표기된 경전을 가지고 있다. 일관성이 있어 상황에 따라 이 때 이 말 하고 저 때 저 말 하지 않는다. 그러나 무속신앙은 경전이 없다. 일관성이 없고 "그때 그때 달라요"다. 그러나 기독교는 "성경에 써 있어요"라고 말한다. 경전이 있다는 말은 종교를 구성하는 뼈대인 교리가 있다는 말이다. 무속신앙은 교리가 없는 것이 특징이다. 내키는 대로 해석하고 아무거나 갖다 붙인다. 객관적이지 않고 주관적이다.

종교가 가진 중요한 역할 하나가 있다. 바로 사회적 책임이다. 무속신앙은 종교가 가진 사회적 책임이나 도덕적 규범에 대해 강조하지 않는다. 신을 믿는 목적이 매우 개인적이다. 개인의 복만을 구하는 기복신앙이다. 기도가 자신의 집 울타리를 넘지 못한다. 복을 구하기는 기독교에서도 마찬가지다. 그러나 기독교는 복만 구하지는 않는다. 자신의 집 울타리를 벗어나는 복을 구한다.

무속인들이나 역술인들이 봉사활동을 하거나 구제운동을 펼쳤다는 기사를 거의 본 적이 없다. 분명 봉사나 구제가 종교의 목적은 아니다. 그러나 종교는 더불어 사는 사람과 공동체에 대한 책임이 있다. 한국종교사회 윤리연구소에서 내놓은 한국 주요 3대 종교 국내외 구휼 활동 통계를 보면 아래 표와 같다. 개신교가 압도적으로 대 사회적인 책임을 가지고 봉사하고 있음을 알 수 있다.

그러나 무속인들이 연합해 태안 기름띠 제거 봉사를 했다는 기사는 아무리 찾아도 볼 수 없다. 예전에 토요일마다 방영되었던 〈아시아 아시아〉라는 TV 프로그램을 즐겨 보았다. 외국인 근로자의 가족들을 개그맨이 현지로 찾아가 한국에 모시고 와 상봉시켜주는 프로그램이었다. 볼 때마다 감동이 있고 눈물이 있었다. 제

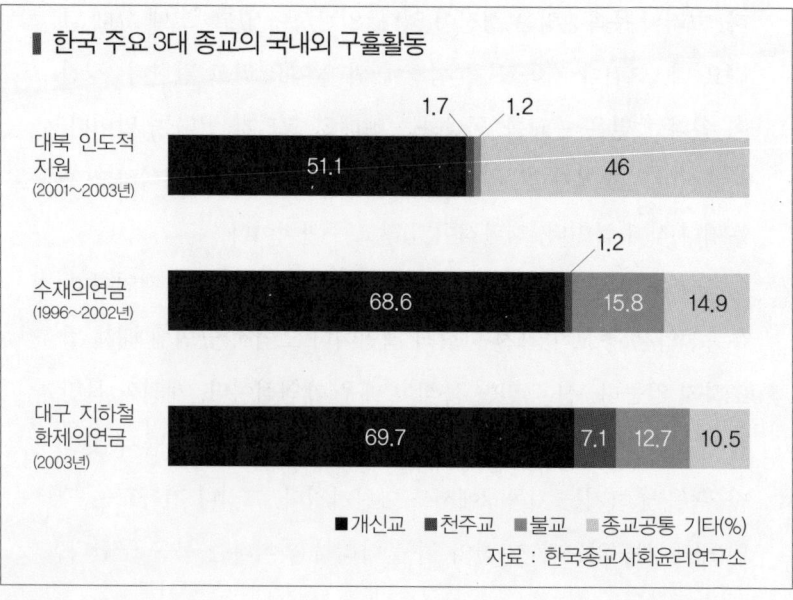

일 자랑스러웠던 것은 한국에 와 있는 외국인 근로자들을 돕는 사람들이 함께 출연하는데 그들이 대부분 목사였다는 점이다. 신부나 스님이, 더욱이 무속인이 나오는 경우를 거의 본 적이 없다.

### 3. 상식의 선을 넘는다 vs 상식의 선을 지킨다

무속신앙은 상식이 결핍된 경우가 많다. 기독교는 사람이 더불어 살아가는 데 필요한 상식의 선을 넘지 않는다. 점을 보러 가면 금방 눈치챌 수 있다. 처음에는 모든 것이 운명과 팔자라고 말한다. 운명이라는 말은 모든 것이 이미 정해져 있다는 말이다. 그러나 돈만 내면 운명과 팔자도 바꾸어준다. 방금 전만 해도 정해져 있다던 운명을 바꾸어 준다. 돈으로 쉽게 바꿀 수 있다면 운명이라 말하지나 말지 하는 생각이 든다.

믿지 않는 사람들이 배우자를 정하기 전에 궁합을 보러 가는 경우가 많다. 그 때 이렇게 묻는 무당은 없다. "배우자가 무엇보다도 옥황상제를 잘 믿는가? 서로 사랑하는 사이인가?" 지극히 상식적이며 매우 중요한 내용이다. 그러나 이런 건 관심도 없고 절대 묻지 않는다. 전혀 돈이 안 되기 때문이다. 자신들이 그렇게 빌며 섬기는 옥황상제를 결혼조건 그 어디에도 넣지 않는다. 자신들이 섬기는 신이 별로 중요하지 않다고 스스로 폭로하는 셈이다. 결혼에 있어서 서로 사랑하는지 여부가 얼마나 중요한가? 그러나 이런 것에는 전혀 관심이 없다는 것이 이상하다. 이건 비상식을 넘어서 몰상식이다.

그러나 기독교는 결혼을 앞둔 청년들에게 배우자 조건 두 가지를 항상 든다. 제일 먼저 예수를 믿는 신앙인이어야 한다고 말한다. 하나님을 소중히 여긴다는 신앙 고백이 필요하다. 서로 사랑해야 하며 그 다음에서야 서로의 조건을 보라고 말한다. 서로 가치관이 같으려면 신앙이 같아야 하고 서로 사랑하는 사이여야 한다는 것이 얼마나 상식적인가?

상식적이라는 말은 평범하거나 유치하다는 말이 아니다. 상식적이라는 말 속에는 관계적이라는 뜻이 담겨 있다. 음식 맛으로 치면 단순하면서도 깊은 맛이다. 아무거나 넣어 만든 복잡한 잡탕 맛도, 얕아서 천한 맛도 아니다. 세상 누구에게도 얼마든지 통할 수 있다는 말이 상식적이라는 말이다. 평범하거나 유치하지 않으면서 세상에서도 통하려면 탁월함이 있어야 한다. 탁월해야만 세상에서도 통할 수 있기 때문이다. 그러나 그 탁월함을 보일 때는 반드시 예의를 갖고 보여주어야 한다. 상식적으로 되는 것이 결코 쉬운 일은 아니다. 왜냐하면 세상에서도 통할 정도로 내용은 탁월하되 전달은 예의 있게 해야 하기 때문이다. 기독교가 세상 사람들에게 비상식, 몰상식적인 종교라는 말을 듣지 않으려면 방법이 하나 있다. 탁월함과 예의라는 두 마리 토끼를 잡는 것이다. 기독교 교리의 탁월함은 2천 년 역사를 통해 증명되었다. 이제 남은 과제는 예의를 갖추어 그 탁월함을 전달하는 것이다. 세상 사람들이 기독교의 교리를 갖고 욕하는 것은 거의 들은 적이 없다. 그들은 대부분 기독교의 무례함을 지적할 뿐이다.

## 4. 두려움과 공포감 vs 자유와 평안

무속신앙이 사람들을 움직이는 데 애용하는 아주 효과적인 방법이 있다. 두려움과 공포를 조장하는 것이다. 액을 아무데나 붙였다 뗐다 하면서 두려움을 일으킨다. 무당을 찾아간 사람들은 안 그래도 두려움과 미래에 대한 불안을 가지고 있다. "남편이 죽어, 사업이 망해." 이 말에 안 넘어 갈 강심장은 없다. "귀신이 붙어서 집안 문제가 있어, 앞으로 액운이 낄 팔자야." 이 말을 들으면 나의 과거를 영험하게 알아 맞추는 것 같다. 나의 미래도 신통하게 예언해 줄 것 같다. 그러나 조금만 생각해 보면 속고 있음을 금방 알 수 있다. 세상에 문제없는 집안은 없기 때문이다. 모든 문제를 귀신 탓으로 몰아가면 안 넘어갈 사람이 없다.

일단 두려움을 경험한 사람은 집에 붙여놓은 부적 하나 떼지 못한다. 귀신의 보복이 두려워서다. 목사가 직접 부적을 떼어주겠다고 해도 벌벌 떤다. 부적을 떼어 불태워야 조금 마음을 놓는다. 내가 떼어 불태웠으니 귀신의 보복을 받더라도 내가 받을 것이니 염려 말라고 해야 비로소 안심한다.

무당이 전혀 쓰지 않는 말이 있다. "옥황상제가 나를 사랑하셔. 나도 옥황상제님을 사랑해." 이러한 표현은 무속신앙에게 어색한 말이다. 왜냐하면 저들은 처음부터 인격적인 관계가 아니었기 때문이다. 그러나 기독교는 하나님이 나를 사랑하신다고 말한다. 우리 역시 하나님을 사랑한다고 고백한다. 인격적인 관계는 사랑하는 관계이기 때문이다. 하나님은 우리를 사랑하셔서 우리에게 자유를 주셨다. 이것이 복음의 본질이다. 예수님을 믿는 목적은 구원받기 위해서다. 여기서 구원이란 자유를 말한다. 예수 믿으면 죄와 사망과 욕심과 질병에서 자유하게 되기 때문이다.

주인이 좋아 스스로 종의 신분을 선택한 종이 있다. 그런 사람을 "자유의 종"이라 한다. 구약 시대에는 희년이 되면 주인이 종의 신분을 면천시켜 주었다. 이 때 주인이 너무나 좋은 종은 자원해 종이 되어 주인 곁에 남기를 청했다. 그러면 주인은 종의 귀를 벽에 대고 구멍을 뚫는다. 이것은 그저 평범한 종이 아닌 "자유의 종"이 되었다는 징표다. 종이라 해서 다 같은 종이 아니다. 엄연히 품격이 다른 종이 존재한다. 자유의 종은 자신의 귀 구멍을 자랑스럽게 보이며 다녔을 것이다. 크리스천은 스스로 주인이 좋아 종을 선택한 자유의 종이다. 한용운의 〈복종〉이라는 시를 보면 자유의 종이 어떤 의미를 가지고 있는지 알 수 있다.

### 복종

남들은 자유를 사랑한다지마는 나는 복종을 좋아하여요.
자유를 모르는 것은 아니지만 당신에게는 복종만 하고 싶어요.
복종하고 싶은데 복종하는 것은
아름다운 자유보다도 달콤합니다.
그것이 나의 행복입니다.

그러나 당신이 나더러 다른 사람을 복종하라면
그것만은 복종할 수 없습니다.

다른 사람을 복종하려면
당신에게 복종할 수가 없는 까닭입니다.


　우리는 어디까지나 두려움과 공포 때문에 복종하는 종이 아니다. 자유의 종은 "억지로 매인 종"이 아니라 "스스로 매인 종"이다. 시키지 않아도 즐기며 일한다. 주인이 보지 않아도 일하며 종 됨을 매우 자랑스러워 한다. 종이지만 주인의 마인드를 가진 종이 자유의 종이다. 그러나 무속신앙을 믿는 사람들은 신이 두려워 종이 된다. "두려움의 종"이 된 것이다. 이런 종은 시키는 일만 한다. 종 됨을 부끄럽게 여긴다. 즐기며 일하는 것은 어림도 없다. 본래부터 종이며 종의 마인드를 가지고 있다.

　사람이 두려움으로 움직이는 것과 사랑으로 움직이는 것은 천양지차다. 두려움으로 복종하는 사람은 신을 섬겨도 정도껏 섬긴다. 싫어도 죽지 않기 위해 마지못해 섬기기 때문이다. 그러나 사랑으로 복종하는 자유의 종은 신을 섬겨도 끝을 보는 자세로 섬긴다. 신을 위해 목숨까지도 자원해서 내놓는다. 죽음을 두려워서가 아니라 죽음을 무릅쓰고 섬기기 때문이다. 하나님은 이런 차이를 너무나 잘 아신다.


### 5. 강요의 종교 vs 매혹의 종교

　무속신앙은 억지로 강요하는 종교다. 그러나 기독교는 하나님의 사랑으로 우리 스스로 자원하게 만들어 헌신하게 하는 매혹하는 종교다. 사랑과 순종은 강요하는 순간부터 진정한 의미를 잃어버린다. 복음 역시 강요하는 순간부터 본질을 잃어버린다. 전도도 강요하면 혐오감만 주고 복음 자체를 전달할 수 없다. 가장 영향력 있는 전도는 매혹하는 것이다. 매혹은 쉽게 말해 약 올리는 것과 같다. 내가 예수 잘 믿어 행복한 모습을 보여주어 약 올리는 것이 최상의 전도법이다.

내가 섬기는 교회의 한 권사님은, 교회 가자는 말을 하지 않고서도 친구들을 전도했다. 비결은 단순했다. 교회를 다니면서 행복하고 즐거운 삶을 보여준 것이다. 어느 날엔가 친구들이 찾아와 왜 교회에 가자는 이야기를 먼저 하지 않았느냐며 자진해서 교회에 나가겠다고 했단다. 오랜 시간 기다려 얻은 귀한 열매였던 것이다. 강요가 아닌 매혹의 원리를 적용한 좋은 전도법이라는 생각이 든다. 강요해서 끌려오는 사람보다 매혹당해 자기 발로 찾아온 사람들이 예수를 믿어도 잘 믿는다. 이것이 매혹의 능력이다.

### 6. 운명 vs 섭리

무속신앙은 인간의 미래가 이미 정해져 있다며 운명과 팔자 이야기를 꺼낸다. 모든 결과를 운명으로 몰아간다. 사람들이 쉽게 포기하는 이유가 바로 여기에 있다. 인간을 피동적이며 무책임한 존재로 만들어 버리기 때문이다. 무속신앙이 미래가 정해져 있다고 말하는 데에는 분명한 이유가 있다. 이미 정해 있으니 내가 얼마든지 알아내 너에게 알려 줄 수 있다는 말을 하고 싶은 것이다. 정해진 운명을 바꿀 수 있는 능력도 나에게 있다 말한다. 운명이 정해져 있다고 하는데 운명을 알고 싶지 않은 사람이 어디 있겠는가? 대부분의 사람들은 미래를 알려 준다는 말에 쉽게 넘어간다. 미래에 대한 호기심과 불안감을 안고 살아가기 때문이다. 세상 모든 사람은 자신의 미래를 알고 싶어 하는 마음이 있다.

사람들이 흔히 무당이 내 미래를 알고 있다고 믿는 세 가지 이유가 있다. 첫째, 미래가 결정되어 있다고 믿기 때문이다. 사람들은 이미 결정된 미래를 영험한 무당이 알려주는 것은 어렵지 않다고 생각한다. 그러나 기독교는 우리의 미래가 결정되어 있지 않다고 말한다. 하나님은 우리의 미래를 미리 결정하는 분이 아니다. 왜냐하면 우리에게 미래를 기회로 주시기 위해서다. 이것이 하나님이 인격적인 신이라는 증거다.

둘째, 미래를 확신 있게 짚어주기 때문이다. 무당들은 질문을 잘하는 재주를 가지고 있다. 걱정을 가지고 점 보러 간 사람에게 거의 반말로 말한다. "요즘 힘든 일이 있지? 힘든 일이 있어. 내가 꿈에 봤어." 사실 이 말에 안 걸려들 사람이 없다. 무당을 찾아갈 정도면 이미 힘든 일이 있는 사람들이다. 문제없는 사람이 찾아갈 리 없지 않은가. 사람들은 "언제쯤 소원 성취할까요?" 하고 묻는다. 무당은 "한 5년은 걸려"라고 답한다. 사실 모든 문제는 한 5년 지나면 저절로 해결된다. 5년 지나 이루어 지지 않아도 그걸 가지고 무당 찾아와 따질 사람이 없다는 것을 무당이 잘 알고 있다.

셋째, 무속신앙들이 나의 과거를 맞추었으니 미래도 알고 있을 것이라 착각한다. 사실 신 내림한 무당들도 우리의 과거는 어느 정도 맞출 수 있다. 과거는 이미 결정되어 있기 때문이다. 이미 결정되어 있고 지나가 버린 과거를 맞추는 것이 무엇이 어렵겠는가? 나도 아는 나의 과거를 남에게 알아 맞추어 달라고 요구하는 것 자체가 아이러니다. 나의 과거를 아는 것은 나도 어렵지 않고 귀신도 어렵지 않다. 다만 과거를 맞추었다 해서 나의 미래도 맞출 것이라 생각하는 것이 착각이다.

하나님이 미래를 알려주시지 않는 데에는 세 가지 이유가 있다. 첫째, 미래가 정해져 있지 않기 때문이다. 미래는 정해져 있지 않다. 내가 하나님께 어떻게 반응하고 순종하느냐에 따라 얼마든지 달라질 수 있다. 나의 미래는 두 가지 몫에 의해 결정된다. 바로 하나님의 몫과 나의 몫이다.

하나님이 하셔야 할 몫과 내가 해야 할 몫에 따라 나의 미래가 얼마든지 달라질 수 있다. 이것을 섭리라고 말한다. "내 몫은 내가 할 터이니 네 몫은 네가 하라"는 것이다. 미래에 대한 책임에도 하나님의 몫과 우리의 몫을 분명히 구분해 놓으신다. 나의 미래가 전적인 신의 몫에만 달려 있다고 말하면 운명이 된다. 모든 것이 신 하기 나름이라 말하는 것이다. 미래에 대해 책임질 나의 몫이 없다는 말이다. 반면 하나님의 몫은 빼고 사람의 몫만을 강조하면 인본주의가 된다. 기독교는 신본주의이지만 사람의 몫을 부정하지 않는다.

하나님은 우리 미래에 대해 최선을 주시려 하신다. 하나님은 누구나 편애하지 않고 최고의 미래를 주려 하신다. 하나님의 몫에 대해서는 걱정할 필요가 없다. 따라서 우리의 미래를 결정하는 것은 하나님 하시기 나름이 아니라 우리 하기 나름이다. 예수를 믿은 이상 이제부터 미래는 전적인 우리 책임이라는 말이다. 하나님은 이미 최선을 다하셨고 앞으로도 최선을 다하실 것이기 때문이다. 그렇다고 나의 몫을 내가 잘 해내서 미래가 좋아졌다고 말해선 안 된다. 왜냐하면 최선을 다하신 하나님의 몫이 먼저 있었기에 나의 몫이 좋은 열매를 맺은 것이기 때문이다.

성숙한 사람은 일이 잘 되면 창문 앞에 서고 일이 안 되면 거울 앞에 선다. 잘 되면 창문 앞에 서서 밖을 보며 다른 사람에게 공을 돌린다. 그러나 안 되면 거울 앞에 서서 거울에 비친 자신을 보며 반성한다. 크리스천도 이와 같은 반응을 보여야 한다. 잘되면 하나님에게 공을 돌리고 못되면 자신을 탓하는 사람이 성숙한 크리스천이다.

미래의 결과를 놓고 하나님 탓만 하는 것은 세상에서 가장 치사한 인간이다. 운명과 팔자를 믿는 사람은 항상 이런 식이다. 예수 믿고 사는 이상 내 탓 하며 사는 것이 신앙에 유익하다. 미국 트루먼 대통령이 자신의 책상 위에 놓아두었다는 글귀가 있다. "모든 책임은 여기에서 멈춘다(The buck stops here)." 미래와 복에 관한 한 이렇게 자신이 책임지며 사는 것이 크리스천의 자세다.

하나님은 인간을 능동적이며 책임 있는 존재로 만들어 주셨다. 하나님은 시간을 뛰어 넘으실 수 있는 분이기에 우리의 미래를 아신다. 그러나 아시는 것이지 이미 결정하셨다는 말은 아니다. 아는 것과 결정하는 것은 전혀 다른 말이다. 나의 결정과 행동에 따라 나의 미래는 달라질 수 있다. 구원은 전적으로 하나님의 몫이다. 주시는 하나님의 마음에 따라 결정되는 선물이기 때문이다. 그러나 나의 미래는 나의 몫이다.

아브라함은 75세에 아들을 낳을 것이라는 약속을 받는다. 그러나 아들 이삭을 얻는 데 25년이 걸렸다. 25년이라니, 얼마나 긴 시간인가. 약속을 주신 후에 오히려 더 생이 힘들고 지루했다. 하나님이 간혹 꿈속에 나타나 "아브라함아, 25년 남았다. … 이제 8년 남았다" 이러셨다면 얼마나 기다리기 편했겠는가? 그러나 아무 말씀도 하지 않으셨다. 25년은 처음부터 정해진 시간이 아니었기 때문이다. 아브라함 하기에 따라 얼마든지 길어질 수도, 짧아질 수도 있는 시간이었다. 아브라함이 하갈을 통해 이스마엘을 낳는 차선책을 선택하지만 않았더라도 시간은 더 짧아졌을지 모른다. 하나님이 말씀하신 '최선책'을 선택하면 시간이 짧게 걸린다. 그러나 자신이 타협한 '차선책'을 선택하면 고생은 죽어라 하고 시간도 많이 걸린다. 아브라함이 선택한 차선책 때문에 이스마엘의 후손인 중동국가들과 이삭의 후손들인 이스라엘은 지금까지도 전쟁하며 고생하고 있다. 이스라엘 백성들이 불평하지 않고 홍해만 건넜어도 40년 광야 생활이 40일이 되었을 것이다. 믿음을 갖고 정탐꾼들이 가나안을 보았어도 40년이 40일로 줄었을 게 분명하다. 믿음이 없어서 사서 고생한 것이다.

하나님께 미래를 바꾸어 달라고 기도하는 것은 잘못된 셈이다. 이미 정해진 것이 없는데 무엇을 바꾸어 달라는 말인가? 미래는 하나님의 도우심 가운데 내가 창조하며 만들어 가는 것이다.

둘째, 미래를 안다고 해서 우리에게 유익할 것이 없기 때문이다. 얼마 전 공중파 방송에서 사람들에게 물었다. "자신의 미래를 알 수 있다면 무엇을 가장 알고 싶은가?" 내가 죽을 날짜를 알고 싶다고 한 사람이 가장 많았다. 사람이 죽을 날을 알면 두 가지 반응이 나올 것이 뻔하다. 예수 믿는 사람들은 종말론적인 신앙으로 오늘이 마지막인 것처럼 천국을 소망하며 치열하게 살 것이다. 그러나 소망이 없는 사람들이 문제다. 더 이상 소망이 없기에 체념하고 막장인생으로 살 것이 뻔하다. 미래를 안다고 세상이 결코 좋아지는 것이 아니다. 사람들은 중요하지 않은 것만 알고 싶어 하기 때문이다. 사람이 중요한 것을 알고 싶어 한다면 하나님은 얼마든지 알려주실 분이다.

　암에 걸린 사람이 하나님께 언제 나을 수 있냐고 묻는 경우가 있다. 이런 기도에도 응답이 없다. 왜냐하면 정해진 날이 없기 때문이고 유익함이 없기 때문이다. 꿈에 "12월 31일에 낫는다" 이런 음성이 들렸다고 가정해보자. 사람은 그날이 오기까지 금식하며 간절한 마음으로 기도할 리가 없다. 아무 일 하지 않고 그저 기다릴 것이 뻔하다. 어차피 정해진 날인데 기다리면 나을 것이기 때문이다. 미래를 아는 것이 전혀 나에게 유익이 없는 이유가 여기에 있다.

　셋째, 믿음이 생기지 않기 때문이다. 사람이 자신의 미래를 다 알 수 있다면 믿음은 전혀 쓸모없게 된다. 무지야말로 믿음이 자랄 수 있는 최고의 토양이기 때문이다. 사람들은 모두 자신의 끝을 알고 싶어 한다. 그러나 하나님은 우리의 끝을 보여 주지 않으신다. 끝을 보면 믿음이 생기지 않기 때문이다. 끝은 믿고 가는 곳이지 보고 가는 곳이 아니다. 그래서 믿음으로 구원을 얻는다는 말씀이 실감난다. 하나님은 우리에게 끝은 보여주지 않는 대신 2

미터 앞만 보여주신다. 매일 매일 믿음을 가지고 2미터 앞을 가보라고 말씀하신다.

애굽의 총리가 된 요셉은 자신이 총리가 되는 결말을 보고 간 사람이 아니었다. 매일 매일 코람데오, 즉 하나님 앞에서 성실과 정직함으로 지금 내 앞에 보이는 2미터를 보며 간 것뿐이다. 2미터 앞만 보고 달렸더니 목적지가 총리였다. 해피엔드가 될 것을 믿고 끝까지 가보는 것이 믿음이다. 끝을 보고 가는 것이 아니라 믿고 가는 것이다. 우리가 믿음을 가지고 2미터 전진하면 하나님은 다음 2미터를 보여주신다. 내 인생에 2미터 앞만 보인다면 안심해도 좋을 이유가 여기에 있다. 우리의 끝은 반드시 무지개와 해피엔드일 것이기 때문이다.

운명과 팔자를 믿는 종교들은 군주나 왕정 제도와 결탁되어 있는 경우가 많다. 군주나 왕정제도 하에서는 분명한 신분과 계급 차별이 있다. 힌두교나 불교를 믿는 나라들을 보면 대부분 엄연한 신분 차별이 있는 계급사회인 경우가 많다. 계급사회 속에서 귀족과 왕족의 지배를 편리하게 정당화하기 가장 좋은 신앙 논리가 있다. 바로 팔자와 운명론이다. 당신이 노예로 태어난 것은 정해진 운명이라고 설득하기란 얼마나 쉬운가. 다음 세상에서 귀족으로 태어날 수 있으니 이생에서 선하게 살라고 하면서 신분 상승의 욕구를 다음 세계로 미루어 포기하게 만든다. 백성들이 자신들의 신분을 극복하기 위하여 싸우거나 저항하지 못하게 만든다. 세상의 모든 것을 팔자로 받아들이도록 하기 때문이다. 왕정과 독재가 백성을 지배하기에 이보다 효율적인 이론과 종교는 없다.

그러나 기독교는 운명이 아니라 섭리를 말한다. 미래는 정해져 있지 않고 전적으로 우리 하기 나름이라고 말한다. 오히려 개척과 모험과 책임 정신을 갖게 한다.

우리는 하나님의 도우심으로 살되 결과는 철저히 자신이 책임을 져야 한다. 모든 일에는 하나님의 몫이 있고 우리의 몫이 따로 있었기 때문이다. 기독교 문화 속에 민주주의가 꽃피는 이유가 여기에 있다. 신분과 계급을 운명으로 받아들이지 않는다. 독재와 억압을 저항하고 투쟁하여 능동적으로 해결하며 살도록 만들어 준다.

### 7. 정답 vs 원리

두 대학을 동시에 합격한 자녀를 둔 집사님이 계셨다. 어느 대학을 보내는 것이 하나님의 뜻인지 알려달라고 기도요청을 해왔다. 꿈에 독수리가 나타나면 연세대에 보내고 호랑이가 나타나면 고려대에 보낼 것이니 정답을 계시해 달라고 기도 요청을 한 것이다. 하나님은 이런 기도에는 좀처럼 응답하지 않는다. 하나님은 급하실 때 간혹 정답을 보여주신 적은 있다. 그러나 대개는 원리만을 말씀하신다.

사람이 정답만 받아먹고 살면 연약한 사람이 되기 때문이다. 사람은 원리를 먹고 살아야 강해진다. 하나님은 우리를 약군이 아니라 강군으로 만들길 원하신다. 수학 시험 보는데 정답만 외우는 사람이 있다면 바보다. 왜냐하면 문제는 공식으로 푸는 것이지 정답을 외워서 되는 것이 아니기 때문이다. 수학 공식이 바로 성경이 말하는 원리다. 어떤 문제도 문제에 맞는 공식만 있으면 다 풀려 정답이 저절로 나온다. 문제는 정답이 푸는 것이 아니라 공식인 원리가 푸는 것이다.

원리를 말해주면 목사이고 정답을 말해주면 무당일 가능성이 높다. 집사님께 목사로서 말씀드린 원리는 이렇다. 첫 번째 원리는 아이의 적성과 은사에 맞추어 가라는 것이다. 아이의 적성에 맞는 학교를 선택하는 것이 하나님의 원리다. 두 번째 원리는 실력과 점수에 맞추어 가는 것이다. 하나님께 기도해 자기 성적보다 더 좋은 대학에 들어가게 되었다면 이것은 하나님의 원리가 아니다. 분명 학교의 정원은 정해져 있을 것이다. 실력이 안 되는 우리 아이가 합격하면 제 성적 갖고 떨어지는 아이가 생길 것이 분명하기 때문이다. 이러한 불의를 하나님이 허락하실 리 없다.

무당은 정답을 알려 준다 말하며 자신에게 의지하고 매이게 한다. 그러나 목사는 원리를 알려주어 하나님께 의지하게 한다. 자신을 의지하게 하면 무당이고 하나님께 의지하게 하면 목사가 맞다. 세상에서 제일 무서운 사람이 원리주의자이다. 원리주의자는 원리에 목숨을 걸기 때문이다. 하나님은 우리가 세상을 살 때에도 정답이 아니라 원리를 가지고 목숨 걸며 살기를 원하신다. 그래서 성경에는 정답이 아니라 원리인 공식이 쓰여 있다.

### 8. 형상이 있다 vs 형상이 없다

무속신앙들은 자신들이 섬기는 신의 형상을 가지고 있다. 돌과 나무로 구조물을 만들어 놓고 신으로 섬긴다. 그러나 유독 기독교의 하나님만은 아무 형상도 만들지 말라 명령하신다. 이것이 타 종교와 기독교의 극명한 차이점이다.

하나님이 형상을 만들지 말라 하신 두 가지 이유가 있다. 첫째, 형상이 하나님을 대신할 수 있기 때문이다. 모세가 시내산에 십계명을 받으러 올라갔을 때 산 밑에 있던 아론과 이스라엘 백성들이 했던 일을 기억하는가? 저들이 처음부터 금송아지를 모셔놓고 이것이 하나님이라고 말하며 섬긴 것은 아니었다. 금을 모아 부어 만든 금송아지를 놓고 그 송아지 위에 하나님이 계시다고 말했다. 그러나 "금송아지 위에 하나님이 계시다"는 "이 금송아지가 하나님이시다"로 바로 변질된다. 사람들 눈에는 하나님이 아닌 화려한 금송아지밖에 보이지 않기 때문이었다. 눈에 보이지 않는 하나님보다는 눈에 보이는 금송아지를 섬기는 것이 더 쉽다. 눈에 보이는 것을 믿는 게 훨씬 쉽기 때문이다. 하나님은 이것을 경계하시어 하나님을 의미하거나 대신하는 어떤 형상도 만들지 말라 하셨다. 보이는 것에 대한 인간의 연약함과 한계 때문이었다.

둘째, 하나님이 여기에만 계시다 하면서 하나님을 제한할 가능성이 있기 때문이다. 다윗이 성전 짓기를 청하였을 때 하나님께서 반대하셨던 이유가 있었다. 우선 표면적인 이유는, 다윗이 전쟁에서 피를 많이 흘린 사람이었기 때문이다. 이런 다윗이 성전을 지으면 하나님이 전쟁을 좋아하는 신으로 오해받을 소지가 있었다. 그러나 내면적인 이유가 따로 있다. 한 곳에 고정된 성전을 지으면 사람들이 하나님은 여기에만 계시다고 제한할 가능성이 있기 때문이었다. 하나님은 어느 형상이나 구조물 속에 자신이 제한되는 것을 반대하신다. 하나님은 어디에나 계시는 분이시다.

　무속신앙은 신의 형상을 보여주려 한다. 그러나 하나님은 보지 말고 믿으라고 말씀하신다. 눈으로 보아야 믿겠다는 신앙을 표적 신앙이라 한다. 하나님은 이러한 표적 신앙을 경계하신다. 눈으로 보아 믿는 표적 신앙에는 한계가 있기 때문이다. 표적 신앙은 점차 자극적으로 변질될 수밖에 없다. 처음 자극을 가할 때는 좋아하지만, 점차 센 자극을 원하게 된다. 작은 자극에는 더 이상 만족되지 않는다. 인위적으로 더 큰 자극을 만들다 보니 생기는 부작용이 너무나 크다.

　경기도의 모 기도원에서 간증하는 시간에 이런 일이 있었다. 처음에는 위장병 환자가 기도중에 병이 나았다고 간증할 때에는 모두가 은혜를 받았다. 그러나 비슷한 간증이 계속되니 나중에는 모두들 그러려니 했다. 그러자 다음에는 위암 걸린 환자가 기도중에 병이 나았다고 간증했고 급기야는 죽었다가 살아온 입신교인이 나타나 간증하는 일이 일어났다. 결국 입신 간증이 허위였음을 스스로 고백하는 해프닝까지 벌어졌다. 이처럼 더 큰 자극을 좇는 신앙은 결국 병들고 만다. 자극을 가하다 보면 자극에 대한 내성이 생긴다. 나중에는 웬만한 자극으로는 별 감흥을 느끼지 않는다. 그러다 보면 결국 조작된 자극이 등장한다. 이것이 바로 표적 신앙의 결정적인 한계다.

　표적 신앙은 꼭 보약 먹이는 것과 비슷하다. 환자에게 보약이 필요하듯 초신자에게도 한두 번 표적 신앙도 유익하다. 초신자는 기적을 보면 없던 믿음도 생기기 때문이다. 초대교회나 공산권 선교 지역에서 기적이 많이 일어나는 이유가 여기에 있다. 초신자들이 믿음을 갖는 데 도움이 되기 때문이다. 그러나 성숙한 사람들에게 표적 신앙은 오히려 해가 된다. 보고 듣는 데서 오는 자극에 휩쓸려 성경을 읽는 것만으로는 만족하지 않기 때문이다. 결국 말씀은 뒷전으로 밀려나고 신비한 계시와 예언만 내세우게 된다. 말씀이 사라진 곳에는 기적과 예언만 판치게 된다.

　불교의 우담바라가 폈다고 난리를 떠는 것을 본다. 불교경전에 3천 년만에 한 번 핀다는 전설의 꽃이다. 그러나 알고 보면 우담바라로 추정되는 물체는 풀잠자리가 그늘지고 습기가 있는 곳에 낳는 곤충알에 불과함이 밝혀졌다. 마리아상의 얼굴에 피눈물이 난다는 소식도 듣는다. 그러나 이러한 표적을 보고 신앙이 좋아졌다는 사람을 본 적이 없다. 기적으로 인해 세상이 좋아진다거나 역사발전이 이루어지지는 않는다. 이것은 신기한 일이지만 의미 있는 일은 아니다. 성경은 의미 있는 일에만 관심이 있다. 기독교는 신기한 일이 아니라 의미 있는 일에 투자하는 종교이다.

　성경에 근거하면 예수님도 33년 동안 한두 번 물 위를 걸으셨다. 대부분은 다른 사람들처럼 배타고 물을 건너셨다. 오병이어로 사람을 먹이신 것도 기껏해야 두 번 정도다. 대부분은 사람들이 주는 음식을 아껴 드셨다. 죽은 나사로를 살리신 것도 얼마든지 또 하실 수 있었지만 한 번으로 끝냈다. 왜냐하면 사람들의 믿음에 별 도움이 안 될 것을 아셨기 때문이다. 그분은 병을 고치고 기적을 보이기 위해 이 땅에 오신 것이 아니었다.

　눈에 보이는 것만 믿는 사람은 그 믿음이 쇠할 날이 온다. 보이는 것보다 보이지 않는 것이 가치 있는 게 많기 때문이다. 눈에 보이지 않는 것이 세상을 움직인다. 기독교 신앙은 눈에 보이는 것보다 눈에 보이지 않는 것을 신뢰한다. 기독교에서 중요한 개념들, 즉 하나님, 천국, 믿음, 성령님 등은 모두 눈에 보이지 않는 것들이다. 성숙한 신앙인의 눈은 눈에 보이는 것으로부터 보이지 않는 것으로 옮겨간다. 보지 않고 믿는 것이 보고 믿는 것보다 낫다고 주님이 말씀하셨지 않은가.

### 9. 보고 믿으라 vs 믿으면 보인다

무속신앙은 어떻게든 무엇인가를 보여주려고 노력한다. 무속신앙을 믿는 사람들은 항상 말한다. "보면 믿겠다." 그러나 기독교는 사람이 본다고 믿는 것이 아니라 "믿으면 보인다"고 말한다. 부활하신 예수님은 왜 자신을 죽인 빌라도와 제사장과 바리새인들에게는 나타나지 않았을까? 그러면 전 세계 복음화가 더 앞당겨지지 않았을까? 본다고 믿는 것이 아니기 때문에 나타나지 않은 것이 분명하다.

예수님이 오병이어로 5천 명을 먹이시고 죽은 나사로를 살리신 것을 직접 눈으로 본 사람들이 많았다. 그러나 저들이 모두 예수를 메시아로 믿었다는 기록은 성경 어디에도 없다. 오히려 예수님이 십자가를 지고 골고다로 올라가실 때 죽이라고 소리쳤다. 기적은 예수님도 일으키셨지만 악령도 일으킬 수 있다. 그러므로 기적을 보고 믿음이 생겼다는 말은 너무나 위험천만한 말이 될 수 있다.

예수님은 기적을 일으키시는 세 가지 원칙이 있었다.

첫째, 자기 자신의 명예와 이익을 위해서는 기적을 일으키지 않으셨다. 자신의 능력을 과시하거나 드러내기 위해 기적을 일으키신 적이 없었다. 전적으로 남을 위한 기적과 치유를 하셨다. 자신이 구약성경에 예언된 메시아임을 사람들에게 드러내기 위해 기적을 일으키셨을 뿐이다.

둘째, 기적 후에는 변화가 따랐다. 질병을 고쳐 기이히 여기게 하는 데서 그치는 게 아니라 죄 사함을 선포하셨다. 육신은 물론 영혼의 변화까지 일으키시는 것이 목적이었다. 이것은 문둥병자를 고치실 때 몸을 만지신 것을 보면 알 수 있다. 예수님은 충분히 만지지 않아도 치유하실 수 있었지만 몸에 직접 손을 대셨다. 왜냐하면 가족조차 만지지 않아 상처받은 마음의 질병을 치유하기 위해서였다. 주님의 치유는 전인적인 치유였다. 육체뿐 아니라 마음과 영혼의 질병까지 고쳐주셨기 때문이다. 병자에게 육체의 변화는 물론 마음과 영혼의 변화가 일어난 것은 당연한 결과다.

셋째, 기적 자체를 위해서가 아니라 불쌍히 여기는 마음 때문에 기적을 일으키셨다. 보이는 기적 자체가 목적이 아니라 보이지 않는 죄 사함이 목적이었다. 죄로 인해 병들어 죽어가는 인간에 대한 불쌍히 여기는 마음이 기적을 일으킨 동기가 되었다.

몇 년 전 예수님의 시신을 덮었던 수의가 나타났다고 아우성이었던 적이 있다. 예수님의 수의를 갖고 예수님이 실제 인물이었음을 증명하려 한다면 그것은 나무랄 것이 없다. 그러나 수의를 보았다고 해서 사람들이 예수를 나의 구주, 나의 하나님으로 영접하지는 않았다. 예수님을 "역사적 인물로 인정하는 것"과 "나의 구주로 영접하는 것"과는 전혀 별개의 문제이기 때문이다.

성경 속에 우리가 이해되지 않는 기적이 있다면 두 가지로 반응해야 한다. 첫째, "건너뛰고 보자"이다. 이해가 안 되면 그 문제에 매일 필요가 없다. 공부 못하는 사람이 꼭 어려운 문제 붙들고 있다가 시험을 모두 망친다. 어려운 문제가 나오면 건너뛰고 나중에 풀면 된다. 시간이 지나 나중에 성숙해서 다시 보면 풀리는 경우가 많기 때문이다. 성경 속에 우리가 이해되지 않는 부분이 있으면 이렇게 외쳐야 한다. "패스!" 패스했다고 해서 주님이 책망치 않으신다.

둘째, "일단 믿고 보자"이다. 일단 믿어야 기적이 보인다. 상황은 너무나 어려운데 "날마다 기적입니다"라고 외치며 사는 사람이 있다. 믿고 나면 날마다 기적이 보이며 일어난다. 남 눈에 안 보이는 기적이 내 눈에는 보인다. 그러나 믿지 않으면 기적이 보이기는커녕 일어나지도 않는다. 이미 나에게 일어난 기적조차 못 보며 산다는 것이 정말 기적 아니겠는가.

사람이 살면서 다 봐야만 믿겠다면 상실감만 커질 게 분명하다. 세상의 모든 것이 다 보이지는 않기 때문이다. 듣는 것도 마찬가지이다. 개미가 기어가는 소리는 들리지 않는다. 어마어마한 지구가 돌아가는 굉음도 들리지 않는다. 이런 소리는 분명히 존재한다. 그러나 나에게 들리지 않는다 하여 답답하거나 못살지는 않는다. 보는 것도 마찬가지이다. 분자의 세계는 눈에 보이지 않는다. 어마어마한 우주도 내 눈에 보이지 않는다. 그러나 보이지는 않지만 존재한다. 존재는 하는데 내 눈에 왜 보이지 않느냐고 따지는 어리석은 사람은 없다. 우리 눈의 한계를 인정하기 때문이다.

### 10. 자력종교 vs 타력종교

"지성이면 감천이다. 하늘은 스스로 돕는 자를 돕는다. 공든 탑이 무너지랴!" 무속신앙이 제일 좋아하며 자주 써먹는 3대 속담이다. 지극한 정성을 들이면 하늘이 감동해 원하는 소원을 들어준다는 말이다. 인과응보에 기초한 매우 논리적인 내용을 담고 있다. 사람이 행한대로 갚아준다는 말이다. 이 속담들은 사람들을 격려하는 긍정적인 말로 쓰이기도 하지만, 인간의 노력과 행위만을 강조하고 있다. 일명 '자력종교'이기 때문이다. 우리 노력을 보고 신이 감동해 복을 준다는 종교 형태다.

자력종교의 특징은 신의 선택과 계시보다는 인간의 정성과 행위를 강조한다. 선행을 등급화해 선행의 정도에 따라 상급을 달리 준다. 많은 선행은 많은 상급을 주고 적은 선행은 적은 상급을 준다는 꽤 설득력이 있는 말이다. 대부분 사람들이 이 말에 이의를 제기하지 않는다. 이 말을 빌려 헌금과 선행을 하며 살도록 독려한다.

기독교를 제외한 종교들은 대부분 행위의 종교이다. 이런 종교들은 천국을 선명하게 설명한다. 무엇을 하고 어디까지 행해야 극락에 가는지도 말해준다. 그러나 기독교는 믿음의 종교이다. 성경은 우리가 어디까지 선해야만 천국갈 수 있는지 말해주지 않는다. 무엇을 지켜야 천국에 가는지도 결코 말하지 않는다. 십계명을 주어도 이것을 지키면 천국에 간다고 약속하지 않는다. 다만 복을 얻는다고 말할 뿐이다. 구원과 복을 분명하게 분리해 말한다. 선을 행함으로 천국에 가는 게 아니라 믿음으로 가는 것이기 때문이다. 믿음조차 선물이라고 말한다. 자신이 노력한다고 해서 믿음이 생기는 것이 아니라는 말이다. 선물이란 전적으로 주는 쪽 마음이라는 뜻이다. 따라서 구원은 자신의 노력과 선행으로 얻는 것이 아니라 전적으로 신의 선택에 의해 주어지는 선물이다. 이 선물을 은혜라 한다. 다른 모든 종교에는 없는 기독교에만 있는 유일한 교리가 바로 이 은혜이다. 은혜가 기독교의 정체성이며 근본인 것이다.

기독교는 자신의 노력과 선행이 먼저가 아니다. 하나님의 선택과 섭리가 먼저다. 먼저 하나님의 선택과 섭리가 있어야 우리의 선행도 유효해 진다는 말이다. 그렇다고 사람의 선행이 필요 없다고 무시하는 것은 아니다. "사람이 먼저"가 아니라 "하나님이 먼저"라는 말이다. 기독교는 일명 타력종교이다. 천수답 종교라고 말하기도 한다. 가장 중요한 것은 내 노력으로 얻어지는 것이 아니다. 하늘로부터 주어진다.

어릴 적 높은 산에 가보면 놀랍게도 벼를 키우는 논이 있었다. 이것을 일컬어 천수답이라고 부른다. 지대가 높아 물을 끌어올 수 없는 논이다. 하늘이 물을 주어야만 농사를 지을 수 있다. 농부는 봄이 되면 모내기를 열심히 한 후 맨 마지막에 손을 놓고 하늘을 바라본다. 더 이상 내가 할 수 있는 일이 없기 때문이다. 애타는 마음으로 하늘을 바라보며 비가 내려주기만을 기도하는 이 모습이 기독교의 신앙을 말해준다. 내가 모를 심었기 때문에 자라는 것이 아니다. 비를 내려주는 하늘이 있었기에 내가 심은 모가 자란 것이다.

타 종교는 인간이 신을 찾아 나선다. 그러나 기독교는 신이 인간을 찾아 나선다. 아브라함, 모세, 바울, 베드로 등은 먼저 신을 찾아나서지 않았다. 하나님이 먼저 그들을 찾아 가셨다. 인간의 노력보다 하나님의 선택이 먼저다. 키에르케고르가 기독교를 자연종교가 아니라 계시종교라고 말하는 이유가 여기에 있다. 아래로부터 위로 향하는 종교가 아니라 위로부터 아래로 주어지는 종교다. 이것을 전적인 은혜라고 말한다.

"지성이면 감천이다"는 "감천해야 우리의 지성이 통한다"로 바꾸어야 한다. "하늘은 스스로 돕는 자를 돕는다"는 "하늘은 하늘이 돕기로 작정한 자만 돕는다"로 바꾸어 말해야 한다. 사람이 힘들여 쌓은 "공든 탑이 무너지랴"는 속담은 하나님이 함께하시지 않으면 "공든 탑도 얼마든지 무너질 수 있다"로 바뀐다. 구원도 우리의 의지와 노력에 대한 보상이 아니다. 전적인 하나님의 선물이다. 이것이 바로 은혜의 영역이며 무속신앙과는 차별되는 기독교의 정체성이다.

## 2. 인간 사용 설명서 _ 인간론

● ● ● ● ●

욕심이 잉태한즉 죄를 낳고 죄가 장성한즉 사망을 낳느니라(약 1:15).
모든 사람이 죄를 범하였으매 하나님의 영광에 이르지 못하더니(롬 3:23).
기록된바 의인은 없나니 하나도 없으며(롬 3:10).
그러므로 한 사람으로 말미암아 죄가 세상에 들어오고
죄로 말미암아 사망이 들어왔나니
이와 같이 모든 사람이 죄를 지었으므로
사망이 모든 사람에게 이르렀느니라(롬 5:12).
죄의 삯은 사망이요
하나님의 은사는 그리스도 예수 우리 주 안에 있는 영생이니라(롬 6:23).

# 제 명에 못사는 비결?

_욕심

뜨거운 감자를 먹으려 손에 들어 본 적이 있는가? 뜨거워 먹을 수도 없고 배고파서 버릴 수도 없는 어정쩡한 모습을 하게 된다. 죄를 다루는 우리 크리스천의 모습이 꼭 이와 같다. 죄에 대해 거론하면 현대인들은 껄끄러워하고 애써 외면하려 든다. 부정적인 사람이라 몰아 붙인다. 그렇다고 안 다루자니 신앙의 궁극적 문제들이 해결되지 않는 딜레마에 빠진다. 죄가 뜨거운 감자다.

크리스천들이 반드시 죄의 문제를 짚고 넘어가야만 하는 이유가 있다. 세상의 모든 악이라 불리우는 현상들을 거슬러 올라가면 마지막에 인간의 죄가 나타나기 때문이다. 세상의 모든 문제는 결국 인간이 저지른 죄의 문제이다. 죄를 지은 사람이 모든 문제의 원인인 것이다. 인간이 지은 죄의 문제를 다루지 않고는 궁극적으로 인간에게 나타나는 악과 고통의 문제들을 설명할 수도, 해결할 수도 없게 된다.

　성경은 "욕심이 잉태한즉 죄를 낳고 죄가 장성한즉 사망을 낳느니라"고 말한다. 전쟁, 다툼, 시기, 질투, 증오, 이간, 폭력, 거짓말, 살인, 위선과 같은 모든 것을 통틀어 고통과 사망이라 말한다. 고통과 사망은 결과물일 뿐이다. 모든 고통과 사망에는 반드시 원인이 있다. 고통과 사망의 원인을 거슬러 올라가면 인간의 죄가 나온다. 인간의 죄를 거슬러 올라가면 욕심이 제일원인으로 나온다. 인간의 욕심 때문에 고통과 사망이라는 결과가 온 것이다.

　돌을 던지면 호랑이는 돌 던진 사람에게 달려든다. 그러나 개는 던져진 돌을 쫓아간다. 문제의 원천을 쫓아가야지 문제 자체를 아무리 쫓아다녀봐야 문제가 해결되지 않는다는 교훈이다. 고통과 사망의 문제를 마치 돌 쫓아다니는 개처럼 풀면 안 된다. 고통과 사망 자체를 쫓아다니지 말라는 말이다. 고통과 사망의 근본 원인은 욕심이기 때문이다. 돌 던진 사람에게 달려드는 호랑이처럼 근본 원인인 욕심을 해결해야 고통과 사망의 문제를 해결할 수 있다. 욕심을 제쳐놓고 고통 자체를 풀려 하는 것은 손가락으로 달을 가리켜 달을 보라 했더니 달은 쳐다보지 않고 손가락만 쳐다보는 격과 같다.

　세상의 모든 종교들은 욕심이 모든 인간 고통의 원인이라는 것을 찾아냈고 이에 동의하고 있다. 모든 종교가 욕심의 문제를 해결하려 서로 다른 수행을 해왔다. 그러나 종교마다 서로 다른 해결책을 제시하고 있다.

　욕심이란 무엇인가? 나에게 주어진 몫 이상의 것을 차지하려는 마음이다. 이로 인해 죄가 오고 사망이라는 결과가 나타난다. 어릴 적 우리 집에 키우던 어미개가 새끼 열 마리를 낳은 적이 있다. 그 중 한 마리는 힘이 세어서 남의 젖까지도 빼앗아 먹었다. 다른 한 마리는 힘이 약해 언제나 힘센 놈에게 젖을 빼앗겨 점점 말라갔다. 남의 젖을 빼앗아 먹는 강아지는 너무나 살이 쪄 다리가 무게를 지탱하지 못하게 되었다. 결국 다리가 휘어져 뒤뚱뒤뚱 걷게 되었다. 우리 아버지는 그 강아지가 얼마나 불쌍했던지 얼른 잡아 잡수셨던 기억이 난다. 어릴 적부터 이걸 보면서 한 가지 진리를 배웠다. "아, 남의 것을 빼앗아 먹어 배를 키우다 보면 제 명에 못사는 구나!" 내 몫이 아닌 남의 몫을 먹으면 더 잘 살 것 같지만 더 빨리 망하고 죽는 지름길임을 성경도 말하고 있고 우리 집 강아지도 말하고 있다.

자연을 완벽하게 보존하는 방법이 있다. 욕심을 가진 인간이 손을 대지 않는 것이다. 인간이 손을 대는 순간부터 자연이 가지고 있던 균형이 깨진다. 산사태가 나면 산은 금방 복구가 된다. 왜냐하면 자연적 산사태는 균형이 깨진 상태를 회복시키려 일어나는 현상이기 때문이다. 자연은 절대 욕심을 부리지 않는다. 그러나 인간이 산에 길을 내면 자연은 복구되지 않는다. 욕심을 가진 인간이 자연의 균형을 자기 편하자고 깼기 때문이다. 인간의 욕심이 그렇게 만든 것이다.

인간 곁에 사는 동물은 욕심도 인간을 닮는다. 유독 집에서 키우는 동물만 욕심이 가득 차 많이 먹어 짜구가 난다. 동물의 왕국을 보면 야생동물치고 너무 먹어서 다리가 휘어지거나 비만으로 죽어가는 동물을 본 적이 없다. 야생의 동물들은 생존에 필요한 적당한 양식만 먹고 과도한 욕심을 부리지 않는다. 욕심을 부려 많이 먹어 비만이 되어 보았자 적이 달려들어도 도망가지 못해 결국 잡아먹힌다는 사실을 잘 알기 때문이다.

사자가 무조건 영토를 넓게 확보하기 위하여 정복전쟁을 벌였다는 이야기를 들어 본 적이 없다. 호랑이는 자신이 사냥해온 노루를 식량 창고에 가득 쌓아놓고 통장잔고를 자랑하며 살지 않는다. 재테크 하는 호랑이와 하이에나도 없다. 〈동물의 왕국〉에서 사자 곁에 노는 노루를 본 적이 있다. 사자가 일단 배가 부르면 저축하기 위하여 노루를 죽이지 않는다는 사실을 노루가 잘 알기 때문이다. 사자는 배가 부르면 심심하다고 노루를 죽이지 않는다. 야생의 동물은 자신이 먹고 살 만큼의 영토와 식량만 소유한다. 욕심이 아니라 생존에 필요한 만큼만 소유하는 점에서 인간과 전혀 다르다. 동물은 한번 승리하면 히딩크처럼 "나는 아직도 목마르다"고 하지 않는다. 재미로 생명을 죽이고 자신의 생존에 필요한 것 이상의 소유를 위해 전쟁을 벌이고 자신의 동족을 살육하는 존재는 인간뿐이다. 사람은 현재에 쉽게 만족하지 않는다. 바로 인간이 가진 욕심 때문이다.

사람은 과도한 욕심을 가지고 살면 제 실력 발휘도 못하며 산다. 골프를 잘 치는 비결이 무엇이냐고 최경주 선수에게 물었다. 최 선수는 첫째, 기본기를 갖추어야 하고 둘째, 어깨에 힘을 빼고 쳐야 한다고 말했다. 기본기를 갖추라는 말은 체력훈련, 스윙훈련, 정신훈련을 지속적으로 해야 한다는 말이다. 그러나 어깨에 힘을 빼라는 말은 꼭 이겨야 한다는 욕심을 버리고 치라는 것이다. 욕심을 부리면 어깨에 힘이 들어가고 공이 원하는 대로 가지 않는다. 욕심을 부리면 잘 할 것 같지만 오히려 실력이 떨어진다. 욕심이 있던 실력도 없게 만들기 때문이다.

세계적인 프로 발레리나에게 물었다. "발레리나에게 제일 중요한 것이 무엇입니까?" 발레니나는 주저 없이 대답했다. "첫째는 기본자세, 기본체력, 기본열정을 갖는 것입니다. 둘째는 배우려 하는 자세인 겸손입니다." 겸손이 바로 힘을 빼는 최고의 자세다.

에덴의 아담에게 주어진 몫은 피조물이었다. 피조물로서 에덴을 관리하는 자리였다. 그러나 피조물인 아담이 뱀의 거짓말에 속아 조물주 하나님 자리를 넘보게 되었다. 하나님의 몫을 넘본 것이다. 넘본 죄의 대가로 에덴에서 쫓겨나게 된다. 피조물이 조물주 행세를 하려 한 죄값이었다. 조물주의 자리를 차지하려던 욕심이 그를 망하게 한 것이다.

하나님은 에덴 중앙에 선악을 알게 하는 나무를 심고 아담에게 먹지 말라고 명하셨다. 하나님과 인간의 경계를 구분하기 위해서였다. 에덴에는 선악을 알게 하는 나무 외에는 하나님과 인간을 구분 지을 만한 아무런 경계가 없었다. 죄짓기 전 에덴의 아담은 죽음과 질병이 없었다. 죽지 않는 인간은 신과 유사했다. 피조물과 조물주의 구분이 모호했다. 이러한 조물주와 피조물의 경계를 구분하는 유일한 장치가 바로 선악과였다. 너는 피조물이고 나는 조물주임을 알려주는 정체성 나무였다. 아담이 욕심을 부리지 않고 피조물의 자리만 지켰어도 에덴에서 영원히 살았을 것이다.

우리 속담에 "남의 떡이 커 보인다"는 말이 있다. 남의 떡은 이상하게 내 것보다 작아도 내 눈에는 커 보이는 법이다. 욕심 때문이다. 욕심으로 보면 눈도 제 기능을 잃어버린다. 사단은 무조건 남의 떡이 커보이게 만든다. 왜냐하면 남의 떡을 넘보아 망하게 하기 위함이다. 사실 남의 떡은 내 떡보다 크지 않은 경우가 많다. 예수를 믿으면 욕심으로 흐려진 눈이 제 기능을 찾는다. 남의 떡이 더 이상 커 보이지 않게 된다. 크리스천이 되면 오히려 하나님이 나 먹으라 주신 내 떡이 커 보인다. 내 떡에 만족하고 감사할 줄 아는 자족의 영성을 가진 사람이 된다.

# 욕심과
# 한 판 겨루기
_탈욕심

 크리스천들이 욕심을 극복하는 방법 여섯 가지가 있다.

### 1. 욕심을 버리는 것이 아니라 욕심의 대상을 바꾸라.

세상이 말하는 부자가 되는 방법은 딱 두 가지다. 많이 벌거나 많이 버리는 것이다. 돈을 많이 벌면 물질적인 부자가 된다. 그러나 욕심을 많이 버리면 정신적인 부자가 된다. 욕심은 인간의 원죄적 속성인지라 말처럼 쉽게 완전히 버릴 수 없다. 인간인 이상 욕심에서 완전히 자유로울 수는 없다. 사람은 죽어야만 욕심 없이 살 수 있는 존재다.

불교에서 하듯 산속으로 도망가 인연을 끊고 속세를 떠나 무소유로 살면 욕심이 덜할 수는 있다. 그런다고 완전히 욕심을 없앨 수는 없다. 산 위에 올라가 물 마시고 하늘을 베게삼아 살면 욕심을 덜 부리며 살 수는 있다. 좋은 수행법임에 동의한다. 그러나 다시 산 아래로 내려오면 욕심대로 사는 것이 인생이다. 죽지 않는 이상 인간은 근본적인 욕심의 문제를 완전히 해결하며 살 수는 없다.

어차피 욕심 자체를 완전히 버릴 수 없다면 욕심의 대상을 바꾸면 된다. 세상과 소유에 대한 욕심을 하나님과 선과 의에 대한 욕심으로 바꾸라는 것이다. 욕심을 가지고 살 것이면 기왕에 하나님, 선, 의에 대한 욕심으로 살라 말한다.

## 2. 항상 경계를 그으며 살라.

세상 모든 것은 세 몫으로 구분된다. "하나님의 몫", "남의 몫", "내 몫"이다. 세 몫의 경계를 명확히 하면 할수록 욕심이 통제된다. 남의 몫의 경계를 넘어서면 내가 죽는다는 각오로 사는 것이다. 실제로 이 경계를 넘어서 죽은 사람이 아나니아와 삽비라이다. 아담과 아간도 마찬가지이다. 몫의 경계를 말해주는 것이 선악과이다. 선악과는 하나님의 몫은 창조자이고 내 몫은 피조물이라 경계를 그어 말해주었다. 선악과를 보며 살면 몫 구분을 정확히 하며 살 수 있는 이유가 여기에 있다. 어느 것이 하나님의 것인지 어느 것이 내 것인지 선악과가 말해주기 때문이다.

선악과는 또한 하나님이 나의 주인이심을 말해준다. 좋은 주인을 만나야만 자신의 신분을 알 수 있다. 선악과를 보면 종이 주인 앞에 서는 효과와 똑같다. 사람은 혼자 있으면 자신이 주인 행세할 가능성이 많기 때문이다. 종이 주인 행세하고 싶은 마음이 욕심이다. 이 때 선악과를 쳐다보아야 한다. 주인행세를 하고 싶은 욕심이 들 때마다 선악과를 보며 하나님에 대한 호칭을 바꾸어 보는 것도 효과가 있다. '주님'을 '주인님'으로 불러본다. 본래 주님은 주인님의 줄임말이기 때문이다. 하나님이 주인님이면 나는 종놈이라는 주제파악이 쉽다. 욕심이 들 때마다 하나님을 '주인님'이라 불러보면 효과를 본다. 종놈이 주인의 것을 욕심 부리며 살면 맞아 죽는다. 주면 주는 대로 먹고 안 주면 굶고 살아야 하는 것이 좋다.

### 3. 욕심대로 살았을 때 치러야 할 대가를 묵상하라.

욕심의 결과는 언제나 고통과 사망뿐이다. 이것을 알면 무섭고 두려워서 함부로 욕심대로 사는 것을 선택하지 않게 된다. 욕심을 부렸을 때 오는 심판의 무시무시함을 매일 묵상하며 사는 것의 유익이 있다.

긍정에 대해 말할 때는 당신에게 일어날 최악의 결과를 묵상하지 말라고 한다. 오지도 않은 최악의 결과를 미리 상상하며 살지 말라는 것이다. 그러나 욕심에 대해 말할 때는 정반대다. 오히려 최악의 결과를 묵상하며 살라고 말한다. 이것이 영적으로 도움이 된다. 욕심을 부리며 살 때 맞이하게 될 최악의 결과를 매일 묵상하며 살면 더 이상 욕심대로 살지 않게 된다.

### 4. 땅에 살면서도 하늘을 보며 사는 것이다.

어릴 적에는 구구단, 뺄셈, 곱셈, 나눗셈을 하느라 시간을 다

쏟아 붓고 살았다. 그러나 공과 대학을 들어가니 더 이상 곱셈, 뺄셈을 시험보지 않았다. 시험볼 때 계산기 사용이 허용되기 때문이다. 이제는 공식을 외우고 있는가와 그 공식을 잘 사용해 답을 찾아낼 수 있는지가 중요하게 되었다. 수학올림피아드에서는 기존의 공식이 아닌 자신이 직접 새로운 식을 만들어야 풀 수 있는 높은 경지를 요구한다. 욕심의 문제를 풀려면 수학올림피아드 수준의 새로운 공식을 요구한다. 욕심이란 문제는 기존에 존재하는 세상의 공식으로는 풀리지 않는다. 전혀 새로운 하늘의 공식으로 풀어야만 풀리게 되어 있기 때문이다. 땅의 문제는 하늘의 공식으로 풀어야만 답을 얻을 수 있다.

밭을 갈다가 우연히 숨겨진 보화를 발견한 농부가 있었다. 농부에게 어느 누구도 소유를 팔아 밭을 사라고 강요한 사람이 없었다. 그러나 보화를 발견한 농부는 스스로 자원해 소유를 팔아 밭을 샀다. 사실 밭이 아니라 숨겨진 보화를 산 것이다. 사람들은 농부를 보고 미쳤다고 말했을 것이다. 그럴수록 농부는 회심의 미소를 지으며 말했을 것이다. "너희들은 몰라서 그래. 나중에 두고 보면 알 거야. 후회할걸!" 성경이 말하는 숨겨진 보화는 바로 하늘, 천국, 하나님 나라, 구원이다.

하늘을 본 사람은 땅의 욕심을 버릴 수 있다. 사람이 하늘을 보면 죽었다 깨나도 못할 일을 거뜬히 해낸다. 자신의 소유를 팔아 버릴 수 있는 힘이 생긴다. 하늘을 본 사람에게만 주어지는 특권이다. 하늘을 본 사람에게는 땅의 소유를 버리는 것이 하나도 힘들지 않다. 사람들이 미쳤다고 비웃어도 얼마든지 버리며 살 수 있다. 남이 못 본 하늘을 나만 보았기 때문이다. 사실은 버린 것이 아니다. 더 좋은 것을 얻기 위하여 작은 것 하나를 놓았을 뿐이다.

사탕을 쥐고 놓지 않는 어린아이의 손을 펴는 방법이 있다. 더 큰 사탕을 보여주면 된다. 우리 모두는 사탕을 쥔 어린아이와 꼭 같다. 놓으라 해도 죽어라 욕심을 가지고 세상 것을 놓지 않는다. 놓으면 손해 보고 죽는 줄 알기 때문이다. 그래서 우리는 더 큰 사탕을 볼 필요가 있다. 더 큰 사탕이 바로 하나님이 보게 하시는 하늘과 천국이다. 땅의 것을 버려야만 얻을 수 있는 것이 하늘이다.

내가 아는 권사님 가운데 자녀를 먼저 하나님 품으로 떠나보낸 분이 이런 말씀을 하셨다. "목사님 자식을 잃어보니 세상에 귀한 것이 하나도 없네요." 그분은 예전엔 세상에 귀한 것이 많은 분이셨다. 야망과 욕심도 크셨다. 절대로 이런 말을 쉽게 하실 분이 아니었다. 그러나 자녀의 죽음을 통하여 하늘을 보게 되었다. 하늘을 보는 순간 땅에 모든 것이 작아 보이고 시시해졌다. 자녀가 어머니에게 하늘을 선물로 남겨주고 떠난 것이다. 자식은 떠났지만 하늘이 남았다. 죽음을 보면 세상에 더 이상 귀한 것이 없게 된다. 소유에 대한 욕심 정도는 얼마든지 팔아버리며 살 수 있다. 죽음을 보는 순간 하늘이 귀하게 된다.

### 5. 십일조와 헌금을 드려라.

건강하고 오래 사는 동물일수록 식사 때 위장에 70퍼센트만 채운다. 과식하는 것은 사람뿐이다. 현대의 인간은 굶어 죽은 숫자보다 너무 먹어 비만의 합병증으로 죽는 숫자가 더 많다. 상위 10

퍼센트 사람들이 버리는 음식쓰레기만 모아도 전 세계 굶주리는 사람 대부분을 먹일 수 있다는 이야기도 들었다. 다이어트는 동물 세계에는 없는, 인간 세계에만 존재하는 단어다. 전적으로 인간이 가진 욕심 때문에 생긴 것이다. 욕심을 버리기 위해 영적으로 소식을 하는 방법이 있다. 십일조와 구제헌금을 드리는 것이다. 십일조와 구제헌금의 정신은 내가 욕심을 부리지 않고 덜 먹고 덜 쓰겠다는 정신이다.

   십일조는 소득의 10퍼센트를 하나님께 드리는 것이다. 십일조 헌금의 대전제 두 가지가 있다. 첫째는 하나님은 돈이 필요 없으신 분이라는 점이다. 단지 마음이 필요할 뿐이다. 돈에 대한 욕심이 없는 사람은 사실 십일조를 바치지 않아도 된다. 그러나 세상에 돈에 욕심 없는 사람은 없다. 둘째는 욕심에 대한 저항력을 키우기 위한 목적으로 십일조를 요구하셨다는 점이다. 하나님은 2/10도 아니고 1/20도 아닌 1/10을 요구하셨다. 왜냐하면 1/10은 사람이 돈에 대한 두려움이 시작되는 기준 액수이기 때문이다. 2/10을 요구하면 아예 처음부터 포기해 버릴 것이다. 1/20은 저항하지 않아도 낼 수 있는 금액이기에 1/10을 요구하신 것이다.

   구제헌금은 밭의 네 모퉁이를 베지 말고 고아와 과부를 위해 남겨두라고 말씀하셨다. 밭을 사각형으로 그리고 내접원을 그려 네 모퉁이를 빗금쳐 계산하면 내 몫의 21.5퍼센트가 나온다. 십일조와 구제헌금을 합하면 대략 30퍼센트가 나온다. 쉽게 말해 나는 70퍼센트만 먹고 30퍼센트는 이웃과 하나님을 위해 드리겠다는 정신이 욕심을 막아준다. 욕심을 버리기 위해 가장 효율적인 방법이 십일조와 구제헌금을 드리는 것이다. 사람들은 교회 좋자고 헌금을 드리는 줄 안다. 그러나 알고 보면 욕심 부려 과식으로 죽어가는 우리를 살리고자 하나님이 바치라 하신 최소한의 헌금이다.

맹수들이 100퍼센트 포식하면 생태계의 질서가 깨진다. 먹이사슬 자체가 망가진다는 말이다. 그래서 맹수들은 자신이 살기 위해서 70퍼센트만 먹는다. 사람들도 마찬가지다. 100퍼센트를 넘어 200퍼센트 먹고 사는 사람이 많을수록 하나님의 창조질서가 무너져 다 망하고 만다. 하나님이 세상을 그렇게 만들어 놓으셨기 때문이다. 내 몫의 70퍼센트만 먹고 살겠다고 할 때 욕심의 문제도 해결되고 인류도 공생할 수 있다는 것이 영적인 법칙이다.

고이는 샘물은 썩는다. 썩지 않으려면 흘려보내야 한다. 세상은 적은 데서 많은 곳으로 물질과 소유가 흐른다. 이것은 하나님의 창조질서에 역행하는 것이다. 욕심대로 살면 이렇게 살 수밖에 없다. 그러나 창조질서대로 하면 높은 데서 낮은 데로, 많은 데서 적은 데로, 부요한 데서 가난한 데로 흐르게 되어 있다. 이러면 많이 고여 썩는 일만은 없을 것이다. 욕심 때문에 생기는 영적인 비만은 걸리지 않게 된다.

욕심의 문제를 해결하기 위해 하나님이 요구하신 제도가 하나 더 있다. 희년제도이다. 토지와 노예를 소유한 지 50년이 되면 본래 주인에게 돌려주라는 계명이다. 성경의 토지는 본래 공개념이지 사개념이 아니다. 토지는 사람의 것이 아니라 하나님의 것이라는 말이다. 사람이 토지에 대한 과도한 애착과 욕심을 가지고 살 것을 이미 아셨던 것 같다. 사람이 20세부터 일해서 토지와 노예를 소유하기 시작해 50년이 지나 70세가 되면 거의 죽을 나이가 된다. 이때 희년의 제도는 사람이 가진 이생의 욕심을 효과적으로 통제해 준다. 죽으면 어차피 못 가져가는 것이니 살아 있을 때 너의 의지로 본래 주인에게 돌려주어 처분하고 하나님 나라에 들어오라는 명령이다. 희년제도는 가난해서 어쩔 수 없어 토지와 자식을 판 사람들에게 절대적인 희망을 주는 제도이다. 50년이 지나면 주인에게서 돌려받아 가난과 노예가 다시 대물림되지 않기 때문이다. 가난한 사람에게는 희망을 주고 부자에게는 욕심을 버리게 하는 기능을 희년제도가 해 준다. 헌금은 욕심을 떠나고 버리는 훈련이다. 헌금을 드리는 행위는 돈에다 인생을 걸고 살지 않겠다는 독립선언이다. 나는 돈 믿고 사는 사람이 아니라 하나님 믿고 사는 사람이라는 저항이다. 나를 먹이는 것은 세상과 돈이 아니라 하나님이시라는 고백이다. 세상에 대하여 죽는 연습이다. 헌금만큼 욕심을 버리며 살 수 있게 하는 효과적인 방법은 드물다.

### 6. 성령님께 욕심의 문제를 맡겨라.

성령님은 우리가 숨겨진 보화에 눈뜨도록 도와주신다. 성령님은 우리 눈에 보이지 않던 하늘을 보게 하신다. 초대교회의 사도들만 보아도 쉽게 알 수 있다. 사도들이 처음부터 담대하게 순교하려 들었던 전도자들은 절대로 아니었다. 불과 얼마 전까지만 해도 예수를 모른다 부인하고 도망갔던 사람들이다. 두려워 떨며 살았던 영적 오합지졸이었다. 그러나 저들에게 성령이 임하자 순교를 두려워하지 않는 전도자로 변했다. 자신들의 재산을 내어놓고 필요에 따라 나누어 쓰는 유무상통의 사람으로 돌변했다. 누가 강요하지 않았음에도 성령에 이끌려 한 것이다. 저들도 우리와 같이 소유욕을 가지고 있는 사람들이었다. 그러나 성령이 임하자 자신들의 모든 재산을 공유하며 필요에 따라 나누며 사는 기적이 일어났다. 성령이 임하면 서로 사랑하게 되고 사랑하면 나누어 쓰는 것이 가능케 된다. 성령 안에서 우리가 한 형제요, 자매가 되었기 때문이다. 성령이 임해 사랑의 공동체성이 회복되면 천국이 되는 이유가 여기에 있다. 성령은 모든 사람을 부모 자식지간으로 만들어 놓는다. 서로의 것을 나눌 수 있는 전혀 다른 세상으로 만들어 놓는다. 공산주의자들이 이런 세상을 욕심내었지만 실패했다. 억지로 나누게 했기 때문이다. 저들은 자발적으로 나누게 하신 성령이 따로 계셨다는 것을 몰랐던 것이다.

　세상 사람들은 공정한 분배와 선택을 통해 욕심의 문제를 해결할 수 있다고 말한다. 탈무드에 보면 하나의 빵을 두 사람에게 공정하며 불평 없이 나누어 주는 방법에 대해 이렇게 말한다. 한 사람에게는 빵을 나누도록 하고 나머지 한 사람에게는 먼저 선택하게 하면 된다는 것이다. 선택과 분배를 분리하면 분쟁이 없어진다는 말이다. 그러나 분배하는 사람의 마음을 들여다보면 예전과 하나도 달라진 것이 없다. 분배하는 사람은 다른 사람에게 더 큰 빵이 갈까봐 똑같은 크기로 자르려 할 것이 분명하다. 선택하는 사람은 어떻게 하면 자신이 더 큰 빵을 차지할까 눈을 부릅뜨고 더 큰 빵을 찾으려 할 게 뻔하다. 표면적으로는 분쟁이 없어 보이는 분배와 선택 같다. 그러나 내면을 들여다보면 언젠가는 터질 욕심을 묻어둔 미봉책에 불과하다.

　이 문제를 신앙적으로 완전하게 해결하는 방법이 하나 있다. 먼저 분배하는 사람이 아버지이고 나중에 선택하는 사람이 아들이라고 해보자. 이러면 상황이 전혀 달라진다. 아버지는 사랑하는 내 아들이 더 큰 빵을 가져가도록 하나는 작게 하나는 크게 잘라서 분배할 것이다. 아들은 사랑하는 아버지가 더 큰 빵을 드셨으면 효도하는 마음으로 작은 빵을 선택할 것이다. 여기서 중요한 것은 분배와 선택의 분리가 아니다. 사랑의 여부이다.

　성경은 욕심의 문제를 분배와 선택의 문제로 풀지 말라 한다. 풀려 해도 영원히 풀리지 않기 때문이다. 사랑하는 관계로 풀라고 말씀하신다. 사실 이것은 힘으로도, 능으로도 안 된다. 그러나 성령이 사람들을 영적인 아버지와 아들 관계로 맺어 주시면 가능하다. 초대교회는 성령의 도우심으로 사랑의 관계를 통해 서로의 물건을 나누며 살았다. 초대교회가 유무상통했을 때 사람들이 필요 이상으로 가져가 물질이 부족해지는 일은 절대 없었다. 그랬다면 후회하면서 유무상통이 바로 중단 되었을 것이 뻔하다. 사람이 자신의 필요만큼만 소유한다면 세상 모든 사람은 더 이상 먹고 살기에 모자라지 않을 것이다.

## 죄를 안 짓는 존재 vs
## 죄를 못 짓는 존재
_자유의지

하나님이 사람에게 주신 가장 위험한 선물은 자유의지이다. 자유의지란 선택할 수 있는 권리를 말한다. 동식물과 달리 사람에게만 하나님을 거역할 수 있는 선택권을 주신 것이다.

동물과 식물은 하나님을 거부하거나 대적하지 않는다. 사실 대적하지 않는 게 아니다. 대적 못하는 것이다. 하나님이 자유의지를 주지 않았기 때문이다. 자연 속에 들어가 지내거나 동물들과 함께 있으면 마음이 따뜻해지고 욕심이 덜해지는 이유가 바로 여기에 있다. 저들은 자유의지가 없기에 원천적으로 하나님을 대적하지 못하는 영향을 우리가 받기 때문이다. 아마 식물과 동물은 생명이 있는 한 하나님만 찬양하고 송축하며 살 것이다. 하나님이 지으신 백두산 천지나 자연을 보면 찬양이 절로 나오는 영적 유익이 있다. 그러나 사람이 지은 천안문이나 만리장성 위에 서 보면 찬양은커녕 야망만 커져 영적 유익이 없다. 백두산 천지는 신비하지만 만리장성은 신기할 뿐이다. 천지를 보는 사람은 겸손해지지만 만리장성을 보면 교만해진다. 사람이 지은 것과 하나님이 지으신 것의 차이다. 지은 사람이 어떤 마음과 목적으로 지었느냐가 우리에게 영향을 끼치기 때문이다.

밥 먹고 있는 강아지가 예뻐 주인이 만졌더니 그만 주인을 물어버렸다고 하자. 그렇다고 주인은 강아지에게 "너 큰 죄를 지은 거야! 얼른 회개해!"라고 화를 내면서 개의 죄성에 대해 따지지 않는다. '못된 개'는 있어도 '악한 개'나 '선한 개'는 없다. 개에게 선과 악이라는 단어는 쓰지 않는다. 인격도, 자유의지도 없기 때문이다. 개도 주인을 물은 죄책감에 싸여 스스로 벽에 머리를 박으며 자책하지 않는다. 개는 그럴 필요도 없다. 동물에게는 죄의 개념이 없기 때문이다. 개는 본능에 따라 움직이는 존재일 뿐이다. 개가 죽어도 못하는 몇 가지가 있다. 자신이 살아온 인생을 비관해 우울증에 걸린 개는 없다. 한강에서 자살한 개도 본 적이 없다. 개는 굶어죽는 한이 있어도 자살하지는 않는다. 내일 무엇을 먹을까 먹고 살 걱정하는 개도 없다. 개는 모여서 예배하는 종교 행위를 하지 않는다. 인격과 자유의지가 없기 때문이다.

자유의지가 없다는 말은 인격체가 아니라는 말이다. 동물이 동물을 폄하하거나 비난했다 하여 자기들끼리 명예훼손죄를 거론하는 경우도 없다. 동물은 인격이 없기에 명예훼손죄라는 단어가 없다. 명예는 인격이기에 인격훼손죄는 동물에게는 성립되지 않기 때문이다. 그러나 인간만은 명예훼손죄가 있고 선과 악이 있다.

인격이 있기 때문이다.

　인격체의 세 가지 구성 요소는 지(智), 정(情), 의(意)이다. 하나님은 사람을 인격체로 만드시려 스스로 선택할 수 있는 의지(意志)를 주셨다. 인간과 고양이의 유전자는 98퍼센트가 같다. 2퍼센트만 다를 뿐이다. 그러나 인간과 고양이가 전혀 다른 피조물이 된 것은 바로 2퍼센트의 차이 안에 들어 있다. 2퍼센트 안에 들어 있는 영혼과 인격과 자유의지의 차이 때문이다. 인간은 동물에게는 없는 자유의지를 하나님을 거역하는 데 사용하였다. 하나님이 주신 선물로 하나님 거역하기를 선택한 것이다.

　인간이 하나님을 어떻게 거역하였는가? 인간에게 주어진 몫을 넘어 하나님의 몫을 넘보았다. 하나님 뜻대로 사는 것을 포기하고 내 뜻대로 사는 것을 선택했다. 하나님을 주인삼지 않고 나를 주인삼아 사는 쪽을 선택한 것이다. 어느 노래의 가사처럼 "내 인생은 나의 것, 내 인생은 나의 것" 하며 독립선언을 한 것이다. 의욕(義慾)으로 살지 않고 욕심(慾心)으로 사는 것을 선택하였다. 하나님이 사람을 만드신 목적에서 완전히 벗어난 인생이 되었다. 그래서 죄란 화살이 과녁을 완전히 벗어난 상태라고도 말한다.

　자유의지를 가지고 사람이 하나님을 거역할 줄 하나님은 이미 알고 계시지 않았느냐고 따지는 사람들이 있다. 인간이 선악과 열매를 따먹을 줄 알면서 하나님은 왜 에덴 중앙에 선악과를 만들어 놓으셨느냐는 말이다. 하나님이 아예 에덴에 선악과를 만들어 놓지 않았다면 인간이 따먹지 않았을 것이며 그러면 아담이 죄를 짓지도 않았을 거 아니냐고 항변한다. 결국 하나님 때문에 인간이 죄인이 되었다는 말을 하고 싶은 것이다. 인간이 죄 지은 것이 하나님 탓이라 말하고 싶은 것이다. 이 말에 우리 하나님은 하실 말씀이 많으시다.

하나님이 위험한 선물인 자유의지를 우리에게 주신 데에는 세 가지 이유가 있다. 첫째, 우리를 사랑하시기 때문이다. 누군가를 사랑해 보았는가? 사랑하면 상대에게 자유를 선물로 준다. 속박하는 것은 사랑이 아니기 때문이다. 하나님은 사람을 사랑하시기에 자유를 선물로 주신 것이다. 사람이 예수를 믿는 것은 구원받기 위함이다. 구원은 엄밀하게 말하면 자유를 말한다. 우리는 자유하기 위해 예수를 믿는 것이다. 욕심과 죄와 질병과 사망으로 결박되어 포로 된 사람에게 자유를 주시기 위해서 예수님이 이 땅에 오셨다.

건강치 못한 사랑을 하는 젊은이들을 보면 상대방을 통제하고 감시하며 속박하려 든다. 남자친구가 핸드폰을 선물하며 이렇게 말하는 경우가 있다. "이 핸드폰 가지고 나한테만 걸어!" 이런 남자친구는 위험한 사람이다. 결혼 후 의처증이 있을 가능성이 있기 때문이다. 여자친구가 "오빠, 나만 봐야 해"라고 말하는 경우도 있다. 의부증이 있을 가능성이 충분한 자매이다. 건강한 사랑은 상대방을 속박하지 않고 믿어 자유롭게 만들어 주기 때문이다.

둘째, 인격체로 만들려 하셨기 때문이다. 사람이란 그 안에 인격이 있어야 한다. 인격이란 말은 자유의지가 있다는 말이다. 동식물에게 주지 않으신 자유의지를 인간에게 주신 이유가 있다. 사람을 인격체로 만들기 위해서였다. 인격 안에 자유의지가 있어야만 사람은 진짜 사람이 될 수 있다. 하나님은 사람을 신의 조정에 따라 반응만 하는 로봇처럼 만들려 하시지 않았다. 자신의 의지에 따라 선택하고 결정할 수 있는 인격을 가진 인간으로 만들려 하신 것이다. 인간은 하나님을 닮은 형상을 가졌다고 한다. 하나님 안에 있는 인격이 사람 안에도 있다는 말이다. 하나님 안에 있는 대표적 인격은 스스로 결정하고 책임지는 의지를 말한다.

셋째, 에덴에 선악을 알게 하는 나무를 두시는 동시에 자신의 아들 예수 그리스도를 대속물로 주기로 작정하셨기 때문이다. 하나님은 인간이 선악과를 따먹고 죄를 선택할 것을 이미 아셨다. 그러나 다른 한편으론 죄 가운데 구원할 방법 또한 예비해 놓으셨다. 누군가에게 자유를 선물로 주려면 희생이 따라야 한다. 하나님은 선악과라는 자유를 인간에게 주는 대신 예수 그리스도라는 희생을 치를 준비를 하셨다.

워싱턴에 있는 한국전쟁 기념탑의 비문에 보면 이런 글귀가 쓰여 있다. "자유는 거저 얻는 것이 아니다. 여기 젊은 군인들은 자기 목숨을 희생하였다. 듣지도 보지도 못했던 나라의 만나 보지 못한 사람들의 자유를 지키기 위하여." 우리의 자유를 위하여 목숨을 희생으로 치른 사람들이 있었다. 아무런 희생 없이 자유를 얻는 경우는 없다. 우리에게 자유의지라는 선물을 주시기 위하여 하나님의 아들이 목숨을 희생하셨다.

에덴에 선악을 알게 하는 나무가 없었다면 사람은 죄를 안 지었을까? 못 지었을 것이다. 죄를 안 짓는 게 아니라 못 짓는 것이다. 기회가 없어서 못 하는 것이지 안 하는 것이 아니다. 기회가 되면 얼마든지 죄지을 잠재적 죄인이다. 하나님은 우리가 기회가 없어 죄를 못 짓는 사람이 아니라, 하나님을 사랑해서 자기 의지로 죄를 안 짓는 사람이 되길 원하신다.

집나간 탕자 아들이 망가져서 집으로 돌아올 줄 아버지는 이미 알고 있었다. 그런데도 아버지가 아들이 집나가는 것을 왜 허락했냐고 묻는 사람들이 있다. 아버지가 아들의 인격을 존중해 주었기 때문이다. 사랑하면 묶어 키우지 않고 풀어 키우기 마련이다. 사랑하면 속박하지 않고 자유롭게 한다. 사람은 자신이 직접 해보아야 알 수 있는 것이 따로 있다. 아버지는 아들이 직접 해볼 수 있는 기회와 자유를 주신 것이다. 대신 아버지는 동구 밖에서 언제나 기다리시는 희생을 치르신다. 아들만 시간과 재물을 낭비한 것이 아니라 아버지도 아들을 위해 시간과 재물을 낭비한 것이다. 사랑은 본래 낭비라는 희생이 따른다. 탕자라는 단어에서 '탕'은 낭비를 뜻한다. 그렇다면 아버지도 탕부가 맞다. 아버지 역시 아들을 위해 시간과 돈을 낭비했기 때문이다. 알고도 허락하는 것이 인격적인 관계이며 사랑이다.

# 원래부터
## 죄인 맞다
_원죄

　세상은 사람에 대해 낙관적이며 긍정적으로 말하는 경향이 있다. 휴머니즘이라는 이름으로 인간 중심의 철학이 주류를 이룬다. 휴머니즘은 한마디로 "네가 너의 주인이 되라"는 철학이다. "너에게는 네 인생의 주인이 될 만한 충분한 능력이 있다"고 부추긴다. 그럴 듯해 보이지만 여기에는 엄청난 함정이 들어 있다. 현대판 선악과를 따먹으라고 말하는 것과 같기 때문이다. 그 철학 중심에는 인간이 신의 역할을 대신할 수 있다는 생각이 깔려 있다. 인간도 전지전능할 수 있다는 과도한 낙관주의가 숨겨져 있다. 인간은 처음부터 선하다는 성선설도 포함하고 있다.

　그러나 성경은 인간은 무지무능한 존재라고 말한다. 성악설에 가까운 말씀을 하고 있다. "모든 사람이 죄를 범하였으매 하나님의 영광에 이르지 못하더니", "의인은 없나니 하나도 없으며." 인간은 원래부터 죄인이라고 말한다.

평범한 사과나무 한 그루가 있었다. 어느 날, 그 사과나무가 결심했다. "난 이제 사과가 지겨워. 앞으로는 배를 맺도록 하겠어!" 그러나 나무는 결국 사과 열매를 맺게 된다. 본성이 사과나무이기 때문이다. 사과를 열매로 연 나무가 실망해 다시 결심했다. "사과 열매만 맺을 거라면 차라리 열매를 맺지 않을 거야!" 그러자 결심대로 열매를 맺지 않았다. 그러나 사과나무가 열매를 맺지 않았다 해서 배나무가 되는 것은 아니다. 나무 자체가 사과나무라는 건 변함 없다. 사람의 죄에 대한 본성도 마찬가지이다.

예수를 믿으면 앞으로 의의 열매를 맺으며 살겠다고 결심한다. 그러나 맺어보면 죄의 열매뿐이다. 우리 자체가 원죄를 가지고 태어났기 때문이다. 내가 죄의 열매를 맺을 거라면 아예 열매를 맺지 않기로 결심하기도 한다. 결심한 탓에 죄는 짓지 않을 수 있다. 그래도 우리가 죄인이라는 사실은 변함이 없다. 본성 자체가 죄인이기 때문이다. 이것이 죄성을 가진 처절한 인간의 실존이다. 사람이 원죄적 속성을 가지고 있음을 10가지로 증명할 수 있다.

### 1. 인간은 태어날 때부터 죄성을 지니고 태어난다.

두 아들 화평이와 성산이를 낳아 키워보았다. 아들들이 태어나 처음 말했던 단어는 "엄마 아빠"였다. 이 말 때문에 부모들이 감동받아 난리법석을 떠는데 착각하지 말아야 할 것이 있다. 아이들이 먹고 살기 위해 배우는 생존용 단어이기 때문이다. 그 다음에 말하는 단어는 따로 있다. "싫어! 안 돼! 내 꺼야! 내 건 왜 작아?"

여기에 긍정적이며 이타적이며 박애적인 단어는 하나도 없다. 자녀들에게 이런 부정적이며 자기중심적인 말을 하라고 가르치는 부모는 없을 것이다. 배우지 않았는데도 본능적으로 이런 말을 한다. 아이가 태어나 배운 말이 아니라 저절로 가지고 태어난 말이기 때문이다. "좋아요, 사랑해요, 미안해요, 나누고 싶어요, 고마워요" 이런 말을 처음으로 하는 아이가 있다면 빨리 정신과 치료를 받아야 한다. 이런 아이는 세상 어디에도 존재하지 않는다. 우리 안에 있는 죄성이 이러한 말을 처음부터 허락하지 않는다.

어린아이와 같지 아니하면 천국에 들어갈 수 없다는 말씀이 있다. 어린아이가 모두 선하고 배울 점이 많다는 이야기가 아니다. 어른이 어린아이에게 가서 배울 점 한 가지가 있다. 바로 절대 의존성이다. 아이는 엄마의 얼굴이 나타나면 웃고 사라지면 운다. 하나님에 대한 생명을 건 의존성을 가지라는 말이다. 그 외에는 배울 점이 별로 없다. 아이도 죄성을 가진 인간이기 때문이다.

**2. 인간은 완전 자동적으로 죄를 짓는다.**

사역하면서 내게 찾아와 요즘 죄짓는 게 고통스럽고 힘들다고 상담하는 사람을 만난 적이 없었다. 대신 죄값을 치르는 것이 힘들다고 말하는 사람은 많았다. 죄짓는 과정이 힘들다는 사람은 없다. 사람이 죄에 쉽게 빠져드는 이유가 바로 여기에 있다. 사단은 죄짓는 과정을 쉽고 즐겁게 만들어 놓았다. 대신 죄의 대가가 얼마나 힘들고 고통스러운지는 철저히 숨긴다. 죄짓는 과정이 어렵고 고통스럽다면 죄지을 사람이 없기 때문이다. 죄를 지으려 공부하고 노력하는 사람도 본 적이 없다. 죄가 안 지어져 고민하고 고통스러워 하는 사람도 없다. 자동적으로 짓는 것이 죄다.

대도 조세형을 아는가? 그는 한때 세상을 떠들썩하게 만들었던 큰 도둑이었다. 감옥에서 예수를 영접하고 출옥하여 신학교를 다녔고 간증 집회를 인도하는 전도사가 되었다. 얼마 후 신문에 등장한 모습은 충격적이었다. 일본의 어느 가정에서 담을 넘어 절도하다가 현장범으로 체포된 장면이었다. 이 사건은 일본에 선교하러 갔을 때 일어난 것이어서 더 큰 충격을 주었다. 조세형씨의 말에 의하면 정신을 차려보니 남의 집 담을 넘어 있더라는 것이다. 고개를 흔들어 정신을 차려보니 나도 모르게 죄를 범하고 있었다는 말이 우리가 평소에 하는 말과 너무나 똑같다. 우리 역시 남 탓할 자격이 없지 않은가? 우리 모습 또한 이와 같지 않은가? 그가 회개하지 않는 것이 아니다. 진실하지 않은 회개를 한 것도 아니다. 진실한 회개를 했어도 죄의 습성이 자동적으로 죄를 다시 짓도록 만든 것이다. 죄의 습성은 이렇게 무섭고 끈질기다.

사람은 어떻게 하면 지옥 가는가? 가만히 있으면 지옥 간다. 사람을 가만히 놓아두면 자동적으로 죄를 짓게 되어 있고 이로 인해 결국 지옥 가게 되기 때문이다. 그래서 사람은 가만히 놓아두지 말아야 한다. 말씀으로 통제하고 성령으로 지배받아야 죄 지으며 사는 것을 조금이나마 피할 수 있다.

### 3. 사람은 반복적으로 죄를 짓는다.

시각 장애자가 눈뜨는 데 30만원이 들었다면 눈뜬 사람으로 사는 데는 300만원이 든다는 이야기를 들었다. 거듭나는 것보다 거듭난 사람으로 사는 것이 더 어렵다. 회개하는 것보다 회개한 사람답게 사는 것이 몇 십 배 어렵다는 말이다. 회개해놓고 매번 똑같은 죄를 반복하는 것이 사람이다. 성경은 개가 토한 것을 다시 집어먹는 모습이 꼭 이와 같다고 말한다. 여름날 개가 라면을 먹고 토하는 것을 본 적이 있다. 개는 무료한 여름을 보내느라 심심해서인지 그 더러운 것을 토하고 다시 집어먹고를 반복한다. 그러나 사람은 눈물로 후회해 놓고도 다시 토한 더러운 죄를 다시 집어 먹는다. 다시는 안 한다고 맹세하고 나서도 같은 죄를 주저 없이 반복하여 짓는 모습이 사람의 실존이다. 살아 있다는 것은 여전히 죄를 반복적으로 지으며 살고 있다는 뜻이다.

### 4. 사람은 죽을 때까지 죄를 짓는다.

예수를 믿는 지금부터 죄를 짓지 않으며 살겠다고 말하는 크리스천들이 있다. 지금 이 자리에서 죽겠다는 말과 같다. 사람은 과거에도 죄를 지었고 지금도 짓고 있다. 앞으로도 죽을 때까지 죄를 지으며 살 것이다. 이것이 크리스천의 현 주소이다.

사람이 죄를 짓지 않는 방법은 딱 하나 있다. 지금 이 자리에서 죽는 것이다. 사람은 죽어야만 죄를 짓지 않을 수가 있다. 우리가 죽어야만 천국 가는 이유가 바로 여기에 있다. 살아서 천국가면 천국 가서도 죄를 지을 것이기 때문이다. 천국을 천국 아닌 곳으로 만들 가능성이 우리에게 있다. 그래서 하나님은 죽여주셔서 더 이상 죄를 지을 수 없게 만들어 천국으로 인도하신다.

우리가 죽을 때까지 죄를 짓는다 하여 절망하고 미리 포기할 필요는 없다. 하나님은 우리의 이러한 영적 실존을 이미 다 아신다. 예수님이 십자가에 대신 죽으신 것은 우리가 지었던 과거의 죄만 담당하신 것이 아니다. 우리가 태어나 지금까지 지은 과거와 현재의 죄는 물론 앞으로 죽을 때까지 지을 미래의 죄까지도 한꺼번에 끌어안고 죽으셨다. 이것이 십자가의 능력이다.

### 5. 우리의 몸 자체가 죄짓는 것을 좋아한다.

우리가 의를 행하려 하면 고통이 따른다. 그러나 고통을 참으며 의를 행하면 결국 상급과 영광이 주어진다. 반면 우리가 죄를 행하면 쾌락이 따른다. 이러한 쾌락을 즐기다 보면 심판과 멸망이 주어지게 된다. 사단이 이렇게 만들어 놓은 것이다. 하나님이라면 의를 행하면 쾌락, 죄를 행하면 고통으로 만들어 놓으셨을 것이다. 그러나 사단은 거꾸로 의를 행하면 고통, 죄를 행하면 쾌락이 따르도록 만들어 놓은 것이다.

우리가 의를 행하지 못하도록 의를 행할 때 고통이 따라오도록 사단이 만들어 놓았다. 우리가 의를 행하면 상급이 있음을 알면서도 쉽게 의를 행하지 못하는 이유가 바로 여기에 있다. 사단이 고통을 방해물로 놓았기 때문이다. 그러나 죄를 행할 때에는 쾌락을 주어 죄를 쉽고 편리하게 짓도록 했다. 심판받고 멸망하도록 덫을 놓은 셈이다. 이것이 우리를 망하게 하려는 사단의 전략이다.

죄는 전혀 몸에 거북하거나 불편하지 않다. 죄는 쉽고 즐겁고 자극적이며 대중적이고 스릴까지 있다. 죄 안에 쾌락이 들어 있기 때문이다. 쾌락은 순간적인 즐거움을 가져다준다. 그래야 사람들이 죄에 쉽게 넘어가기 때문이다. 그러나 쾌락은 결국 몸과 영혼을 망가뜨리게 한다. 이것을 알면서도 순간의 쾌락을 위해 죄에 넘어가는 것이 사람이다. 한순간의 쾌락을 위해 영혼을 팔아먹는 존재가 사람이다. 몸 자체가 쾌락을 좋아한다.

마약경험자의 이야기를 들어본 적이 있다. 세상에 마약이 나쁘고 결국은 마약 때문에 자신이 망할 것이라는 사실을 모르는 사람은 없다. 아는데도 마약에 빠져드는 이유가 있다. 순간적인 쾌락이 너무나 크기 때문이다. 사람은 몸이 편하고 좋아하는 대로만 살면 쾌락을 선택하게 되며 결국 죄 가운데 망할 수밖에 없다.

우리 몸이 좋아하는 것과 영이 좋아하는 것은 따로 있다. 몸이 좋아하는 것은 죄와 쾌락과 재미와 자극과 편함이다. 서면 눕고 싶고 누우면 자고 싶은 것이 우리 몸이다. 그러므로 몸이 하자는 대로 놔두면 이상하게 몸이 나빠질 수밖에 없다. 순간적인 편함과 쾌락을 즐기는 사람치고 몸이 건강하고 성한 사람을 보았는가? 거의 다 건강을 잃고 산다.

그러나 영이 좋아하는 것은 훈련과 고난과 연단과 절제 같은 것이다. 다 몸이 고통스러워하고 싫어하는 것들뿐이다. 그러나 몸이 고통스러워하는 것들은 몸에는 다 좋은 것들이다. 훈련과 연단에 매진하면 몸은 고통스럽지만 결국 건강해진다. 사단이 우리를 이렇게 헷갈리게 만들어 놓은 것이다. 몸이 좋아하는 것이 건강에도 좋으면 얼마나 좋겠는가? 입에 쓴 약이 몸에 좋은 법이다. 몸과 맛이 따로 논다. 입에 달다고 단 것만 먹으면 몸이 병들 가능성이 높다. 입에는 쓰지만 그 약을 먹어야 몸은 건강해진다. 영적인 원리도 마찬가지다. 몸이 싫어하는 일을 골라 하면 건강도 좋아지고 영혼도 건강해진다.

그렇기에 영성을 훈련하기 위해서는 몸이 힘들어 하고 불편한 일만 골라서 하면 된다. 영성 개발에 좋다는 새벽기도, 금식, 구제, 나눔, 침묵들은 공통점이 있다. 한결같이 몸이 힘들어 하고 불편해 하는 일들뿐이다. 그러나 일단 하면 몸과 영혼도 건강하게 된다. 몸이 편한 일은 영성에 도움이 되지 않는다. 그런 영성훈련은 어디에도 존재하지 않는다.

### 6. 죄는 쉽게 중독된다.

술, 담배, 마약, 성, 도박에는 공통점이 있다. 중독이 쉽다는 점이다. 몸에는 해롭다는 것을 모르는 사람은 없다. 그러나 몇 번만 하다 보면 쉽게 습관이 되고 결국 중독이 된다. 한번 중독되면 끊기도 어렵고 중단하면 손이 떨리는 금단 현상이 나타난다.

최초로 도박을 과학적으로 분석한 사람은 16세기 이탈리아의 수학자 카르다노(Cardano)였다. 그는 수학공식을 통해 도박을 "질 수 밖에 없는 게임"이라고 결론지었다. "적당히 즐기되 결코 빠져서는 안 된다"는 충고를 남겼다. 그러나 정작 자신은 40년간 노름에 중독되어 패가망신했다. 직접 가르친 아들까지 도박에 빠져 일가 전체가 망해 자신의 이론을 온몸으로 입증한 셈이다. 그가 말년에 남긴 말이 있다. "아들의 파멸을 지켜보며 나는 결국 도박을 끊었다. 그래서 인간은 어떤 학문보다 위대하다."

죄도 마찬가지이다. 죄가 영혼에 나쁘다는 것을 모르는 크리스천은 없다. 알면서도 쾌락 때문에 죄를 짓게 되고 단 한 번만 지어도 습관이 되고 중독이 된다. 죄 짓기를 중단하면 영혼이 떨리고 일이 손에 안 잡히는 영적 금단 현상이 나타난다. 한 번만 해도 중독까지 가는 것이 죄다. 그래서 사단의 구호가 "딱 한 번만"이다. 딱 한 번만에 걸려들어 죄의 중독까지 간 사람들이 많기 때문이다. 하나님은 정반대로 죄에 대해서는 단호하게 "딱 한 번도"라고 말씀하신다. 딱 한 번이라도 허락하지 말라는 경고다. 중독은 딱 한 번으로 시작된다는 사실을 알고 계시기 때문이다.

'작은 죄'와 '큰 죄' 중에 어느 것이 위험한가? 사실 작은 죄가 훨씬 위험하다. 왜냐하면 긴가 민가 하는 죄는 훨씬 쉽게 범하기 때문이다. 그러나 작은 죄를 쉽게 여겨 몇 번 반복하다 보면 쌓여 알게 모르게 중독이 된다. 인생이 큰 죄 한방에 망가지는 것이 아니다. 작은 죄가 쌓여 중독에 이르러 망하는 것이다. 권투선수가 어퍼컷 한 방에 넘어지기보다 쉽게 보고 허용한 잽에 넘어지는 원리와 같다. 그래서 사단의 표어는 "작은 죄부터"와 "딱 한 번만"이다. 사단은 잽의 달인인 셈이다.

작은 죄에 민감하게 해달라는 기도가 그래서 중요하다. 작은 변화를 무시했다가 큰 심판이 따르기 때문이다. 60년 전보다 전 세계 기온이 1도 올라갔다. 120년 전보다는 2도 올라갔다. 1도 차이가 대수겠냐고 생각하는 사람들이 많다. 그러나 체온을 생각해 보면 1도 차이가 얼마나 큰지 알 수 있다. 사람의 체온은 2도만 올라가면 곧바로 입원해야 한다. 생태계도 사람의 체온과 같이 1도,

2도에 생명이 좌우된다. 영적인 체온도 마찬가지다. 사단은 처음부터 영적인 온도를 뚝 떨어뜨리지 않는다. 1도를 우습게 보게 해 결국 죽게 만든다. 1도의 변화를 조심하며 살아야 한다.

몸과 영혼에 나쁜 것은 습관과 중독 들이기가 참 쉽다. 그러나 이상하게도 몸과 영혼에 좋은 새벽기도와 성경을 읽고 봉사하는 일은 습관들이기가 너무 어렵다. 중독은 어림도 없다. 주변에서 성경읽기와 중보기도에 중독되었다고 말하는 사람을 거의 본적이 없다. 나는 요즘 기도와 구제를 며칠 안 했더니 손이 떨리고 잠이 안 온다고 하는 사람도 없다. 선한 일을 멈추면 오히려 잠이 잘 오고 몸은 편하다. 선한 일을 어렵게 습관들여도 몇 번만 쉬면 금방 원상태로 돌아오는 것이 우리다. 죄된 자리로 돌아오는 관성은 얼마나 큰지 모른다. 그러나 선한 일로 돌아가는 복원력은 전혀 없다. 이것이 우리가 죄성을 가졌다는 증거이다.

### 7. 사람은 하나님이 하지 말라는 것은 꼭 하고 싶어 한다.

전유성이 쓴 「하지 말라는 것은 다 재미있다」라는 책이 있다. 우리의 죄성을 딱 꼬집어 말해주는 제목 아닌가. 노란 코끼리 효과라는 것을 들어본 적이 있는가? 사람들더러 노란 코끼리를 생각하지 말라 했다고 한다. 그러자 사람들이 갑자기 세상에 있지도 않는 노란 코끼리를 상상하기 시작하더란다. 사람에게는 꼭 이러한 속성이 있다. 하나님이 하라는 일은 갑자기 하기 싫어하고 하지 말라고 하는 일은 꼭 하려 든다. 사람은 청개구리 영성을 가지고 있다. 그래서 성경은 하나님께서 금하신 것을 하는 것도 죄이지만, 하라고 하신 것을 하지 않는 것 역시 죄라고 규정한다.

사람들더러 내 눈을 보고 새우눈을 떠올리지 말라고 하면 다들 웃고 난리다. 내 눈이 작기 때문이다. 사람들은 하지 말라고 하면 꼭 하고야 만다. 이스라엘 백성들이 출애굽해 광야생활을 할 때 불평만 일삼다 불뱀에 물려 죽은 사건이 있다. 백성들이 뱀독에 죽어가자 하나님은 모세를 시켜 구리뱀을 만들어 높은 장대에 매달아 놓게 한다. 그냥 바라보는 자는 살 것이라 말씀하신다. 쳐다만 보면 산다니 이 얼마나 쉬운 구원인가? 이때 눈을 들어 보지 않아 죽은 사람들이 부지기수였다. 광야 한 가운데 높이 달린 구리뱀을 보지 않으려면 아마 땅바닥에다 머리를 박고 하루 종일 있어야 했을 것이다. 숱한 백성들이 하루 종일 땅에 머리 박고 누워 있다 죽는, 참 어려운 길을 택했다. 이것이 사람의 죄성이다.

### 8. 사람은 모든 일을 자기중심적으로 생각하고 결정한다.

어린아이들은 선물을 받으면 "신난다" 하고 말하지 처음부터 "고맙습니다" 하지 않는다. 사람은 모두 자기중심적이며 감사를 해도 알고 보면 이기적인 감사를 한다. 내가 하면 로맨스, 남이 하면 불륜, 내가 하면 편집, 남이 하면 표절이라는 말이 있다. 사위가 부엌에 있는 것은 예뻐 보이고, 아들이 부엌에 있는 것은 꼴보기 싫더라는 어머니들도 있다. 사람은 자기에게는 관대하고 남에게는 단호한 경향이 있다. 사람이 자기중심적으로 생각하고 결정하는 이유가 있다. 그래야 자신이 편하기 때문이다. 타인 중심으로 생각하고 결정하는 것은 나에게는 불편하다. 상대방 입장에서 생각해야 하고 상대방에게 맞추어야 하기 때문이다.

동호대교를 넘어서 교회로 오는 경우가 많다. 이곳은 막히는 구간이기에 처음부터 2차선을 타고 오랜 시간 기다려 대교 끝까지 와서 우회전해야 내려올 수 있다. 그런데 꼭 막히지 않는 1차선을 타고 오다가 대교 끝에서 2차선으로 끼어드는 얌체차량이 있다. 이럴 때면 정의감을 가지고 앞 차와 거의 10센티 간격으로 붙여 끼어들기를 저지한다. 정의를 실현했다는 뿌듯함으로 외친다. "다 이루었다!" 나는 이렇게 수고 없이 끼어드는 불한당이 세상에서 제일 싫다. 그런데 하루는 딴 생각하며 운전하느라 2차선을 타지 못하고 1차선을 타고 가다 깜짝 놀라 2차선으로 끼어들려고 한 적이 있었다. 그런데 이 인간들이 나를 끼어주지 않고 10센티 간격으로 차를 붙이는 것이 아닌가? 나는 이렇게 끼어주지 않는 비정한 인간들이 세상에서 제일 싫다. 한없이 주관적이고 자기중심적인 태도가 아닐 수 없다.

## 9. 다른 사람이 잘되면 배가 아프다.

"사촌이 밭을 사면 배가 아프다"는 속담이 있다. 좋지 않은 속담이다. 그러나 세상에 이 마음을 완전히 극복한 사람은 없다. 사람은 배고픈 것은 참아도 배 아픈 것은 못 참기 때문이다. 사촌이 밭을 사면 배 아픈 이유가 있다. 물질과 소유는 한계가 있어 누군가 밭을 가지면 내가 가질 수 있는 밭이 줄어들기 때문이다. 그러나 남이 은혜 받았다고 해서 내 배가 아프지는 않는다. 남이 은혜받았다고 해서 내가 받을 은혜가 줄어드는 것이 아님을 잘 알기 때문이다. 밭은 유한하나 은혜는 무한하다.

　오스카 와일드는 말한다. "누구든 친구의 고통에는 공감할 수 있지만 친구의 성공에 진정으로 공감하려면 대단히 고운 심성이 필요하다." 우는 친구와 같이 울어 주는 것은 웬만큼 할 수 있다. 그러나 웃는 친구와 같이 웃어 주라는 말씀을 지키는 건 참 어렵다. 나를 괴롭히던 사람이 울 때 같이 울어주는 것은 더 어렵다. 오히려 우리는 "이것이 하나님의 응답이다. 내 이럴 줄 알았다"고 말할 가능성이 높다. 나를 괴롭히던 사람이 웃을 때 같이 웃어 주는 것은 세상에서 제일 어렵다. 왜냐하면 안 그래도 미운 사람인데 잘되어 배가 너무나 아프기 때문이다. 나를 핍박한 사람이 잘되면 "하나님이 이러시면 안 되는 것 아닙니까?" 하며 따지려 들 것이다. 이것이 인간의 죄성이다.

### 10. 노골적으로 하나님을 적대시한다.

　현대문화는 노골적이며 극렬하게 하나님을 적대시한다. 인간을 존중한다는 인본주의로 그럴듯하게 포장되어 있다. 그러나 한 꺼풀 벗겨보면 하나님을 적대하는 의도가 숨어 있다.

　예를 들어 동성애자들은 자기 권리옹호를 위해 동성애는 후천적이 아니라 선천적이라 주장한다. 자신들 가운데 동성애를 하고 싶어서 하는 사람은 없다는 것이다. 내 의지로는 어쩔 수 없었다고 말한다. 태어날 때부터 이러한 성적 취향을 가지고 태어났다는 것이다. 동성애를 선천적이라 말하는 데에는 엄청난 노림수가 있다. 동성애를 창조자의 실수로 몰아가려는 것이다. 아니면 신의 계획된 의도가 있다고 주장한다. 자신이 동성애를 선택해 놓고 사회적 비난을 받자 신의 책임으로 넘기려는 것이다. 동성애자들에게는 자기 의지로 선택할 기회가 있었다. 그러나 자신이 선택한 성적인 취향을 하나님의 실수나 책임으로 돌리고 있는 것이다.

 게이나 레즈비언을 의학적으로는 정신병으로 분류한다. 마음의 병이 원인인 경우가 많기 때문이다. 마음의 병이 있는 사람은 사랑도 병든 사람이다. 자연히 병든 사랑이거나 사랑 없이 성관계를 가지다 보니 만족이 없게 된다. 결국 성적 자극을 위해 비정상적인 방법을 쓰게 되어 있다. 새디즘, 동성애, 동물과 하는 수간이 다 이런 이유에서 나온 것이다. 사람이 사랑하면 정상적인 관계를 통해서도 하나님이 허락하신 쾌락을 얻어 만족할 수 있다.

 그렇다고 동성애자들에게는 구원이 없다고 말하면 안 된다. 저들도 복음이 필요한 존재이며 하나님의 자녀가 될 수 있다. 치유의 관점으로 바라보아야 한다. 이미 의지의 경계를 넘어선 사람이 치유될 수 있도록 도와야 한다. 그래도 하나님이 당신을 더 사랑하신다고 말해주는 것이 필요하다. 동성애가 구원과는 상관없음을 말해주어야 한다. 저들도 구원받아야 할 하나님의 자녀이기 때문이다. 그러나 의지의 경계선상에 있는 사람이 있다면 동성애는 하나님이 미워하시는 죄라고 분명히 말해주어야 한다. 치러야 할 사회적이며 신앙적 대가가 너무나 크다는 것을 알려주어 그 길에 들어서지 않도록 예방해야 한다.

 어떤 사람들은 고려시대 한반도에 살았던 사람들에게는 구원이 있는 거냐고 묻는다. 성경에 근거하여 구원이 없다고 답해 주면 사람들은 이때다 싶어 이렇게 말한다. "예수를 믿어볼 기회도 안 주고 지옥 가게 하다니, 하나님이 불공평하신 거 아닙니까?" 이 말은 예수를 믿어볼 기회도 없이 지옥에 간 영혼들에 대한 안타까움에서 하는 말이 아니다. 하나님은 불공평하신 분이라고 시비를 걸어 하나님을 폄하하고 싶은 것이다. 영혼을 사랑하는 마음이 있다면 지금 복음을 전할 수 있는 사람들을 놓아두고 이미 어찌할 수 없는 과거 사람들의 영혼을 걱정할 리 없기 때문이다. 하나님을 불공평하다 말하는 사람들은 구원의 선물을 받지 못한 사람일 가능성이 높다.

두 아이를 세워놓고 한 아이에게만 선물을 줘보면 금방 알 수 있다. "이건 불공평하잖아요. 어째서 나에게만 선물을 주십니까?" 선물 받은 아이는 절대 이렇게 말하지 않는다. 선물 받으면 오히려 감사하다고 말한다. 그러나 선물 받지 못한 아이는 전혀 다르게 말한다. "당신은 불공평하신 분이십니다. 어찌 저 사람에게만 선물을 주십니까?" 이것이 성경에 나온 야곱의 형, 에서의 마인드이다. 선물 받지 못한 아이에게 나오는 당연한 반응이다.

선물 받았느냐, 받지 못했느냐에 따라 전혀 다른 반응을 보이는 것이다. 구원도 꼭 이와 같다. 받은 사람은 정말 감사해한다. 그러나 받지 못한 사람은 하나님이 불공평하다고 말한다. 하나님을 불공평하다고 말하는 사람은 세상이 정말로 공평해지길 바라는 마음에서 하는 말이 아니다. 내가 남보다 앞서지 못한 것에 대한 불평일 뿐이다. 하나님의 신성을 훼손하려는 마음의 표현이다.

# 너무나 비싼 바가지
_ 죄의 대가

「깨진 유리창의 법칙」이란 책은 사소해 보이는 문제들을 소홀히 다루면 기업들이 나중에 엄청난 대가를 치른다는 내용을 담고 있다. 죄와 깨진 유리창의 속성은 너무나 유사하다. 죄와 깨진 유리창은 남의 눈에는 잘 띄지만 나에게는 잘 보이지 않아 무심코 지나치게 된다. 확인하더라도 "그 정도쯤이야" 하며 소홀하게 대응한다. 초기 대응을 못해 나중에 문제가 커진 후에는 치료하려면 몇 배의 시간과 노력이 필요하다. 임시방편인 투명테이프로 숨기려 해도 여전히 보인다. 그러나 제대로 수리하면 큰 보상을 가져다준다. 깨진 유리창과 같이 죄는 처음부터 긴장하며 신중하게 다루어야 할 문제이다.

성경은 죄의 삯은 사망이라고 단정한다. 지은 죄는 반드시 죽음으로 값을 치르라는 말이다. 대가 치고는 너무나 비싼 대가이다. 예외인 사람은 아무도 없다. 이것이 죄의 심각성이다. 여기에서 말하는 죽음은 몸뿐 아니라 영혼의 죽음까지 포함한다. 사단은 쾌락이라는 미끼를 놓아 일단 죄를 짓게 한 후 죄에 대한 대가로 엄청난 바가지를 씌운다. 한 번 죄지은 것 치고는 치러야 할 대가를 너무나 중하게 만들어 놓은 것이다. 이것이 사단이 사람을 망하게 하는 전략이다.

죄의 대가는 두가지로 나타난다.

첫째, 죄는 반드시 드러나며 폭로된다. 사랑과 죄의 공통점이 있다. 언젠가는 반드시 드러난다는 것이다. 솔로몬의 재판에서 재판장이 보여주었던 지혜는 무엇인가? 사랑은 반드시 드러난다는 확신이 있었기에 사랑이 드러나도록 상황을 만들어 준 것이다. 사랑과 마찬가지로 반드시 드러나는 것이 죄다.

주머니 속의 송곳이라는 말이 있다. 주머니 속의 송곳은 아무리 감추려 해도 반드시 삐져나와 드러난다는 말이다. 죄도 주머니 속의 송곳과 하나도 다를 바 없다. 죄는 반드시 드러난다. 이것을 하나님과 사단이 증언하고 있다.

하나님 때문에 죄를 숨길 수 없다. 하나님은 항상 지은 죄를 회개하라 말씀하신다. 아무도 모른다고 생각했던 너의 죄를 나에게 드러내라고 말씀하시는 것이다. 죄를 하나님 앞에 노골적으로 폭로하는 것이 회개이다. 그래서 죄에는 부끄러움이 있다. 숨겨진 나의 수치와 허물을 드러내야 하기 때문이다. 만일 사람들 앞에서 드러내야 하는 상황이라면 더 큰 부끄러움이 있을 것이다. 하나님은 항상 심판 전에 '사전 경고'를 보내신다. 옐로우 카드 없이 레드 카드를 꺼내 보이시는 경우는 없다. 큰 질병으로 쓰러진 사람들의 이야기를 들어 보면 공통점이 있다. 몇 년 전부터 전조증세가 있었다는 것이다. 몸이 이미 여러 번 경고를 보냈음에도 무시하고 살았기 때문에 결국 쓰러진 것이다. 하나님은 어떤 사람을 심판하기 전에 항상 '전조증세'를 보이신다. 미리 죄에 대한 경고를 보내주시는 것이다. 자신에게 사전 경고를 하는 사람은 나를 사랑하는 사람이다. 나를 사랑하지 않는 사람이 나에게 미리 경고해 주는 법이 없기 때문이다. 사단은 우리를 가만히 놓아두어 죄 짓게 한 후 확실하게 망하게 한다.

사단 때문에도 죄를 숨길 수 없다. 사단은 항상 우리에게 네가 지은 죄는 아무도 모르니 숨길 수 있다고 말한다. 우리를 무척 위하는 것처럼 보인다. 그러나 우리를 확실히 망하게 하려는 속임수다. 사단은 우리에게 절대로 사전 경고를 하지 않는다. 전조증세를 보여주어 미리 죄에 대한 경고를 하는 법도 없다.

사단이 우리에게 죄를 얼마든지 숨길 수 있다고 유혹하는 데는 이유가 있다. 숨기고 있다가 결정적인 순간에 폭로하기 위해서이다. 사단에게는 사후 통첩과 사후 폭로만 있을 뿐이다. 더 이상 돌이킬 기회가 없을 때 폭로한다. 회개할 기회가 없는 결정적인 순간에 폭로하는 것이 사단의 수법이다. 끝까지 숨기려다 마지막 결정적인 순간에 폭로되어 망한 사람들이 한둘이 아니다. 사단이 우리를 완전히 재기불능으로 망하게 하려는 것이다. 그러나 하나님은 재기가능하게 미리 망하게 하신다. 하나님은 돌이킬 기회가 있을 때 폭로하신다. 회개할 기회를 항상 남겨두시는 것이 하나님의 폭로방법이다. 하나님은 사전 경고를 하시지만 사단은 사후 폭로만 할 뿐이다. 이것이 하나님과 사단의 차이다.

사람들이 죄를 쉽게 짓는 이유가 무엇인가? 죄가 드러나지 않을 것이라는 허황된 믿음 때문이다. 죄는 반드시 드러난다는 믿음만 있어도 쉽게 죄를 짓지 않게 된다.

우리 교회에 시무장로님으로 이명박 대통령이 있다. 대통령 선거 유세 때 옛날에 했던 자녀의 위장전입 문제가 드러나 신문지면을 장식했던 적이 있었다. 어린 자녀를 좋은 학교에 보내고 싶은 마음에 위장 전입을 했을 때 현대건설에서 초급 임원이셨다고 한다. 그때는 돈푼 꽤나 있는 사람들은 아이들의 공부를 위해 위장 전입하는 것은 너무나 보편적인 일이었다. 그러나 개인적으로 장로님께 아쉬운 마음이 있다. 작은 허물일지라도 모든 허물은 반드시 드러난다는 생각을 한 번만이라도 했더라면 얼마나 좋았겠는가. 이것은 남의 이야기가 아니라 나의 이야기, 내 자식의 이야기가 될 수 있다. 자라나는 다음 세대에게 이 이야기만은 꼭 해주고 싶다. "너희도 언제든 너희 생애를 평가받을 자리에 오를 수 있단다. 그러니 미리 준비하며 살아야 한다. 그 자리에 올라서도 너희 지난 생애가 부끄럽지 않게 해야 해. 그때 가서 하려면 이미 늦는다." 어릴 적부터 부끄러움이 없는 삶을 살아야 하는 것이다.

〈까치〉라는 유명한 만화를 그린 이현세 씨가 학력을 위조한 사실을 공개적으로 고백한 적이 있다. 실은 고졸인데 서라벌예대 중퇴라고 한 번 거짓말한 것이 평생 자신이 쓴 책 서문의 약력에 기록되었다는 것이다. 그러나 이것이 언제나 가슴 한 켠에 죄책감이 되었다고 말했다. 이 고백을 할 당시 집필하고 있던 책 제목이 「핸디캡」이었다는 것이 더 부담이 되었단다. 사실은 내가 고졸이라고 집에 있는 가족들에게 어렵게 고백했더니 아내는 웃고 끝났다. 그러나 딸은 "저 직장 창피해서 어떻게 다녀요?"라고 말하더란다. 딸은 자신의 아빠가 그 유명한 이현세라고 자랑하며 살아왔기 때문이다. 이때 이현세 씨는 딸에게 이렇게 말했다고 한다. "네가 남들에게 설명할 때 나도 아버지한테 속았다고 말하거라." 이 말을 하는 아버지의 마음은 어땠을까 상상해 본다. 얼마나 딸 앞에 부끄럽고 힘든 일이었겠는가?

그는 먼저 자신이 이렇게 유명해 질 줄 몰랐다. 그리고 자신의 작은 거짓말이 이렇게 부끄러운 일이 될 줄 몰랐다. 이 일이 이렇게 엄청난 파장을 몰고 올 것을 몰랐고 자신이 자식에게 부끄러운 아비가 될 줄을 꿈에도 몰랐던 것이다. 이렇게 우리를 속게 만드는 것이 죄와 사단의 속성이다. 죄 때문에 우리가 너무나 많은 것을 잃게 된다. 얼굴을 들고 다니지 못하도록 사단이 폭로하는 때가 반드시 온다.

둘째, 죄에는 징계와 심판이 따른다.

징계와 심판은 의미가 전혀 다른 말이다. 징계는 회개시켜 돌이키게 하는 것이 목적이다. 하나님은 우리가 지은 죄에 대해 징계하신다. 그러나 심판은 사단과 세상이 한다. 죽이고 멸망시키는 것이 목적이기 때문이다. "아버지가 나를 심판하셨어"라는 말은 어색하다. 아버지에게 심판이란 말보다 징계라는 말이 어울린다. 징계를 해도 돌이키지 않으면 심판이 있다. 심판과 징계는 공통점이 있다. 우리가 지은 죄에 대한 대가라는 점이다.

죄의 대가는 죽음으로 치러야 한다. 대가 치고는 너무나 크고 비싼 대가이다. 죄를 쉽게 짓지 않는 방법이 있다. 죄를 지은 후에 내가 치를 대가를 묵상하고 또 묵상하는 것이다. 묵상이 어려우면 내 주변에 이미 지은 죄의 대가를 치루고 있는 사람들을 주목하면 된다.

가끔 성적인 범죄에 빠진 중년의 남성들이 한 순간 즐긴 쾌락으로 인한 대가를 톡톡히 치르는 것을 본다. 그들은 먼저 아내를 잃고 자식을 잃고 일과 사역을 잃었다. 이 세 가지 모두를 잃은 사람이 온전한 정신으로 사는 것을 보지 못했다. 아내는 남편이 불쌍해서 용서한다 치더라도 자식들이 아버지를 용서하지 않는 경우가 많다. 한 번 지은 죄로 자식 앞에서 평생 고개를 못 들고 사는 너무나 측은한 아버지들을 알고 있다. 자식들 볼까봐 아침 일찍 나오고 자식들이 모두 잠든 것을 보고서야 들어가는 불쌍한 아버지도 보았다. 치러야 할 대가에 대해 미리 묵상했더라면 쉽게 죄를 지었을 리가 없다.

하나님 앞에서의 심판은 둘째 치고 현세에서 받는 심판도 너무나 가혹했다. 죽은 후 하나님 앞에서의 심판도 있지만 현세에서 치러야 할 지옥 같은 심판도 있음을 잊지 말아야 한다.

힐러리는 클린턴과 르윈스키의 불륜 사실이 들통 났을 때 "나는 그를 사랑한다"라고 말하며 꿋꿋한 모습을 보였다. 그러나 5년 후 그녀의 자서전 「살아 있는 역사」에서 전혀 다르게 이야기한다. "사실은 말문이 막히고 숨을 쉴 수 없었고 목을 비틀어 죽이고 싶었다." 앞으로 클린턴이 치러야 할 아내의 심판이 남아 있음을 짐작할 수 있다. 계산기 놓고 즐길 쾌락과 쾌락 후 찾아 올 심판을 꼼꼼히 계산해 보아야 한다. 세상에서 제일 수지 타산이 안 맞는 장사가 바로 이 장사이다. 계산 결과만 보아도 아마 떨려서 죄에 쉽게 발을 들여 놓지 않게 될 것이다.

개가 방바닥에 오줌을 싸면 3초 안에 때려야 뭘 잘못했는지 쉽게 알아 고친다. 3초 넘어서 혼내거나 때리면 자기가 왜 맞고 있는지 모른다. 오히려 주인이 이상하다고만 생각한다. 왜냐하면 개의 기억시간은 3초이기 때문이다. 죄를 짓고 난 후 징계가 늦어지면 질수록 영적으로도 좋지 않다. 징계를 빨리 받아야 다음번에 죄도 쉽게 짓지 않기 때문이다. 시간이 너무 지나면 자신이 왜 징계 받았는지 모르기 때문이다. 죄를 지으면 즉시 때려달라고 기도하는 것이 지혜로운 기도이다. 사단은 심판이 없을 거라고 말하거나 늦출 수 있다. 하지만 하나님은 징계와 심판이 반드시 있다며 임박한 심판에 대해 경고하신다.

# 잘못했으면
# 사과해야지
_죄에 대한 회개

죄인이 용서받아 사는 유일한 길은 회개이다. 탕자처럼 자신의 비참한 처지를 후회하고 아버지 품으로 돌아오는 것을 회개라 한다.

회개에는 여섯 가지 과정이 필요하다.

첫째, 회개하고 싶은 마음이 생겨야 한다. 회개하고 싶은 마음은 자신의 노력과 의지로 생기는 것이 아니다. 성령이 주시는 마음이다. 성령은 "회개케 하시는 영"이시기 때문이다. 나의 죄에 대해 "탄식하시는 영"이시다. 성령은 우리가 죄와 의와 심판에 대하여 알게 하신다. 성령이 우리의 죄를 알게 하셔서 회개하도록 하신다. 회개했다는 말은 이미 그 안에 성령이 계심을 뜻한다. 구원받은 하나님의 백성이라는 징표가 된다. 아무나 하고 싶다 하여 회개가 가능한 것이 아니다. 성령이 회개케 하셔야 회개도 가능하다. 회개의 첫 순서는 자신이 회개하고 싶은 마음이 들도록 성령께 도움을 청하는 것이다. 회개할 때 기도 형식으로 하는 이유가 여기에 있다.

둘째, 죄를 드러내야 한다. 회개란 하나님과 사람 앞에서 죄를 드러내는 과정이다. 죄의 목록을 하나하나 꺼내 나열하는 것이다. 하나님 앞에서 은밀한 죄를 드러내는 것은 그래도 쉽다. 사람들 앞에서 공개적으로 자신의 죄를 드러내는 것이 얼마나 어려운지 모른다. 1907년 평양대부흥 운동을 주도했던 분은 길선주 목사님이다. 죽은 친구의 유산을 떼어먹은 죄를 사람들 앞에 공개적으로 고백한 것이 평양대부흥 운동의 기폭제가 된 것이다. 이처럼 개인적인 죄를 공동체 앞에서 드러내는 것은 극히 어렵다. 그러나 하나님 앞에서 드러내는 과정은 반드시 있어야 하는 필수과정이다.

예전의 우리 부모님들이 즐겨했던 기도가 있다. "알고도 지은 죄, 모르고도 지은 죄를 용서해주소서." 모르고도 지은 죄까지 드러낼 줄 아는 지혜 있는 기도이다.

셋째, 후회해야 한다. 회개(悔改)에서 회(悔)라는 말 뜻은 후회한다는 말이다. 지은 죄에 대한 상한 마음이다. 욕심대로 살고 나를 주인삼아 산 것을 후회하는 과정이다. 하나님의 품을 떠나 산 것을 후회하는 것이다. 후회하면 돌아오게 돼 있다. 후회란 지금 삶에 대한 불만족에서 온다. 탕자는 아버지의 재산을 탕진하고 거지가 된 자신의 삶에 불만을 느꼈다. 불만족이 아버지 품으로 돌아오게 만든 것이다. 지금 자신의 삶에 대한 불만족이 크면 클수록 빨리 돌아올 수 있다.

탕자는 아버지가 따뜻하게 맞이해주며 잔치를 베풀어 주었을 때 이렇게 후회했을 것이다. "내 이럴 줄 알았으면 일찍 돌아올 걸!" 하나님을 만나면 우리가 이런 후회를 하게 된다. 우리 모두는 이런 후회를 통해 하나님께로 돌아온 사람들이다.

넷째, 다시는 똑같은 반복을 하지 말아야 한다. 회개(悔改)에서 개(改)는 돌이킨다는 의미이다. "다시는 저지르지 않는다"는 뜻이다. 현대의 크리스천들은 후회하는 과정까지는 잘 한다. 그러나 돌이키는 개(改)에서 막히는 경우가 많다. 돌이켜 다시는 반복하지 않는 것이 진정한 회개이다. 탕자로 말하면 다시는 집 나가지 않는 것이 개(改)이다. 집에 돌아와 환대를 받은 탕자더러 다시 나가서 살아봐라하며 등 떠밀어도 더 이상 집나가지 않을 것이 분명하다. 하나님 아버지의 사랑을 깊게 경험한 사람은 개(改)도 쉽게 한다.

다섯째, 사과해야 한다. 죄를 지었다는 말은 가해자가 되었다는 말이다. 가해자가 있으면 반드시 피해자가 있다. 피해자는 하나님이 될 수도, 우리 주변 사람들이 될 수도 있다. 후회는 자신에게 하는 것이다. 그러나 사과는 가해자가 피해자에게 하는 것이다. 자신에게 해야 할 것과 피해자에게 할 것을 구분해 둘 다 해야 한다. 우리 죄로 인해 가장 피해를 보신 분은 우리를 살리려 아들을 잃으신 하나님이시다. 사실 하나님은 우리가 후회하고 돌아온 것만으로도 충분히 기뻐하신다. 하나님은 우리에게 사과하라 요청하신 적도 없다. 그러나 아들을 잃으신 하나님께 죄송하다고 말씀해 드려야 한다. 이것이 진정한 회개의 마지막 과정이다. 가해자인 내가 피해를 입은 주변 사람들에게도 "죄송합니다"라고 사과를 해야 진정한 회개가 마무리되는 것이다. "미안하다"라는 뜻의 라틴어 '포에니테레(poenitere)'는 처벌을 뜻하는 '포에나(poena)'와 어근이 같다. 피해자의 처벌을 달게 받겠다는 고백이 "미안하다"는 말의 뜻이다.

작년 여름, 둘째 아들 성산이가 참여한 성경학교에서는 CD 뒷장에 가정을 위한 기도제목을 쓰는 시간이 있었다. 성산이가 성경학교를 마치고 목에 그 CD를 걸고 돌아왔다. 궁금해서 뒤집어 보았더니 이런 기도문이 적혀 있는 것이 아닌가? "하나님, 우리 아빠 엄마가 더 이상 싸우며 살지 않게 해주세요." 이 기도문을 교회 선생님이 보았을 것을 생각하니 얼굴이 후끈 달아올랐다. 나는 성산이에게 따지듯이 말했다. "야 임마! 네 앞에서 엄마 아빠가 딱 한 번 싸웠고 그것도 2년 전 일인데 이걸 쓰면 아빠 체면이 뭐가 되냐? 사람들이 엄마 아빠가 매일 싸우며 사는 줄 알 것 아냐?" 사실 아들 앞에서 딱 한 번 싸운 적이 있긴 있다. 하지만, 한 번 싸운 걸 갖고 이런 기도제목을 내다니, 난 좀 억울했다.

그러자 아들이 말했다. "아빠가 그때 엄마한테 미안하다고 말하지 않았잖아요!" 아들 눈에는 사과하지 않았으니 아직도 싸우는 중이라고 보였던 것이다. 듣고 보니 그 말이 맞는 것 같아, 아들이 보는 앞에서 아내에게 2년도 지난 싸움을 갖고 미안하다고 사과했다. 아들 녀석에게서 배운 게 있다. 진정 회개한다면, 가해자는 반드시 피해자에게 미안하다고 말해야 한다는 것이다. 처벌을 달게 받겠다는 자세로 용서를 청해야 회개가 끝난다.

여섯째, 용서받았다는 확신을 가져야 한다. 회개는 했으나 내가 용서받았다는 확신이 없으면 죄책감을 갖고 살게 된다. 어린 자녀가 잘못해 부모들이 체벌하는 경우가 있다. 체벌한 후에는 부모와 자녀가 반드시 해야 할 일이 있다. 부모는 자녀에게 용서했다는 확신을 주고, 자녀는 그 용서를 받아들여야 한다. 이 두 가지가 있어야 완전한 용서가 이루어진다. 부모는 용서했다고 하는데 자식이 받아들이지 않으면 용서가 아직 안 된 것이다.

부모는 어릴 적 몇 번밖에 때리지 않았다는데 자신은 매일 맞고 자랐다는 아이들이 간혹 있다. 이 아이는 한 번 맞은 것을 심리적인 사진으로 찍어 매일 떠올리고 묵상한 것이다. 부모가 체벌한 후 자녀에게 용서했다는 확신을 주지 않으면 아이는 매일 맞은 것처럼 느낀다. 이것을 심리적 체벌이라고 한다. 용서하고 용서받지 않으면 자식은 매일 맞은 것으로 기억한다. 크리스천에게도 용서하고 용서받는 과정이 필요하다.

나는 아들들이 잘못하면 엄하게 체벌하는 편이다. 그런데도 용서해 주면 참 신기한 일이 벌어진다. 맞은 지 3분밖에 지나지 않았는데도 나에게 찾아와 장난을 거는 것이다. 나의 용서를 받아 주었기 때문에 가능한 것이다. 부모와 자식 간의 사랑하는 관계이기 때문에 가능하다. 아마 다른 사람을 때리면 3분 화해는커녕 평생 원수로 지낼 것이 뻔하다.

하나님은 회개한 죄인에 대해 항상 용서하신다. 이제 우리가 그 용서를 받아들이는 일만 남았다.

# 3. 아빠 하나님 _ 성부론

• • • • •

하나님이 세상을 이처럼 사랑하사 독생자를 주셨으니
이는 그를 믿는 자마다 멸망하지 않고 영생을 얻게 하려 하심이라(요 3:16).
사랑하지 아니하는 자는 하나님을 알지 못하나니 이는 하나님은 사랑이심이라.
사랑은 여기 있으니 우리가 하나님을 사랑한 것이 아니요
하나님이 우리를 사랑하사 우리 죄를 속하기 위하여
화목 제물로 그 아들을 보내셨음이라(요일 4:8,10).
우리가 아직 죄인 되었을 때에 그리스도께서 우리를 위하여 죽으심으로
하나님께서 우리에 대한 자기의 사랑을 확증하셨느니라(롬 5:8).
무엇보다도 뜨겁게 서로 사랑할지니 사랑은 허다한 죄를 덮느니라(벧전 4:8).
사랑 안에 두려움이 없고 온전한 사랑이 두려움을 내쫓나니
두려움에는 형벌이 있음이라.
두려워하는 자는 사랑안에서 온전히 이루지 못하였느니라(요일 4:18).

# 왜
# 태어났니?
_ 창조의 목적

아이들이 생일 맞은 아이를 놀리며 이런 노래 부르는 것을 본 적이 있다. "왜 태어났니? 왜 태어났니? 이 험한 세상에 왜 태어났니?" 우리가 태어난 이유는 바로 신이 우리를 창조하신 목적과 같다. 그렇다면 하나님이 사람을 창조하신 목적은 무엇일까? 바로 사람을 사랑하기 위해서였다.

"인생의 목적이 무엇이뇨?"라는 세례문답을 받아보았을 것이다. 웨스트민스터 소요리 문답에 나와 있는 질문이다. 정답은 하나님을 영화롭게 하고 그 앞에서 즐거워하는 것이다. 하나님을 가장 영광스럽고 기쁘시게 해드리는 방법이 있다. 하나님 앞에서 즐거워하며 사는 것이다.

사람들은 인생의 목적이 하나님의 영광을 위해 사는 것이라고 답하기도 한다. 그러면 하나님의 영광을 위해 산다는 건 어떤 의미인가? 하나님을 위해 봉사하고 섬긴다는 뜻일까? 하나님은 우리가 열심히 일하면 더욱 영광스럽고 거룩해지는 분이신가? 우리가 더욱 헌신하면 더 존귀해지는 분이신가? 우리 열심에 따라 더 거룩하고 존귀해지는 분이라면 하나님은 더 이상 신이 아니다. 하나님에게 무언가 부족한 부분이 있었다는 말이 되기 때문이다. 하나님은 더 이상 거룩하고 영광스러워 질 필요가 없으신 분이다. 완전한 영광과 거룩을 소유한 분이기 때문이다.

하나님 앞에서 즐거워 한다는 말은 하나님이 부어주시는 사랑을 받아 누리고 사는 상태를 말한다. 이것을 하나님이 가장 기뻐하신다. 인생의 목적은 하나님을 위해 일하는 것이 아니다. 사람은 일하기 위해 태어난 존재가 아니다. 하나님의 창조목적은 우리를 사랑하시기 위해서이다. 우리의 존재목적은 하나님이 부어 주신 사랑을 받아 누리는 것이다.

교회 안에는 열린 리더와 닫힌 리더가 있다. 열린 리더는 교인들과 함께하며 누릴 줄 아는 사람이다. 그러나 닫힌 리더는 교인을 위해 무엇을 해줄까에 대해서만 생각하는 사람이다. '열린 크리스천' 과 '닫힌 크리스천' 도 이와 같다. 열린 크리스천은 하나님과 함께하며 하나님이 주신 것을 누릴 줄 안다. 그러나 닫힌 크리스천은 하나님을 위해 내가 무엇을 해 드려야 하나에 대해서만 골몰한다. 존재(Being)가 아니라 행위(Doing)의 관점만 가진 사람이다. 행동(Doing)의 관점을 인본주의라고 말한다. 하나님이 우리를 위해 무엇을 하셨는가 보다는 우리가 하나님을 위해 무엇을 하는가에 초점을 맞추는 것이 인본주의의 특징이다. 기독교 최대의 이단이 맘몬이즘과 인본주의라는 사실을 잊지 말아야 한다.

해외 단기선교를 가보면 현지 선교사님을 골탕 먹이는 두 종류의 팀이 있다. 첫 번째 팀은 너무 기도와 훈련의 준비가 안 된 팀이다. 전혀 배우려는 의지와 도전이 없는 '무욕'을 가진 사람들이다. 그러나 훨씬 더 힘든 두 번째 팀이 있다. 너무 훈련과 준비를 많이 한 팀이다. 이러한 팀은 선교사님의 의견과는 전혀 상관없이 일하려고만 드는 '과욕'이 있는 사람들이다. 자신들이 열심히 준비해 왔으니 무조건 보여주고 일하고 가야 한다는 강박이 있는 팀이다. 선교사님은 차라리 첫 번째 팀이 낫다고 말한다. 선교지에서는 일하는 것만이 중요한 게 아니기 때문이다.

마태복음 25장에 보면 달란트 비유가 나온다. 어떤 주인이 타국에 갈 때 세 명의 종들을 불러 각자 한 달란트, 두 달란트, 다섯 달란트를 맡기고 떠났다는 이야기다. 주인이 돌아왔을 때 책망 받은 사람은 한 달란트 받은 사람이었다. 그는 주인에게 받은 돈을 땅에 묻어 두었다 가져왔던 게다. 주인은 악하고 게으른 종이라고 책망한다. 주인이 게으르다고 말한 것은 얼마든지 이해가 된다. 그러나 악하다고 말한 것은 좀 심한 것 같다. 사람들은 이 비유를 보면서 하나님을 기쁘시게 하려면 일을 열심히 해서 무조건 이익을 남겨야 한다고 결론 내린다. 주로 헌신예배에서 청지기 정신 강조용으로 써먹는다. 바로 이것이 하나님에 대한 오해에서 비롯된 결론이다.

한 달란트 받은 사람이 주인에게 악하다는 말을 들은 이유가 24절에 나와 있다. "주인이여 당신은 굳은 사람이라 심지 않은 데서 거두고 헤치지 않은 데서 모으는 줄을 내가 알았으므로"(마 25:24). 한 달란트 받은 종이 책망 받은 것은 이익을 남기지 않아서가 아니다. 하나님에 대한 이해가 잘못 되었기 때문에 악하다는 말을 들은 것이다. 종은 하나님을 어떠한 경우에도 철저히 이익을 보는 분이라고 말했다. 하나님을 고리대금업자로 취급하고 있다. 한 달란트 받은 사람이 돈을 가지고 열심히 장사했다고 가정하자.

그러나 IMF를 만나 원치 않은 부도를 맞아 거지가 되었다면 주인은 어떻게 하셨을까? 하나님은 이익을 남기지 못했다 하여 절대로 악하다고 책망하실 리가 없다. 다른 사람이 벌어 온 것을 모아 한 달란트 받은 사람에게 몰아주실 분이 하나님이다. 한 달란트 받은 사람은 이런 하나님을 몰랐던 것이다. 하나님을 위해 일을 열심히 하는 것이 중요한 것이 아니다. 하나님을 어떤 하나님으로 이해하며 일하는지가 훨씬 더 중요하다. 그래야 하나님이 원하시는 제대로 된 일을 해 낼 수 있다. 일하는 것이 인생의 목적이 아니기 때문이다. 하나님은 행동(Doing)보다 존재(Being) 자체를 더 귀히 여기신다.

성경은 하나님을 아버지라고 말하고 있다. 세상 모든 종교 가운데 신을 아버지라고 부르라 한 종교가 어디 있던가? 야훼, 엘로힘 등 하나님에 대한 여러 호칭이 성경에 등장한다. 그러나 가장 위대한 호칭은 아버지가 아닐까? 하나님께서 이 호칭을 가장 좋아하신다. 우리는 주님이 가르쳐 주신 기도를 할 때마다 하나님을 아버지라 부른다.

에덴에서 아담과 하와는 하나님을 뭐라 불렀을까? 성경에 나와 있지는 않다. 그러나 "아빠"라 불렀을 것이 분명하다. 하나님이 우리를 자녀로 지으셨기 때문이다. 부모는 자녀를 낳는 것은 노동력 확보를 위한 게 아니다. 사랑하기 위해서 낳는다. 하나님이 우리를 창조하신 것도 일을 시키기 위한 게 아니었다. 사랑하기 위해서였다.

하나님이 제일 잘 하시는 것이 있다. 그것도 사랑이다. "하나님은 사랑이심이라"고 요한일서 4장 8절은 증거하고 있다. 하나님이 자신을 무엇이라고 단정하며 정의한 예가 아주 드물다. 왜 하나님은 그 수많은 명제 가운데 자신을 사랑이라고 말씀하셨을까? 사랑을 가장 잘 하시기 때문이다. 그리고 사람에게 사랑이 제일 필요하기 때문이다.

사람에게 제일 필요한 것은 떡과 명예와 물질이 아니다. 그렇다고 기독교가 떡과 명예를 부정하거나 폄하하는 종교는 아니다. 기독교는 떡과 명예가 중요하고 필요하다고 말한다. 그러나 떡은 그저 배고픔을 면해줄 뿐이다. 우리 모든 필요를 해결해주는 것은 떡이 아니라 하나님의 사랑이다. 우리에게 "예수 믿으면 떡이 나오냐, 밥이 나오냐?" 시비 거는 사람이 있다. 나는 "떡이 나온다"고 답해준다. 예수 잘 믿었더니 떡을 제대로 먹고 살 수 있게 된 사람이 내 주변에는 많기 때문이다. "예수가 다냐?"고 말하면 "예수가 다다"라고 말해준다. 하나님이 우리를 사랑하시기 때문에 떡도 주고 밥도 주신다. "일용할 양식을 주옵시고"라고 기도하라 하신 이유가 여기에 있다. 기도하면 주신다는 약속이다.

세상에서 제일 행복한 사람은 죽도록 사랑할 수 있는 사람과 일을 만난 사람이다. 불신자들도 이 말에는 동의한다. 미치도록 사랑하는 것이 사람을 행복하게 만들어 준다. 그런 의미에서 순교자들을 불쌍하게만 볼 것이 아니다. 왜냐하면 자신의 생명을 던질 만큼 미치도록 신을 사랑했던 사람들이기 때문이다. 행복한 사람이란 미치도록 사랑할 만한 대상을 만난 사람이다. 사람은 죽도록 사랑할 만한 대상을 만나면 후회 없이 자신의 생명까지 내어 놓는다. 목숨까지 줄 정도로 사랑할 대상을 만난 사람은 분명 행복한 사람이다. 대부분의 사람은 이런 사랑 한 번 해보지 못하고 죽기 때문이다.

미 해군 정보국에서 컴퓨터 전문가로 일했던 로버트 김을 잘 알 것이다. 그는 1996년 스파이 혐의로 FBI에 체포되었다. 1997년 7월 간첩 음모죄로 9년 징역형을 선고 받고 알렌우드 교도소에 수감되었다가 석방되어 보호감찰을 끝낸 후 한국에 들어왔다. 죄목은 당시 한국의 해군 백모 대령에게 북한의 잠수함 동향에 대한 군사기밀을 주었다는 것이다. 한국에 들어 왔을 때 어느 기자가 물었다. "감옥에 있었기 때문에 아버님이 돌아가시는 것도 못 보셨다고 들었습니다. 사모님은 청소부로 전전하며 고생스럽게 사셨다는 이야기도 들었습니다. 한국 정부에 정보 준 것을 지금에 와서 후회하지는 않으십니까?"

그러나 로버트 김은 전혀 주저함 없이 이렇게 대답했다. "나는 후회하지 않습니다. 부잣집에 시집간 딸이 어찌 가난한 친정을 외면하고 살 수 있겠습니까?" 이 말을 듣고 얼마나 눈물이 나왔는지 모른다. 사랑하면 어떠한 희생을 치르더라도 후회하지 않는 법이다. 그는 미국 시민권자다. 얼마든지 조국을 외면하고 살아도 누구 하나 욕할 사람이 없다. 그러나 한국을 내 친정으로 사랑하며 살았기에 엄청난 개인의 희생을 감수하고도 후회하지 않은 것이다. 사랑하면 어떠한 희생을 치르더라도 절대로 후회하지 않는다.

사람들은 대부분 죽을 때는 많은 것을 후회하며 죽는다. 임종예배시 후회 없이 죽는 사람을 본 적이 거의 없다. 그러나 마지막 순간에 후회 없이 죽는 사람을 보았다. 죽도록 사랑하다가 죽은 사람들이다. 후회하지 않았다는 사실 하나만 보아도 성공한 인생이며 행복한 인생이 분명하다. 이런 사람은 너무나 드물기 때문이다. 모든 사람이 한 번은 반드시 죽는다. 어차피 죽는 것이 확실한데 사랑하는 사람을 위해 죽어 줄 수 있다는 것은 특권이다. 사랑하는 일을 하다 죽는 것은 하나님의 선물이다. 이런 선물은 아무에게나 주어지는 것이 아니기 때문이다.

윤동주 시인은 십자가라는 시에서 고통 속에 죽었던 예수를 행복했던 사람이라고 표현하고 있다. 우리 예수님에게는 "행복한 예수"라는 말이 참 잘 어울린다.

### 십 자 가

쫓아오던 햇빛인데
지금 교회당 꼭대기
십자가에 걸리었습니다.
첨탑이 저렇게도 높은데

어떻게 올라갈 수 있을까요

종소리도 들려오지 않는데
휘파람이나 불며 서성거리다가

괴로웠던 사나이
행복한 예수 그리스도에게처럼
십자가가 허락된다면

모가지를 드리우고
꽃처럼 피어나는 피를
어두워 가는 하늘 밑에
조용히 흘리겠습니다.

    육신은 십자가로 인해 괴로웠을 것이다. 그러나 사랑하는 사람을 위해 죽어 줄 수 있었던 예수님은 행복한 분이 분명하다. 그 사랑을 우리가 받았다는 것이 최고의 은총이다.
    사단은 우리가 죄를 지으면 지을수록 하나님이 미워하실 거라고 말한다. 그러나 하나님은 우리가 죄를 지으면 지을수록 더욱 사랑하신다. 죄를 지은 사람에게는 사랑이 더 필요하기 때문이다. 집안에 머물러 있었던 장자보다 집나간 탕자를 아버지가 더 사랑하신 것만 보아도 쉽게 알 수 있다. 아버지는 집나간 탕자를 왜 더 사랑하셨을까? 더 큰 사랑이 필요했기 때문이다. 또한 사랑하기 위해 우리를 지으셨기 때문이다. 사랑하기 위해 지으셨기에 사랑이 더 필요한 사람에게 더 주시는 것이 하나님이다. 이것만 보아도 하나님은 말로만 아버지가 아니라 우리 진짜 아버지이시다.

세상에서 문제를 일으키며 사는 사람들의 모든 원인은 한 가지라고 해도 과언이 아니다. 다름 아닌 사랑 결핍이다. 범죄자들의 얼굴을 보면 이렇게 쓰여 있다. "나는 사랑이 필요한 사람입니다. 사랑받고 싶었습니다. 사랑을 받았더라면 이렇게 살지는 않았을 겁니다." 세상의 모든 문제는 사랑으로 풀어가야 하고 사랑으로만 풀린다. 하나님의 사랑으로 풀리지 않는 세상의 문제는 없다.

하나님이 우리에게 가장 원하시는 것이 있다. 하나님의 사랑을 받고 누리는 것이다. 이것만 잘해도 성공한 인생이 될 수 있다. 일과 헌신은 그 다음 문제이다. 그렇다고 일과 헌신을 하지 말라는 말은 아니다. 다만 하나님의 사랑을 받아 누릴 줄 아는 사람만이 일을 해도 잘한다는 말이다. 일을 제대로 잘하고 싶거든 먼저 하나님의 사랑을 경험하고 누리고 나서 일을 해도 늦지 않다. 사람은 자신이 받은 사랑만큼만 일할 수 있기 때문이다.

부모라고 해서 다 자식을 사랑하는 것은 아니다. 부모도 자신이 사랑받은 것만큼만 사랑할 수 있다. 경험한 것만큼만 할 수 있는 것이 사랑이기 때문이다. 경험하지 않는 사람이 사랑하는 것은 불가능한 것이다.

# 밥 잘 짓는 법
_ 은혜와 사역

하나님의 사랑을 경험하지 않고 일하는 사람에게는 다음과 같은 세 가지 특징이 나타난다.

첫째, 보상을 바란다. 이런 사람은 내가 하나님과 교회를 위해 일했으니 합당한 보상이 따라야 한다고 요구한다. 대가를 달라는 말이다. 헌신이 아니라 하나님과의 거래라고 말한다. 자신을 알아주기를 내심 기대하는 마음이 있다.

누가복음 10장에 보면 일하던 언니 마르다는 예수님의 발 아래 앉아 말씀을 듣는 동생 마리아를 보고 불평했다. 예수님이 일하는 자신을 칭찬하기는커녕 놀고 있는 마리아를 칭찬하셨기 때문이다. 열심히 일하던 마르다는 예수님에게서 인정받고 칭찬받고 싶었다. 사람에게는 이런 칭찬과 보상을 받고 싶은 마음이 있다.

그러나 보상을 바라고 일하는 사람은 꼭 다른 사역자들을 매우 힘들게 한다. 이런 사람들은 충분한 칭찬을 받아야만 일을 하기 때문이다. 일을 끝낸 다음에는 한 자리 줄 것을 기대한다. 세상에 상대가 흡족히 여길 만큼 칭찬과 보상을 해줄 수 있는 교회나 사람은 없다. 보상에 실망한 사람은 다시는 예수를 믿지 않거나 일하지 않을 것이라 협박한다. 그래서 보상받기 위한 헌신은 오래가지 않으며 오래갈 수도 없다.

이미 받은 사랑에 대해 '빚 갚는 자세'로 일하는 것이 건강한 사역이다. 받은 사랑 없이 일하는 사람은 쉽게 지친다. '빚 받는 자세'로 일하기 때문이다. 빚을 받으려고만 하니 자연히 다른 사람에게 상처를 주게 된다. 사람의 시선을 의식하며 일하는 사람의 사역이 오래가지 않는 이유가 있다. 사람들의 인정이라는 보상이 없을 때 더 이상 헌신에 대한 동기부여가 되지 않기 때문이다.

둘째, 우월감을 갖는다. 은혜 없이 일하는 사람은 자신의 헌신을 남에게 보이는 데 이용한다. 이런 사람은 자신과 남을 비교하는 데 익숙하다. 남보다 자신이 낫다는 우월감을 증명하려 열심히 일하기 때문이다. 자신의 우월함이 증명되지 않으면 다른 사람을 깎아내리고 끌어내린다. 남을 끌어내리는 사람이 열심히 일하면 일할수록 부작용이 더 심하다.

어느 집사님이 찾아와 같은 구역 권사님이 십일조를 안 한다고 나에게 투정을 늘어놓은 적이 있었다. 이분은 권사님이 십일조를 하지 않아 말라기서에 약속한 축복을 받지 못해 안타까워 말한 게 아니다. "저 사람은 안 하는데 나는 십일조를 하는 교인입니다" 하고 자랑하고 싶었던 것이다. 세상에는 자신을 자랑하고 싶어 남을 끌어내리는 사람이 있다.

 메뚜기라는 별명을 가진 인기 많은 MC 유재석이 가진 독특한 장점이 있다. 다른 개그맨이나 MC들은 남의 단점을 말하거나 남을 깎아내려 웃기려든다. 그러나 유재석은 남을 깎아내리지 않으면서 웃길 줄 아는 드문 사람이다. 대신 남을 높이거나 자신의 단점을 말해 남을 웃기는, 소위 은혜를 아는 사람이다. 자신을 깎아내리며 웃길 줄 아는 사람은 나이를 떠나서 존경받을 사람이다.

 사실 비교에는 약이 없다. 비교하는 사람은 남보다 좀 나으면 우월감, 못하면 열등감에 빠진다. 비교 잘못해서 죽은 사람도 있지 않은가. 사도행전에 나오는 아나니아와 삽비라가 바로 그 예다. 베드로에게 재산 전부를 팔아 바친 바나바를 보고 자신들도 재산 전부를 팔아 바치겠다고 결심한다. 하나님을 사랑하는 마음에 드리겠다고 한 것이 아니다. 바나바에 대한 시기심에서 나온 결심이었다. 결국 아나니아와 삽비라 부부는 아까운 마음이 들어 판 재산의 절반을 떼먹고 들켜 죽게 된다. 돈 바치고도 죽은 이상한 사람이 되었다. 저들은 하나님의 재산을 떼먹고 거짓말해서 죽은 것이 아니다. 거슬러 올라가 따져 보면, 남과 비교하다가 죽은 사람들이다. 비교하면 약도 없고 간혹 죽기도 한다.

 어떤 조직에 새로운 리더가 되는 사람들이 실패하는 원인은 거의 같다. 전임자와 비교하기 때문이다. 나만의 장점을 살리지 않고 전임자를 따라 잡으려다 가랑이가 찢어지게 된다. 비교하다 보니 시간과 싸우게 된다. 단시간에 업적을 내려 조급하게 되니 실력발휘는커녕 제 실력도 써보지 못하고 실패하는 경우가 많다.

우월감을 가진 사람은 교만하며 위선을 부린다. 위선은 아닌데 그런 척하는 것이며 교만은 배우려 들지 않는 것이다. 이런 사람은 자신이 남보다 우월하다는 것을 보이려 과대 포장한다. 위선은 예수님이 신앙생활에서 제일 경계하라 하신 성품이다. 위선은 사람을 의식하며 살고 있다는 증거가 되기 때문이다. 세상에는 '하나님 앞에서 사는 사람'과 '사람 앞에서 사는 사람'이 있다. '사람 앞에서 사는 사람'은 위선을 부린다. 왜냐하면 사람은 내 속을 볼 수 없어서 위선이 통하기 때문이다. 그러나 '하나님 앞에서 사는 사람'은 아닌데 그런 척, 그런데 아닌 척 못 한다. 위선이 하나님 앞에서는 통하지 않는 것을 알고 있기 때문이다. 하나님은 겉이 아니라 중심을 보신다. 중심을 보여 드려야 하기에 하나님께 인정받는 것이 힘들다.

열 시간 기도하는 사람과 두 시간 기도하는 사람이 있는데 누가 더 믿음이 좋냐고 물어보았다. 이러면 사람들은 대부분 열 시간 기도한 사람이 더 믿음이 좋다 말한다. 이것은 몰라서 하는 이야기이다. 누가 더 믿음이 좋은지는 하나님만이 아신다. 그러나 우리 눈에는 열 시간 기도하는 사람이 믿음이 좋아 보이게 마련이다. 그래서 우리는 사람들 눈에 믿음이 좋게 보이려는 유혹에 쉽게 넘어간다. 예수님 시대에도 사람들의 눈을 의식해 길거리에서 폼 재고 기도하는 척했던 인물들이 많지 않았던가. 우월감을 갖는 사람들이 보이는 태도 하나가 더 있다. 자기 의를 남에게 강요하려는 태도이다. 이것을 율법적인 태도라고 말한다.

셋째, 자기 만족감을 갖는다. 자기가 행한 의를 자랑하며 대단

한 것으로 여기는 사람이 있다. 이것을 내적 보상심리라고 말한다. 헌신해 놓고 집에 가 거울을 보고 혼자 자랑스러워 하며 자아도취에 빠져 웃는 것이다. 스스로 자신을 대견해 한다. 자신의 의를 대견해 하는 사람은 그 의를 가지고 자신에게 자랑한다. 자기 만족으로 자신에게 자랑하는 사람에게는 하늘의 상급이 없다. 이미 자신이 자신을 칭찬함으로 상을 받았기 때문이다. 다른 사람에게 칭찬이라는 상을 받는 것은 차라리 낫다. 세상에서 제일 손해 보는 사람이 따로 있다. 자신이 자신을 칭찬해서 정작 천국에서는 아무 상도 받지 못하는 사람이다.

자기 스스로를 칭찬해 높이는 자기 만족감을 교만이라고 한다. 교만은 속옷과 같아서 입을 때는 제일 처음에 입고 벗을 때는 제일 마지막에 벗는다. 사람이 타락할 때 제일 먼저 입는 것이 교만이라는 속옷이다. 그러나 하나님 앞에 변화되어 거듭날 때 제일 마지막에 벗으며 변화되는 것도 교만이라는 속옷이다. 교만은 그렇게 영적으로도 까다로운 과제라는 말이다. 교만의 문제를 해결한 사람은 성화 끝자락에 도달한 사람이라는 말이 실감난다. 어거스틴이 교만에 대해 경계하며 말한 것이 실감난다. "첫째도 겸손이요, 둘째도 겸손이요, 셋째도 겸손이라."

누가복음 10장의 마르다는 은혜와 말씀 없이 일하는 사람들의 대표적인 모델이다. 성경은 밥 짓는 것을 부정하지 않는다. 오히려 직장과 세상에서 밥 잘 지으며 사는 것을 원하신다. 사실 일하고 섬기는 마르다는 교회에서도 꼭 필요한 사람이다. 예수님이 마르다를 책망은 하셨어도 마르다가 지은 밥을 먹고 가셨을 게 분명하다. 누군가는 반드시 밥을 지어야 한다. 교회 안에 말씀 듣는 마리아만 있으면 정작 우리 예수님이 밥 굶고 가시지 않겠는가. 그러나 주님은 밥 잘 짓는 법을 이렇게 일러준다. 밥 잘 지으려면 은혜부터 받아야 한다는 것이다. 사람은 은혜 받은 것만큼 일할 수 있기 때문이다. 마르다처럼 불평하며 지어서는 밥이 제대로 될 리 없다. 결국 밥이 설게 되어 있다. 불평하며 하는 모든 사역은 설게 되어 있다.

마르다는 모르면 물었어야 했다. "예수님 말씀부터 들을까요? 밥부터 지을까요?" 예수님은 언제나 똑같이 말씀해 주셨을 것이다. "말씀부터 먹자!" 말씀 듣고 은혜를 경험한 사람만이 밥을 제대로 지을 수 있음을 알고 계셨기 때문이다.

# 성경 속
## 보물 찾기
_성경 속의 사랑

성경 모든 곳에 하나님의 사랑이 숨겨져 있다. 우리 눈에는 금방 드러나 보이지 않는다. 그러나 보물찾기하는 심정으로 열심히 찾으면 하나님의 사랑이 성경 어디에나 보인다. "태초에 천지를 창조하시니라"는 말씀 속에도 사랑이 있다. "내가 너를 위해 지었으니 이거 다 너 가져! 너를 위해 만든 거다"로 들린다.

성도들과 함께 큐티를 하다 보면 "하라, 하지 말라"는 관점으로 성경을 보는 사람들이 있다. 노트에다 빼곡히 오늘 해야 할 것, 하지 말아야 할 것들을 적고 살아내려 노력한다. 이런 식의 큐티는 좋지 않은 결과를 가져온다. "하라, 하지 말라"고 적은대로 완전하게 지킬 수 있는 사람은 없다. 이렇게 성경을 보는 사람들은 매일매일 자신이 죄인이라는 결론을 낼 수밖에 없다. 말씀은 완전하게 지키는 것이 목적이 아니다.

우리가 하나님 앞에서 말씀을 완전히 지켰다고 우겨도 하나님의 장부에는 지키지 않았다고 적혀 있는 경우가 많다. 억지로 지킨 말씀, 남에게 보이려고 지킨 말씀, 무서워서 지킨 말씀은 무효다. 말씀은 하나님 좋으라고 주신 말씀이 아니기 때문이다. 말씀은 우리 좋으라고 지키는 것이다.

말씀을 제대로 지키며 사는 방법이 있다. 말씀 속에 있는 하나님의 사랑을 먼저 발견하여 경험하는 것이다. 크리스천들이 말씀을 몰라서 못 사는 것이 아니다. 교회 3년만 다니면 하나님이 뭘 원하시는지 다 안다. 그러나 정작 말씀대로 살 힘이 없어서 못 사는 것이다. 말씀대로 살아낼 힘은 말씀 속에 있는 하나님의 사랑과 은혜로부터 나온다. 말씀 속에 있는 하나님의 사랑과 은혜를 발견하고 경험해야 말씀을 지켜낼 힘이 비로소 생기는 것이다. 보물찾기 하는 심정으로 성경 속 사랑과 은혜를 찾아내는 것이 그래서 중요하다.

한번은 베드로가 예수님을 찾아가 일곱 번 용서하면 되겠느냐고 자랑스럽게 묻는다. 제 딴에 일곱 번 용서하면 최선을 다한 용서라고 생각한 것이다. 그러나 예수님은 일곱 번씩 일흔 번 용서하라 하셨다. 곱해보면 사백구십 번 용서하라는 말이다. 용서를 해본 사람은 알겠지만 같은 사건과 사람에 대해 사백구십 번은커녕 세 번 용서하기도 사실은 버겁다. 그러면 주님은 우리더러 사백구십 번 용서하라는 말인가 하지 말라는 말인가 헷갈린다. 불가능한 일을 시키고 있는 것 같기 때문이다. 사전에 아무 준비 없이 사백구십 번 용서하려 드는 사람이 있다면 반드시 실패할 것이다.

사전 준비 없이 한 운동이 후유증을 남기듯 말이다. 용서에 실패해 죄책감이라는 후유증만 남길 것이 뻔하다. 사전 이해와 준비 없이 용서하려 드는 것은 자해행위이다.

주님의 말씀은 "네가 사백구십 번 용서하라"는 말이 아니다. "내가 베드로 너를 그런 식으로 용서하고 있다"는 뜻으로 말씀하신 것이다. 이것이 영적인 사전 준비 운동이다. 이러한 사전 준비 운동을 충분히 해야 베드로에게 사백구십 번 용서하고 싶은 힘이 생긴다. 하나님은 다짜고짜 용서하라고 시키시는 분이 아니다. 왜냐하면 시킨다고 해낼 사람들이 아니라는 것을 잘 알고 계시기 때문이다. 먼저 해낼 힘을 공급해주신다. "내가 너희를 용서한 것 같이, 너희도 용서하라. 주님의 자비하심 같이 너희도 자비하라"에는 중요한 순서가 들어 있다. "너희도 용서하라. 너희도 자비하라"가 먼저가 아니다. "내가 너희를 용서한 것 같이. 주님의 자비하심 같이"가 먼저이다. 사람은 용서받은 것만큼 다른 사람을 용서할 수 있다. 사랑받은 것만큼 사랑할 수 있다. 하나님이 이것을 너무나 잘 아시고 계시다.

일만 달란트 빚진 자가 주인에게 아무 조건 없이 탕감을 받은 내용이 성경에 나온다. 집에 돌아가다가 자신에게 100데나리온 빚진 자 하나를 용서하지 못해 주인에게 책망 받았다는 내용이다. 성경은 우리 앞에 놓인 100데나리온 같은 문제를 푸는 방법을 가르쳐 준다. 자신이 일만 달란트 탕감 받았다는 은혜와 감격이 있어야 100데나리온 같은 문제도 풀 수 있다는 것이다. 사람의 일은 사람의 일로 풀리지 않는다. 사람의 일은 하늘의 일로 풀어야 풀린다는 말이다. 100데나리온의 일은 일만 달란트의 일로 풀린다. 사람한테 상처받으면 하나님 앞에 달려가야 한다는 말이 바로 이 뜻이다. 우리는 자신이 피해자라고만 생각하면 어떠한 문제도 풀리지 않는다. 그러나 하나님께 달려가면 내가 엄청난 가해자라는 사실을 알 수 있다. 내가 지은 죄의 가해로 인해 하나님의 아들이 죽으셨기 때문이다. 아들 잃은 피해자이신 하나님 앞에 서면 우리가 세상으로부터 받은 피해를 하나님께 꺼내놓을 수 있는 염치가 없어진다.

전도연이 주연한 〈밀양〉이라는 영화가 있다. 주인공 신애는 자신의 아들을 유괴해 죽인 살인범을 찾아간다. 아들을 잃고 난 후 신앙생활을 시작한 신애는 살인범을 용서해야겠다는 부담감을 느꼈던 것이다. 신애는 다정한 목소리로 살인범에게 말한다. "잘 지내셨어요? 건강하셔야죠. 제가 만난 하나님의 사랑을 전하러 왔어요." 이때 살인범의 입에서 전혀 뜻밖의 말을 듣는다. "당신도 하나님을 만났군요. 저도 감옥에서 하나님을 만났어요. 하나님이 저를 용서하셨죠. 평안이 찾아왔어요. 지금은 자나 깨나 기도하며 행복하게 살고 있답니다." 이 말을 듣는 순간 신애는 뛰쳐나가 미쳐버리고 하나님을 대적하기 시작한다.

사실 기독교 복음의 본질을 정확하게 보여준 사람은 다름 아닌 살인범이다. 살인은 했으나 회개하여 용서받고 지금은 기쁨 속에서 사는 주인공이 기독교의 복음이 무엇인지 잘 설명해 준다. 다만 자신이 죽인 아이의 엄마 신애 앞에서 예의를 지키지 않았다는 게 문제일 뿐이다. 신애는 너무나 힘겹게 살인범을 용서하러 갔다. 그러나 하나님이 너무나 쉽게 살인범을 용서해준 것에 대한 반감을 드러낸다. 내가 해야 할 용서를 왜 하나님이 했냐는 말이다. 이 영화에서 용서에 대하여 시사하는 바가 크다. 먼저 용서를 깊게 경험하지 못한 사람은 남을 용서할 수 없음을 말해준다. 용서받은 기쁨이 없는 사람이 남을 용서하려 들면 늘 부작용을 낳는다. 용서가 용서를 낳는 법이기 때문이다. 사람은 누군가를 스스로 용서하거나 사랑할 능력이 없다. 하늘로부터 공급받은 사랑과 용서만큼만 할 수 있다. 신애는 사람의 용서만 알았지 하늘의 용서를 몰랐던 것이다. 용서하려 들었지만 자신이 하나님으로부터 용서받은 사람이라는 사실은 꿈에도 몰랐다. 자신도 하나님의 아들을 죽인 가해자였다는 사실을 모른 채 자신의 아들을 죽인 살인자를 찾아간 게 문제였다.

사백구십 번 용서가 얼마든지 가능한 관계가 딱 하나 있다. 부모와 자식 간의 관계이다. 사랑하니까 용서가 가능하기 때문이다. 용서해야 한다는 당위성과 결심이 중요한 것이 아니다. 어떤 관계이냐가 사백구십 번 용서를 결정짓는다. 부모에게 할 수 있는 최고의 칭찬이 있다. "아들이 아버지보다 훨씬 낫네요." 이 말에 세상에 기분 나쁠 아버지는 없다. 이 말 듣고 기분 나쁘면 콩가루 집안이 분명하다. 아버지가 아들보다 못났다고 무시 받았는데도 아버지는 오히려 기분 좋아하고 자랑스러워 하기까지 한다. 내 아들이 나보다 낫다는 것이 좋기 때문이다. 이것이 관계의 능력이다. 관계가 되면 어떤 무시를 받아도 상처받지 않는다. 어떠한 용서도 가능하게 된다. 무조건 용서하려 들지 말고 먼저 사랑의 관계를 맺어야 한다. 사랑받고 사랑하면 용서가 얼마든지 가능하다. 1억 번일 지라도 말이다. 예수님이 그 일을 해내셨다.

잃은 양 비유가 대부분의 사람들에게 은혜가 안 되는 이유가 있다. 잃은 양 비유를 들으면 일단 수에 밝은 사람은 99대 1의 비율 자체가 이해되지 않는다. 어떻게 예수님이 아흔아홉 마리를 포기하고 한 마리를 찾아 떠날 수 있느냐는 것이다. 목자가 잃은 양 한 마리를 찾아 떠났다고 하면 우리는 대부분 아흔아홉 마리 걱정을 한다. 전혀 은혜 될 리가 없는 논리적인 생각이다. 그러나 이 비유가 우리에게 은혜가 안 되는 더 분명한 이유가 있다. 자신이 아흔아홉 마리 양 중에 속해 있다고 생각하기 때문이다. 나는 한 번도 주님의 품을 떠나지 않았고 헌금도 냈으며 주일도 지켰다고 말하는, 꼭 탕자 비유의 맏아들 같은 사람들이다. 그러나 주님은 우리더러 네가 잃어버린 한 마리 양이라고 말하고 있다. 자신을 잃어버린 한 마리 양이라 고백해야만 이 비유가 큰 의미로 다가온다. 성경을 어떤 관점에서 보느냐가 이렇게 중요하다.

성경 속 보물을 쉽게 찾는 방법이 있다. 성경 속 등장하는 인물 중에 최악의 사람과 자신을 동일시하면 된다. 설교자의 세계에서 불문율처럼 내려오는 이야기가 있다. 자신을 예수님이나 성경 속 상태가 좋은 인물로 전제하고 설교하면 절대 은혜가 없다는 것이다. 이러면 교훈은 줄 수 있을지 모르나 은혜와 감동은 없어진다. 예수님과 가룟 유다가 있으면 자신을 가룟 유다라는 전제로 말해야 한다. 그래야 설교를 듣는 회중도 자신을 가룟 유다와 동일시해 말씀을 듣기 때문이다.

십계명 안에도 하나님의 사랑이 들어 있다. 십계명은 하나님을 위해 만드신 계명이 아니다. 사람을 위해 만드신 계명이다. 사람 잘되라고 주신, 사랑이 담긴 계명이다. 사실 계명대로 살 때 덕 보는 쪽은 하나님이 아니라 우리 자신이다. 우리가 계명을 지켜서 하나님이 덕을 보신다면 그분은 신이 아니다. 왜냐하면 사람의 덕을 본다는 말은 부족한 부분이 있다는 말이 되기 때문이다. 하나님은 사람 덕 보실 필요가 없는 완전한 신이다.

하나님이 우리더러 십계명을 치열하게 지켜보라고 하신 이유 세 가지가 있다.

첫째, 자신이 정말 죄인임을 알게 된다. 계명을 완전히 지킬 수 있는 사람은 지구상 어디에도 없다. 사도 바울조차 죄에 대해 이렇게 말한다. "오호라 나는 곤고한 사람이로다 이 사망의 몸에서 누가 나를 건져내랴?"(롬 7:24). 사도 바울도 율법을 다 지키지 못했다는 말이다. 사람은 계명을 치열하게 지켜봄으로 자신이 죄인임을 인정하게 된다. 이것이 하나님이 계명을 우리에게 주신 첫 번째 목적이다. 우리가 계명을 완전하게 지킬 것을 하나님은 아예 처음부터 기대하지 않았다. 본래부터 완전히 지키라고 주신 것이 아니기 때문이다. 우리가 계명을 지키지 못 했을 때 죄를 면하기 위해 드릴 수 있는 제사인 속죄제를 친절히 알려준 것만 보아도 알 수 있다. 하나님은 우리가 계명을 못 지킬 것을 이미 아셨다.

바리새인과 서기관들은 예수님께 나아와 "나는 계명을 완전히 지켰습니다"라고 말했다. 율법의 형식으로는 지킨 것이 맞다. 그러나 율법의 정신과 내용은 지키지 않았다. 율법의 정신은 하나님을 사랑하고 이웃을 사랑하는 마음이기 때문이다. 사랑 없이 지킨 율법은 하나님의 장부에 지키지 않았다고 기록된다. 이때 예수님은 구약성경 어디에도 없는 말로 계명의 수준을 높여버린다. 단순히 "간음하지 말라"던 계명은 "여인을 보고 음욕을 품으면 이미 간음한 것"으로 수준이 높아졌다. "살인하지 말라"던 계명은 "형제더러 라가 즉 바보라고 말한다면 이미 살인한 것"으로 달라졌다. 예수님의 이 말 때문에 바리새인과 서기관들이 갑자기 간음한 사람과 살인자로 전락되어버린 것이다. 예수님이 계명의 수준을 높이신 데는 이유가 있다. 바리새인과 서기관들에게 자신이 죄인이라는 토설을 받아내기 위해서였다. 이것이 율법과 계명을 주신 궁극적 목적이기 때문이다. 바리새인과 서기관들은 형식적으로는 계명을 지켰다. 그러나 계명의 온전한 정신까지 지킨 것은 아니었다. 하나님도 우리더러 계명을 완전히 지키라고 주신 것이 아니었다. 죄인임을 고백하게 하는 것이 계명을 주신 주된 기능이었다.

사람은 자신이 죄인이라 시인하면 스스로 자신의 죄를 해결할 수 없음을 고백하게 된다. 비로소 대속해 줄 예수님을 찾게 되는 것이다. 그래서 율법은 우리를 예수님께로 인도하는 몽학선생이라고 성경은 말한다. 사람 스스로 죄를 해결할 수 없어 결국 대속주인 예수님의 필요성을 인정하게 된다는 말이다. 이 역할을 율법이 해 준다.

둘째, 우리가 복을 받는다. 구원받는 것은 하나님 하시기 나름이지만 복 받는 것은 나 하기 나름이다. 구원과 십계명은 전혀 상관이 없다. "오직 의인은 믿음으로 말미암아 살리라"(롬 1:18하).

구원은 믿음으로 얻는 것이지 행함으로 얻는 것이 아니기 때문이다. 성경에도 계명을 지켜 천국에 간다는 내용이 그 어디에도 없다. 지키지 않으면 지옥 간다는 말씀도 없다. 왜냐하면 계명은 구원이 아닌 복과 관련되어 있기 때문이다. 계명을 지키면 우리가 복을 받는다. 이것이 계명을 주신 하나님의 두 번째 목적이다.

"살인하지 말라"는 계명은 "나는 너의 생명을 지키길 원한다"는 말이다. 다른 사람들이 이 계명을 지켰을 때 나의 생명이 보존될 가능성이 많기 때문이다. 세상에 두 명의 인간만이 존재하고 있다고 가정하자. 한 사람이 하나님의 계명에 따라 살인하지 않았다면 다른 한 사람의 생명이 보존될 수 있다. 살인하지 말라는 계명은 단지 다른 사람을 죽이지 말라는 '소극적 계명'이 아니다. 다른 사람을 사랑해야 한다는 '적극적 계명'이다. 다른 사람의 생명을 지키는 사람이 되라는 말이다. 그러면 자신의 생명도 다른 사람에 의해 보호되는 복을 받는다.

"간음하지 말라"는 계명도 "나는 네 가정을 지키기를 원한다"는 말씀이다. 간음하지 말라는 계명은 남의 아내를 범하지 말라는 '소극적 계명'이 아니다. 너의 아내를 지극히 사랑하라는 '적극적 계명'이다. 남의 가정을 완벽하게 지켜주는 방법이 있다. 자신의 아내를 지극히 사랑하는 것이다. 그러면 남의 아내를 탐낼 일이 없기 때문이다. 자신의 아내를 지극히 사랑하는 것이 간음하지 말라는 계명을 완전히 지키는 길이다. 이 계명을 잘 지키면 나의 가정이 보호받는 복을 받는다.

서기관 중 한 명이 찾아와 예수님께 물었다. "모든 계명 중에 첫째가 무엇이니이까?" 예수님은 대답한다. "네 마음을 다하고 목숨을 다하고 뜻을 다하고 힘을 다하여 주 너의 하나님을 사랑하라 하신 것이요 둘째는 이것이니 네 이웃을 네 자신과 같이 사랑하라 하신 것이라 이보다 더 큰 계명이 없느니라"(막 12:30~31). 율법을 주신 목적은 사랑이다. 사랑하는 것만이 율법을 완전하게 지키는 길이다. 율법의 정신이 사랑이기 때문이다. 하나님과 이웃을 사랑하면 내가 손해 보는 것이 아니다. 하나님의 복을 받을 수 있는 최선의 길이다.

셋째, 사회질서 유지 때문이다. 애굽 노예 시절에는 법이 필요 없었다. 주인이 말하는 것이 법이었기 때문이다. 그러나 이스라엘 백성은 출애굽해 이제 더 이상 노예가 아니었다. 자유인이 되어 누가 강요하지 않아도 스스로 선택하여 지키는 법이 필요했다. 공동체를 유지하기 위하여 최소한의 규정을 말한 기본적인 법이 십계명이었다. 십계명은 노예에게 필요한 법이 아니라 자유인에게 필요한 법이다. 남의 강요에 의해 지키는 법이 아니라 스스로 선택하여 지키는 법이었다.

세부조항이 많은 법이 필요한 사회는 좋은 사회가 아니다. 최소한의 규정이 있는 사회가 좋은 사회이다. 왜냐하면 사회질서가 잘 돌아가 최소한의 규정만으로도 된다는 뜻이기 때문이다. 그래서 하나님은 율법을 최소한의 규정으로 만들어 주셨다. 인간의 인격과 자유를 존중하시기 위해서였다.

# 지나친 사랑,
## 지나친 헌신
_ 사랑의 속성

하나님의 사랑은 도에 지나친 사랑이다. 사람도 사랑하게 되면 유치해진다. 사랑하면 나잡아 봐라 하며 괜히 나무를 감싸 안고 돌며 뛰어다니는 유치찬란함을 보인다. 마지막에는 유치함을 넘어 지나쳐진다. 하늘의 별도 따다 줄 것마냥 달려든다. 사랑하면 무모해져 없던 용기가 생겨나기 때문이다. "사랑 안에 두려움이 없고 온전한 사랑이 두려움을 내쫓나니 두려움에는 형벌이 있음이라"(요일 4:18)는 말씀이 옳다.

하나님도 지나치게 사람을 사랑하셨다. 우리와 아들을 맞바꾸신 사랑은 어디를 보아도 지나친 사랑이었다. 그래서 그 지나친 사랑에 부담을 느끼는 사람들도 많다. 공짜로 받았다는 생각 때문이다.

옛날 어느 현명한 왕이 현신을 불러 후세에 전할 지혜록을 만들라고 했다. 현신은 열두 권의 책을 만들어 왔다. 그러나 왕은 너무나 두꺼워 백성들이 읽기 힘드니 줄여서 오라고 했다. 열두 권을 한 권으로, 한 권을 한 페이지로, 한 페이지를 한 문단으로 계속 줄이라 요구한다. 결국 한 문장으로 줄여서 왔다. "공짜는 없다." 그제야 왕이 만족했다는 이야기이다.

세상에는 정말 공짜란 없다. 대가 없이 주어지는 것이 없음을 아는 것이 지혜다. 하나님의 사랑은 공짜처럼 보이나 사실은 공짜가 아니다. 받는 우리는 공짜로 받았다. 그러나 주신 하나님은 엄청난 대가를 치르셨다. 구원은 값이 없을 뿐 공짜는 아니다.

'값없는 은혜'라는 말이 있다. 값없다 하여 '값싼 은혜'는 아니다. '값없는 은혜'란 너무나 비싸서 우리가 값으로는 치를 수 없는 가치라는 뜻이다. 구원은 우리가 치를 수 없는 값이기에 하나님이 값없이 '그냥' 주셨다. 세상에서 제일 소중한 것은 항상 '그냥' 주시는 이유가 여기 있다. 우리의 힘으로는 값을 치를 수 없기 때문이다. '그냥' 주신 것 때문에 사람들은 구원이 공짜인 줄 안다. 심지어 값싼 은혜인 줄 아는 실수를 범한다. 값으로 셈할 수 없는 은혜를 '그냥' 주신 것이 지나친 사랑이다.

하나님을 사랑하게 되면 사람도 지나쳐진다. 예수 믿는 사람치고 지나치지 않는 사람은 없다. 예수 믿고 나서 "저 사람은 예수를 믿어도 지나쳐!" 이런 소리 한번 안 들어 보았다면 문제가 있다. 성경에 나온 인물치고 지나치지 않는 사람은 없었다. 하나님의 사랑이 사람들을 지나치게 만든 것이다.

주님이 베드로에게 "나를 따르라"고 하셨을 때 베드로는 자신의 가족과 배를 놓아두고 따랐다. 어디를 보아도 지나친 처사이다. 신상에 절하지 않는다는 이유로 풀무불에 던져진 구약의 세 청년들은 어떠한가? 지나쳐도 너무나 지나친 사람들이다.

향유를 예수님께 부은 여인은 사랑이 무엇인지 말해준다. 여인은 오라비 나사로를 살려주신 은혜를 예수님께 입었다. 결혼을 위해 준비했던 향유를 깨어 예수님의 발에 붓고 머리털로 씻었다. 이때 사람들은 속으로 말했을 것이다. '저 여자가 일을 저질렀다.' 가룟 유다가 여인에게 말한다. "향유를 팔아서 가난한 사람들에게 나누어 주면 얼마나 좋겠는가?" 이보다 논리적이며 합리적인 말이 어디 있겠는가. 그러나 이 말 속에 한 가지 없는 것이 있다. 예수님을 향한 사랑이다. 이것은 가룟 유다가 사랑을 몰라서 하는 이야기다. 여인은 예수님을 사랑했고 가룟 유다는 사랑하지 않은 차이일 뿐이다. 지나친 사람과 지나치지 않는 사람은 사랑의 유무로 결정된다. 여인도 얼마든지 향유를 주님께 드리며 좋은 일에 써달라고 할 수 있었다. 그러나 예수님의 발에 부을 수밖에 없었던 이유가 있다. 자신이 드린 향유가 오직 예수님께만 쓰여지기를 바라는 마음 때문이었다. 남이 쓰지 못하도록 아예 발에 부어버린 것이다. "오직 주님만을 위해(only for Jesus)." 이 마음은 사랑하는 사람과 사랑 받는 사람끼리만 알 수 있다.

어릴 적 시골소년이었던 나는 일 년에 한 번 서울에 올라왔다. 목회하는 아버지를 만나 시골에서 가난하게 살아야 하는 손자인 나를 할머니는 항상 안쓰러워 하셨다. 일 년에 한 번 오면 할머니는 항상 나에게만 사탕을 주셨다. 그러나 사탕을 주시는 방법이 특이했다. 다른 조카들이 모두 보는 자리에서 허리춤에서 커다란 사탕을 꺼내 내 손에 쥐어주며 꼭 이렇게 말씀하셨다. "동일아, 너만 먹어." 그때는 얼마나 유치해 보이고 지나쳐 보였는지 모른다. 그러나 이제는 할머니의 마음을 알 것 같다. 내 기를 세우기 위한 할머니의 사랑이었다.

예수님께만 쓰이길 바라는 마음은 마리아의 사랑이었다. 예수님은 "이 여인이 나의 죽음을 준비하였다"고 여인을 두둔하신다. 사실 여인이 예수님의 죽음을 준비하는 마음에서 향유를 부었던 것은 아니다. 제자들도 몰랐던 예수님의 죽음을 어찌 이 여인이 알 수 있었겠는가? 예수님은 거짓말을 하시면서까지 여인의 편을 들어주신다. 사랑하며 한 일은 모두 용서가 된다. 누가 여인에게 향유 부으라고 시킨 사람이 없다. 스스로 지나친 헌신을 한 것이다. 예수님께 받은 지나친 사랑이 여인을 지나친 헌신자로 만들었다. 지난 2천 년 동안 향유 부은 여인처럼 헌신하자는 주제가 얼마나 강조되었는지 모른다. 그러나 이러한 헌신자는 별로 나오지 않았다. 왜냐하면 주제를 잘못 접근했기 때문이다. 이제는 "지나친 은혜와 사랑을 받자"로 접근해야 한다. 지나친 은혜와 사랑을 받은 사람만 지나친 헌신을 할 수 있다.

# 적극적인
# 쉼을 위해

_안식일의 정신

성지순례를 할 때 예루살렘의 한 호텔에서 숙박한 적이 있다. 마침 그 날이 토요일이었다. 아침을 먹으러 10층에서 1층으로 내려오는데 모든 층에서 엘리베이터가 서도록 되어 있지 않은가? 모든 층에서 서게 만들어 놓은 안식일 전용 엘리베이터를 탄 것이다. 안식일에 엘리베이터 버튼을 누르는 것이 안식일을 범하는 노동이라 여겼기 때문이다. 아침 식사를 먹는데도 불에 데운 음식이 하나도 없어 차가운 음식을 먹었다. 불을 피우는 것도 안식일에는 금지사항이었다. 랍비들은 6년 경작 후 7년째 휴경한 밭에서 나는, 안식년을 지켜 생산된 포도주만을 마셨다. 안식일은 물론 안식년까지도 철저히 지킨 사람들이다. 유대인들은 안식일을 잘 지키려고 682가지나 되는 조항을 만들었다. 대부분 "하지 말라"는 내용이다. 계명을 부정적이며 소극적 개념으로 지키고 있었던 것이다. 유대인들이 안식일을 철저히 지키려 했던 자세를 절대로 폄하해서는 안 된다. 잘 지키려 노력했다는 점은 높이 살만 하다. 그러나 하나님이 정하신 안식일을 본래 정신에 따라 지키는 것이 더 중요하다. 하나님이 정하신 안식일에는 5가지 정신이 들어 있다.

첫째, 안식일은 사람을 위해 만드신 날이다. 안식일은 하나님을 위해 만드신 날이 아니다. 하나님이 사람을 위해 만드신 날이다. 사람의 영적, 육체적인 유익을 위해 일부러 만드신 날이다. 하나님이 천지 창조 7일째 되는 날 쉬신 이유가 있다. 하나님이 천지 창조하시느라 피곤해서 쉬신 것이 아니다. 피곤해서 쉬셔야 했다면 그분은 더 이상 신이 아니기 때문이다. 하나님은 사람을 위해 일부러 쉬신 것이다. 사람에게 쉼의 모델을 보여주기 위해서였다. 하나님은 일하시는데 사람더러 쉬라고 하면 사람이 어디 맘 편히 쉴 수 있겠는가? 하나님은 "나도 쉬니 너희도 쉬어라"고 말씀하신 것이다. 이 말에는 우리를 향한 하나님의 배려가 담겨 있다. 우리가 주일을 지킬 때마다 하나님의 사랑을 느끼고 감사해야 하는 이유가 바로 여기에 있다.

둘째, 안식일은 나머지 엿새와는 전혀 다른 일을 하는 날이다. 안식일의 쉼은 "아무것도 하지 않는 상태"를 의미하지 않는다. 나머지 엿새와는 전혀 다른 삶을 살라는 의미이다. 세상 사람들도 정기적으로 하루를 정해 나머지 엿새 동안의 일과는 전혀 다른 일을 해보라고 권면한다. 그래야 창조적인 발상이 나오고 스트레스가 해소된다는 연구 결과가 있다. 7일간 쉬지 않고 일만 하는 그룹과 6일은 일하고 7일째는 지금까지 해오지 않던 전혀 다른 일을 하며 쉰 그룹의 업무 성과를 비교해 보았다. 그 결과, 하루를 쉬며 일한 그룹이 훨씬 탁월한 성과를 보였다고 한다. 개썰매를 타고 두 팀이 두 달간에 걸쳐 북극의 특정 지점에 누가 빨리 도착하느냐는 실험을 하였다. 한 팀은 엿새 동안 달리고 7일째 되는 날은 쉬었고, 한 팀은 쉬지 않고 계속 달리게 했다. 두 달 후 목표지점에 훨씬 빨리 도착한 팀은 엿새 동안 달리고 하루 쉰 팀이었다고 한다. 7일째 하루 쉰 팀은 재충전한 것은 물론 썰매의 날을 갈았다고 한다. 쉬는 날은 그냥 가만히 있는 날이 아니다. 다음의 빠른 전진을 위해 인생의 칼날을 날카롭게 가는 날이다.

엿새 동안 육적인 일을 했다면 7일째는 영적인 일을 하는 것이 안식일 정신이다. 영적인 칼날을 가는 것이다. 엿새 동안 나를 위해 살았다면 7일째는 남을 위해 살아보는 것이다. 엿새 동안 나의 직업과 관련된 일을 했다면 7일째는 직업과 전혀 관련 없는 일을 해보는 것이다. 이것이 삶의 윤활유를 제공하고 윤택하게 만들어 준다.

쉼의 개념도 시대에 따라 바뀌고 있다. 19세기 농경시대에는 대부분의 사람들이 육체노동자였기에 저들의 쉼은 정신노동을 하는 것이었다. 그러나 20세기 산업사회와 정보화 사회에 들어서면서 많은 정신노동자들이 나타나게 되었다. 정신노동자들에게 쉼은 육체노동이다. 그래서 안식일에 오락과 쾌락을 위한 일이 아닌 이상 몸을 움직이고 운동하고 취미활동을 하는 것을 현 시대 속에서는 안식일을 범했다 정죄하지 말아야 한다.

셋째, 세상에 대한 저항정신이 담겨 있다. 안식일에는 십일조와 더불어 저항 정신이 담겨 있다. "나는 돈 믿고 사는 사람이 아니라 하나님 믿고 사는 사람이다." 성경 속 당시 상황에서는 대부분의 사람이 하루 벌어 하루 먹는 사람이었다. 안식을 지키느라 노동을 하지 않게 되면 하루를 굶을 수밖에 없는 처지였다. "나는 굶어 죽어도 안식일에는 일을 하지 않겠다. 나는 굶어 죽어도 세상의 방식대로 살지 않겠다"는 저항정신이 들어 있다. "내 양식은 세상이 주는 것이 아니라 하나님이 주시는 것"라는 믿음의 고백이다. 손해를 보아도 안식일에는 쉬겠다고 사단과 세상에 저항하고 있는 것이다.

선교지에 가보면 안식년임에도 쉬지 못하는 선교사님들을 간혹 본다. 대부분 일에 대한 열심 때문이 아니다. 자신이 안식년을 가지면 선교지가 문 닫을 것을 걱정하기 때문이다. 여기에는 두 가지 원인이 있다. 첫째, 선교는 하나님이 하신다는 믿음이 없기 때문이다. 둘째, 자신이 안식할 때 맡을 사람을 키워놓지 않았기 때문이다. 안식년을 가질 수 있는 것도 선교사님들이 가진 믿음의 실력이다. 안식년 하나를 지키는 것도 저항이다. 교회의 주인은 내가 아니라 하나님이라는 믿음의 저항이다. 내가 쉬어도 교회와 선교지가 얼마든지 굴러갈 수 있다는 믿음, 선교는 하나님이 하신다는 믿음의 고백이다.

교회 주변에 교인들을 상대로 장사를 하려 식당을 오픈한 어느 집사님의 개업 예배를 인도한 적이 있다. 예배 가운데 성령의 인도하심으로 겁도 없이 집사님에게 주일은 쉬는 것이 하나님의 뜻이라고 말해버렸다. 주일날 쉬려면 정말 맛에 승부를 거는 식당이 되어야 한다고 독려해 주었다. 놀라운 것은 집사님이 마음에 엄청난 갈등 속에서도 주일날 쉬기로 결정한 것이다. 주일 손님을 포기하기로 맘먹은 것이다.

그런데 6개월 후, 결국 그 식당은 장사가 안 되어 문을 닫게 되었다. 주일에 문을 닫고 쉬면 다음 월요일에 매상을 두 배로 높여 주실 것이라 믿는 것은 안식일 정신이 아니다. 손해를 보더라도 주일에 쉬는 것이 안식일의 정신이다. 왜냐하면 안식일은 세상의 방식에 대해 저항하여 하나님의 식을 고집하는 날이기 때문이다.

집사님은 얼마 후 다른 곳에 식당을 다시 오픈하였다. 다시 나를 청해 개업 예배를 인도해달라고 부탁해 오는데 너무나 부담이 되었다. 한편으로는 나를 계속 청해주는 집사님이 대단하다는 생각이 들었다. 지난번과 똑같이 주일에는 쉬고 장사하지 말라고 권면해 드렸고 집사님은 받아들여 쉬게 되었다.

이번에는 정말로 영적인 오기가 생겼다. 끝을 보고 싶다는 마음이 들었다. 집사님도 기도 가운데 열심히 노력해서 맛에 승부를 걸게 되었다. 결국 집사님의 식당은 자리를 잡게 되었다. 지금도 "주일은 쉽니다"라는 간판을 자랑스럽게 걸고 장사하고 계신다.

저항은 대가를 지불해야 하는 고통이 있다. 그래서 평범한 크리스천은 저항을 싫어한다. 예배시간이 다 되어 교회계단을 거꾸로 내려가 본 적이 있는가? 밀물같이 사람이 몰려 올라오는데 혼자 계단을 내려갈 때의 당혹감은 경험해보지 않은 사람은 모른다. 나 하나로 인해 복잡하게 만들었기에 사람들의 따가운 시선을 감수해야 하고 홀로 내려가는 데서 오는 외로움과 어색함을 느껴야 한다. 이 시대 속에 살면서 우리가 하나님의 식대로 고집하고 저항하며 사는 것은 꼭 이런 느낌과 같다.

넷째, 안식일은 적극적으로 선을 행하는 날이다. 어느 날, 예수님이 안식일에 배고픈 제자들을 데리고 밀 이삭 밭을 지나가셨다. 밀 이삭 밭을 돌아서 가실 수도 있었겠지만 일부러 밀 이삭 밭을 지나가신 게 분명하다. 제자들은 배가 너무 고픈 나머지 손으로 밀 이삭을 비벼먹었다. 이것은 안식일을 범한 행위에 속했다. 이를 본 바리새인과 서기관들은 예수님께 묻는다. "어떻게 당신의 제자들이 안식일을 범할 수 있는 겁니까?" 비난하고 정죄하기 위해 질문을 던진 것이다.

평소에 배부르게 먹고 사는 바리새인들은 안식일에 밀 이삭을 비벼먹을 필요가 없는 사람들이다. 그러나 배고파 죽기 직전인 제자들은 안식일에 밀 이삭이라도 비벼 먹어야 하는 사람들이었다. "얼마나 배고팠으면 안식일에 목숨을 걸고 밀 이삭을 비벼먹었을까?" 바리새인들은 이렇게 말했어야 했다. '어떻게'를 '얼마나'로 바꾸기만 해도 위로와 치유의 질문이 되지 않는가.

안식일은 단순히 무엇을 하지 않는 날이 아니다. 소극적이며 부정적이고 방어적인 날이 아니다. 생명을 구하고 선한 일을 하는 공격적인 날이다. 배고픈 사람을 먹이고 살리는 날이다. 지금까지는 안식일에 하지 말아야 할 것을 하는 것이 안식일을 범하는 것이라 강조해왔다. 그러나 안식일에 해야 할 것을 하지 않는 것도 안식일을 범하는 것이다. 안식일에 꼭 해야 할 일이 무엇인가? 예배와 구제와 섬김과 영혼구원과 병 고침과 영혼 사랑함이다. 사람을 살리는 것이 안식일의 진정한 정신이다.

신앙성숙의 관점에서 보면 세 종류의 사람들이 있다. 먼저, 안식일에 하지 말아야 할 것을 하지 않는 사람들이 있다. 바리새인과 서기관 같은 사람들이다. 그리고 안식일에 아무 일도 하지 않고 가만히 쉬는 사람들도 있다. 평범한 크리스천이다. 마지막으로 안식일에 하나님이 원하시는 일을 찾아내어 하는 사람들이 있다. 하나님은 이러한 성숙한 크리스천을 원하신다.

다섯째, 엿새 동안 열심히 세상에서 일하라는 뜻이다. "안식일을 거룩하게 지키라"는 말씀은 안식일만 거룩하다는 것을 의미하지 않는다. 세상에서 보내는 엿새도 거룩하다는 뜻이다. 세상 속의 6일도 거룩하니 열심히 일하라는 것이다. 7일째 하나님이 쉬셨다는 말은 엿새 동안 최선을 다하셨다는 의미이다. 우리가 엿새 동안 감당하는 세속 직업도 하나님이 맡기신 거룩한 소명이다. 안식일의 쉼이 진정한 쉼이 되게 만드는 방법이 있다. 엿새 동안 열심히 일하는 것이다. "열심히 일한 당신 떠나라"는 유명한 광고멘트가 있다. 열심히 일한 사람만이 떠남과 쉼의 기쁨을 맛볼 수 있다. 열심히 일하지 않는 사람에게 떠나는 것은 쉼이 아니라 고문일 수 있기 때문이다. 매일 쉬는 것은 재앙과 형벌이다.

그런 의미에서 현재 시행되는 5일제 근무는 성경적이지 않다. 왜냐하면 쉼과 안식의 의미 또한 퇴색되기 때문이다. 5일제 근무를 할지라도 쉬는 하루는 업무와 관련된 자기계발에 힘을 쓰고 남은 하루는 안식일로 지키는 것이 영적으로 좋다. 이것이 하나님이 사람을 만드신 생리적인 리듬에 순종하는 길이기 때문이다.

# 그러게
# 말입니다
_ 불가항력적 사랑

하나님은 사람을 사랑하기 위해 지으셨다. 하나님을 가장 기쁘시게 해드리는 비결은 그 사랑을 받아 누리며 사는 것이다. 그러나 우리 마음 한 구석에는 아무런 대가 없이 엄청난 선물을 받았기에 염치없이 느껴지는 게 사실이다. 되갚아야 한다는 부담스러운 마음이 있다. "하나님이 나를 아무 이유 없이 사랑하시는 진짜 이유가 무엇일까?" 고민하며 씨름하는 사람들이 의외로 많다. 내 아들이 '아버지가 공짜로 밥 먹이고 학교 보내주며 용돈을 주는 진짜 이유가 무엇일까?' 고민한다면 난 매우 슬플 것이다. 맛있는 음식을 사주었더니 아들이 이렇게 말한다면 어떨까? "아빠, 부담됩니다. 얼마예요, 제가 갚겠습니다. 더치페이 하죠. 다음번엔 그러지 마세요." 그러나 내 아들은 다행스럽게도 이런 말은 하지 않는다. 부모와 자식 간에 사랑의 이유란 없기 때문이다.

얼마 전 인터넷 기사에서 하나님이 우리를 사랑하시는 이유에 대한 적절한 답을 찾았다. 초등학교 시험문제에 이런 문제가 출제되었다. "개미를 3등분하면 어떻게 되나요?" 본래는 머리, 가슴, 배라고 대답해야 하는데 어떤 아이가 답했다. "죽는다." "옆집 아주머니가 맛있는 떡을 가져다주면 뭐라 인사해야 할까요?" "뭘 이런 걸 다." "엄마 아빠는 우리를 왜 사랑하실까요?" 정말 특이한 아이가 대답했다. "그러게 말입니다." 너무나 적절한 답이다.

"하나님은 우리를 왜 사랑하실까요?" 우리도 자신에게 묻는다. "그러게 말입니다." 이 말 밖에는 더 이상 할 말이 없다. "나는 주님을 모른다고 부인했는데 왜 사랑하실까요?" 다시 자신에게 묻는다. "그러게 말입니다." 이것이 완전한 답이다. "그러게 말입니다"라는 대답을 떠나 더 이상 설명할 방도가 없는 것이 하나님 사랑의 속성이다. 하나님의 사랑에는 이유를 댈 수 없다. 절대 불가항력적인 사랑이기 때문이다. 한번 시작된 하나님의 사랑은 누구도 말릴 수 없다. 한번 시작된 사랑을 우리가 거절할 수도 없다.

언젠가 초등학교 3학년이던 아들 화평이를 앉혀놓고 은혜에 대해 설명해본 적이 있다. "은혜란 하나님이 우리에게 아무 조건 없이 주는 선물이다." 그러나 전혀 이해를 못하는 눈치였다. 그런 선물을 부모에게조차 한 번도 받아본 적이 없었기 때문이었다. 나는 아들에게 조건 없이 선물을 사준 적이 없었다. 아침 일찍 일어나면 용돈 주고 동생과 사이좋게 지내면 로봇을 사준다고 항상 거래를 했다. 그러니 은혜라는 의미를 알 턱이 없었다.

문제의 심각성을 알았을 때 마침 아들이 두 발로 타는 놀이도

구인 퀵보드를 사달라고 했다. 사줄 돈이 있음에도 일부러 사주지 않았었다. 아들은 갑자기 하지 않던 이불을 펴고 구두를 닦았다. 이마에 벌써 퀵보드라고 쓰여 있는 것 같았다. 눈빛은 또 얼마나 간절하던지. 그래도 세 달간 사주지 않자 속으로 포기하는 것 같았다. '이 인간은 더 이상 내 아빠가 아니다.' 날 쳐다보는 눈빛이 분명 그랬다. 이제는 구두도 닦지 않고 이불도 펴지 않았다.

두 달이 지난 후 어느 날 갑자가 퀵 보드를 사들고 집에 들어갔다. 난 아들 녀석이 뛰어나와 나에게 매달려 뽀뽀라도 하겠지 하고 기대했다. "아빠, 선물 고마워요! 뭘, 이런 걸 다!" 하고 이야기 하겠지? 하지만 반응은 그렇지 않았다. 아들이 아주 의아한 표정으로 쳐다보며 이렇게 물었다. "아빠 왜 사주셨어요?" 이 인간이 사달라고 졸라도 안 사주길래 포기했더니 웬일로 사온 건가 도저히 이해가 안 되었던 것이다. 이 질문에 한 번도 아들에게 해보지 못했던 대답을 해주었다. "그냥 …." 아들은 더 이해가 안 된다는 표정으로 선물을 들고 방으로 들어갔다. 내 방으로 돌아와 아들에게 "그냥…"이란 말을 처음 써보았다는 사실에 가슴 설레었다.

다음날 아침, 아들이 심각한 표정으로 물었다. "아빠, 진짜 왜 사주신 거예요?" 아무 조건 없이 선물을 건넨 아빠 때문에 밤새 아이가 불안했던 것이다. 나는 준비해두었던 두 번째 대답을 들려줬다. "너를 사랑하니까 사준 거지." 아들은 닭살 돋는다는 표정을 지으며 방으로 들어가 버렸다. 다음날 다시 물어보면 이렇게 대답해줄 생각이었다. "네가 내 아들이니까 선물을 준 거야." 그러나 이 녀석이 닭살이 더 돋을까봐 두려워서인지 묻지 않았다.

우리가 예수님을 영접하고 구원받은 후 하나님께 묻는 질문이 있다. "하나님 나 같은 죄인을 왜 사랑하고 용서하셨나요?" 주님은 언제나 똑같이 대답하신다. "그냥…", "네가 내 아들이니까 사랑한 거지", "사랑하니까 그런 거야!" 이것이 진정한 사랑이다. 사랑에는 아무 이유도 없고 설명도 불가능하다.

하나님이 사랑이라고 하면 이를 반박하는 사람들이 들고 나오는 구약의 내용이 있다. 이방족속과의 전쟁에서 승리했을 때 전리품인 동물과 사람을 모두 죽이라 하신 하나님의 명령을 예로 든다. 죄 없는 동물까지 죽이라 하니 잔인한 하나님이 아니냐는 말이다. 이러한 하나님의 속성 때문에 지금 21세기에도 종교전쟁이 끊임없이 벌어지는 것이라 공격한다.

전쟁에서 승리한 후 이방인들과 육축들을 진멸하라고 말씀하신 데에는 이유가 있었다. 먼저 이스라엘 민족이 이방인들과 혼합되어 신앙을 저버릴 염려 때문이었다. 이스라엘 백성들의 신앙적 타락과 혼합을 방지하기 위해 진멸하라 하신 것이다. 또한 땅과 노예를 얻기 위한 정복전쟁으로 변질되는 것을 막기 위해서였다. 구약 당시에 벌였던 거의 대부분의 전쟁은 영토와 노예를 얻기 위한 전쟁이었다. 그러나 하나님은 소유를 얻기 위한 전쟁을 반대하셨다. 소유를 위해 사람이나 동물을 죽이는 것은 허락하지 않으셨다. 신앙적 이유로 벌이는 영적인 전쟁만 허락하셨다. 여기에도 하나님의 사랑이 들어 있다. 사람들이 소유를 위한 전쟁만 하지 않아도 대부분 인류의 전쟁은 피할 수 있다는 것을 하나님이 잘 아셨기 때문이다.

# 절대 그럴 놈이
# 아닙니다
_사랑과 믿어줌

사랑하면 믿어주게 된다. 많이 사랑하면 많이 믿어주고 적게 사랑하면 적게 믿어준다. 사랑은 하는데 믿어주지는 못하겠다고 말하는 것은 거짓말이다. 상대가 사랑할 만해서 사랑하는 것도 진정한 사랑은 아니다. 어디를 보아도 사랑할 만하지 않는데 사랑하는 것이 진짜 사랑이다. 믿어줄 만하지 않는데 믿어주는 것이 진짜 믿음이기 때문이다. 이것이 '그럼에도 불구하고'의 사랑이다. 하나님이 보여주신 사랑과 믿음이 대단한 이유가 바로 여기에 있다. 하나님이 우리를 믿은 게 아니라 믿어주셨다는 표현이 더 정확하다.

사람들은 우리가 하나님을 믿어드린 것이 대단하다고 말한다. 그러나 사실 하나님이 우리를 믿어주신 것이 훨씬 대단하다. 왜냐하면 하나님이 믿어줄 만한 사람이 세상 어디에도 존재하지 않기 때문이다. 사랑하신 것이 아니라 사랑해내셨다. 십자가에서 죽은 것이 아니라 죽어 주셨다는 표현이 맞다.

세상에서 믿어주기를 제일 잘하는 분이 있다. 우리 어머니들이다. 교회학교 사역을 하다보면 아이들이 사고를 쳐 경찰서에 폭행죄로 유치장에 있는 경우가 많다. 어머니들이 찾아와 함께 경찰서에 가자고 한다. 목사인 내가 아들을 잘 지도하겠다는 다짐을 보증해 달라는 것이다. 당신에게도 책임이 있다는 말로 들려 너무나 부담된다. 경찰서로 가는 도중 거의 모든 어머니들이 이구동성으로 하는 말이 있다. "내 아들놈은 절대 그럴 놈이 아니라는 것 목사님은 아시죠? 제가 어떻게 키웠는데요?" 그러면 나는 상처받을까봐 속으로만 말한다. "뭐, 그럴 놈이 아니에요? 충분히 그러고도 남을 놈이죠. 어떻게 키우긴 뭘 어떻게 키워요. 그렇게 키웠죠." 목사는 안 믿어주는데 어머니는 아들을 철석같이 믿어준다. 그만큼 사랑하기 때문이다. 경찰서에 가면 아들한테 얻어터진 피해자가 등장한다. 그러면 어머니들은 갑자기 말을 확 바꾼다. "목사님은 아시죠? 제 아들놈은 본래 착한 놈인데 친구를 잘못 만나서 …." 말끝을 흐린다. 어떤 악조건 속에서도 끝까지 믿어주는 슈퍼 믿음의 소유자이다. 사랑하면 이렇게 믿어주는 것이 얼마든지 가능하다.

사랑은 시시비비를 가리지 않고 무조건 믿고 본다. 하는 것 보고 믿지 않는다. 사랑의 속성 때문이다. 하는 것을 보고 믿어주는 것은 사랑이 아니다. 확인하고 사랑해주는 것도 사랑이 아니다. 따져보고 하는 것도 사랑이 아니다. 일단 믿고 보는 것이 사랑이다. 사랑하고 나중에 보는 것이 진짜 사랑이다. 사랑하면 눈에 뭔가 씌었다고 말하는 것이 아마 이런 뜻일 것이다. 하나님은 사랑에 눈이 멀어 우리의 허물이 보이지 않으시는 분이다. 눈이 멀었든지 아니면 눈을 아예 감고 계시는 것 같다.

 놀라운 것은, 믿어주면 사람이 변화된다는 것이다. 누군가를 변화시키길 원하거든 일단 무조건 믿어주어야 하는 이유가 여기에 있다. 여자는 자신을 사랑하는 사람을 위해 죽어주고 남자는 자신을 믿어준 사람을 위해 죽어준다 하지 않던가? 믿어주고 사랑하면 사람이 확실히 변화된다는 뜻이다. 삼성의 이병철 회장이 살아생전에 남겼던 유명한 말이 있다. "사람을 뽑을 때는 의심하고 의심하고 또 의심하라. 그러나 일단 뽑고나면 믿고 믿고 또 믿어주어라." 사람을 믿어주어야 그 사람의 마음을 감동시킬 수 있다. 믿어 주어야 사람이 가진 능력과 충성을 극대화시킬 수 있음을 아는 지혜로운 사람들이다.

 스포츠 경기에 있어서도 감독이 선수를 믿어주지 않으면 백전백패한다. 〈우리 생애 최고의 순간〉이라는 핸드볼 영화에서 아줌마 선수가 감독에게 외쳤던 말이 있다. "감독이 선수를 믿어주지 않으면 백전백패입니다." 믿음은 게임을 백전백승으로 만들어주는 능력이 있다. 이것이 믿어주는 것의 능력이다.

 믿어주는 일을 가장 잘하셨던 분이 우리 예수님이시다. 예수님이 가야바 법정에서 심문받으실 때 베드로는 계집아이 앞에서 예수님을 모른다고 세 번 부인한다. 예수님의 생애를 영화화한 한 감독은 이 장면을 이렇게 연출했다. 심문받으시는 예수님과 모른다고 부인하는 베드로의 눈이 마주치게 설정해 놓은 것이다. 분명 성경에는 없는 내용이다. 영화 속 예수님의 눈은 분노와 배신감에 사무친 눈빛이 아니었다. 눈물로 촉촉이 젖은 눈이 이렇게 말한다. "얼마나 힘들었으면 나를 모른다고 부인했겠느냐? 얼마나 두려웠으면 나를 모른다고 맹세했겠느냐? 얼마나 죽을 것 같았으면 나를 모른다고 저주했겠느냐? 괜찮다. 내가 너를 아직도 사랑하고 있다는 것만큼은 잊지 말아라." 예수님을 너무나 잘 아는 사람의 연출이다.

예수님이 부활하셨다는 소식을 듣고서도 오히려 베드로는 디베랴 바닷가로 도망간다. 그러나 그런 베드로를 우리 예수님이 찾아가신다. 예수님은 베드로가 세 번 부인한 사실에 대해 일절 말씀하지 않으신다. 죄책감을 불러일으킬 수 있기 때문이다. 사실을 말한다고 해서 사람이 변화되는 것이 아님을 예수님은 잘 알고 계셨다.

간음한 여인에게 예수님은 죄책감을 불러일으키지 않으신다. "죄 없는 자는 돌을 들어 치라. 나도 너를 정죄치 아니하노니 다시는 가서 범죄치 말라." 정죄는커녕 누구나 아는 사실조차 언급하지 않으신다.

세리장 삭개오에게 하신 주님의 말은 더욱 우리를 놀라게 한다. "삭개오야, 이리 내려오너라. 오늘 너의 집에 유하여야 하겠다. 이 사람도 이스라엘의 자손이라." 그 어디에도 죄인이라는 사실을 상기시키거나 확인하는 말조차 없다. 삭개오는 만인이 인정하는 명백한 죄인인데도 말이다. 사실과 정죄와 비판에는 사람을 변화시키는 능력이 없다. 사람을 있는 그대로 용납하는 것이 사람을 변화시킨다. 믿어주는 만큼 사람은 변화된다. 많이 믿어주면 많이 변화되고 적게 믿어 주면 적게 변화된다. 사랑하면 믿어주고, 믿어주면 기회를 준다. 믿어줄 수는 있는데 기회는 줄 수 없다고 말하는 것도 거짓말이다.

예수님이 도망간 베드로를 찾아가 세 번 비슷한 질문을 하신다. "요한의 아들 시몬아, 네가 나를 사랑하느냐?" 책망과 심문과 추궁형 질문이 아니다. 너도 나를 세 번 부인했으니 너도 세 번 당해보라는 보복도 아니다. 질문한 후 예수님이 말씀한 내용만 보아도 금방 알 수 있다. "내 양을 먹이라, 내 양을 치라." 세상 누구도 사랑하지 않으면 기회를 주지 않는다. 아직도 사랑하셨기에 기회를 주신 것이다. 베드로는 주님이 주신 기회를 가지고 초대교회의 사도 역할을 훌륭히 해냈다.

베드로가 주님께로부터 받은 기회는 우리가 남에게 주는 그런 흔한 기회가 아니었다. 주님이 십자가에 피 흘려 죽고 난 대가로 주신 피 묻은 기회였다.

심오한 사랑의 경지에 도달하면 사랑한다는 말을 질문형으로 한다. 첫아들 화평이를 낳았을 때 제일 먼저 던진 질문이 있다. "아빠 사랑하니? 얼마나 사랑해?" 아들은 아직 내 말을 알아들을 나이도 아니었다. 그렇다고 어린 아들의 대답을 듣고 싶어서 던진 질문도 아니었다. "내가 너를 사랑하고 있다는 것 알지? 정말로 사랑해!" 이 말을 질문으로 던졌던 것이다. 주님도 베드로에게 사랑한다는 말을 질문으로 던지셨다.

# 죄지어도 좋으니
## 교회는 꼭 다녀라

_ 믿어줌과 편들어줌

어렸을 적, 4전 5기의 신화를 세운 홍수환 권투선수의 경기를 우연히 보게 되었다. 당시 챔피언이었던 홍수환 선수는 파나마에서 방어전을 치렀다. 상대방은 전 경기 KO승으로 올라온 '지옥에서 온 악마' 라는 별명을 가진 카레스키아였다. 홍수환 선수는 초반부터 쓰러지고 또 쓰러졌다. 전 국민이 일어나라고 외치며 승리를 기원했다. 그러나 홍 선수가 그냥 누워 있기를 간절히 바랐던 한 사람이 있었다. 쓰러진 아들의 눈동자를 차마 볼 수 없어 얼굴을 텔레비전에서 돌려버린 그의 어머니였다. 어머니는 평안도 사투리로 말했다. "저 아새끼래 왜 자꾸 일어나네. 가만히 누워 있지 않고 …." 이것이 어머니의 사랑이다. 어머니만 모든 사람과는 전혀 다른 판단을 내린다. 사랑이 그렇게 만든 것이다.

나에게도 언제나 내 편을 들어주는 어머니가 계시다. 예전에 내가 어린 아들을 목마 태우고 심하게 놀면 어머니는 목 디스크 온다며 나를 먼저 걱정해 준다. 그러나 아내는 아이가 떨어질까 자기 아들(?) 걱정부터 한다. 내 목 디스크에 대해 걱정하는 건 들어본 적이 없다. 엄마는 생각하는 게 다 똑같다. 나이 들었어도 내 편을 먼저 들어주시는 이런 어머니가 나에게 있다는 것이 좋다. 아들이 엄마에게 물었다. "엄마, 왜 아빠가 오시면 반찬이 여섯 가지이고 나만 먹으면 세 가지로 줄어요?" 이때 아내의 대답이 걸작이다. "아빠는 남의 엄마가 낳은 자식이라 조금 주면 삐쳐서 그렇고 너는 내가 낳은 자식이라 다 이해해 주어서 그런 거란다." 세상에 항상 내 편 들어주는 사람 하나쯤 가진 사람은 행복한 사람이다. 예수님이 항상 그 역할을 우리에게 해주셨다.

믿어주면 기회를 주고 편들어준다. 편들어준다는 말은 시시비비 가리지 않고 우리 손을 들어주는 것이다. 시시비비를 가리는 것은 심판과 정의라고 말하지 사랑이라 말하지 않는다. 정의는 결정적으로 치유의 기능이 없다. 진단기능만 있을 뿐이다.

아프리카의 바벰바 부족은 칭찬부족이라 불린다. 법규상 재판정에서 칭찬만 하게 되어 있기 때문이다. 죄인이 이런 재판을 받다 보면 울고불고 회개한다고 한다. 사람들이 정죄하기는커녕 칭찬만 하는 이상한 재판을 하기 때문이다. 이런 재판 후에 죄인은 더 이상 죄를 짓지 않게 된다는 것이다. 세상에 이보다 더 좋은 재판은 없다. 하나님도 꼭 이런 바벰바 부족식으로 재판을 하신다.

하나님은 시시비비를 가리지 않고 무조건 우리의 손을 들어 주셨다. 정의를 포기하시고 우리 손을 들어 주신 것이다. 우리 손을 들어주신 예수님도 대가를 치루셨다. 죄인의 친구, 먹기를 탐하는 자라는 별명을 예수님이 들으셨다. 예수님이 정의를 내세우셨다면 우리 가운데 자신의 의로 구원받을 사람은 하나도 없다. 우리는 모두 죄인이기 때문이다.

사단은 우리 죄를 놓고 하나님 앞에서 정죄한다. 그러나 하나님은 시시비비를 가리지 않고 항상 우리 편을 들어 주셨다. 하나님의 처사에 사단이 아무런 이의제기를 못하는 이유가 있다. 우리를 의롭다 칭해 주시기 위해 하나님이 당신 아들의 목숨을 내놓았기 때문이다. 우리를 편들기 위해 아들의 죽음을 내세우신다.

2년 전 유스코스타 집회를 인도하러 뉴질랜드에 갔던 적이 있다. 주강사로 저녁집회 말씀을 마치고 숙소로 돌아왔는데 한 무리의 아이들이 진행본부에 잡혀왔다. 알아보니 집회 후 화장실에서 담배 피다가 걸려 잡혀온 것이었다. 내가 보기에도 안쓰럽게 혼나고 나서 아이들이 구석에 모여 있었다. 집회를 인도한 나로서는 너무나 책임감이 느껴져서 아이들에게 갔다. "이 놈들아! 다른 놈들은 은혜 받고 결단하고 난리인데 네 놈들은 뭐하는 거야!" 이러고 싶었는데 꾹 누르고 속으로만 했다. 성령님께 여쭈어보았다. "성령님은 이런 아이들한테는 뭐라고 말씀하실 겁니까?" 그랬더니 금방 지혜를 주셨다. 아이들을 불러놓고 말했다. "너희들 십계명 아나?" 안다고 대답했다. "그러면 하나님이 주신 열한 번째 계명은 아냐?" 십계명은 아는데 11계명은 모른다고 했다. 없는 계명이니 알 턱이 없지. 내가 조용히 아이들한테만 몰래 알려주었다. "11계명은 절대 들키지 말라다." 아이들이 킥킥거리고 난리 났다.

나는 정죄하고 혼내는 사람이지 절대로 이런 말을 할 사람이 아니다. 죄를 조장하는 사람도 아니다. 그러나 성령님은 이렇게 말씀하셨을 거라고 지금도 확신한다. 돌아올 때 아이들이 나에게 두 손가락으로 11자를 그리며 손 흔들었다. 앞으로는 죄를 지어도 절대 들키지 않겠다는 다짐으로 흔든 게 아니었다. 편을 들어준 고마움에서 흔든 손이었다. 11년 후에 이 아이들을 다시 만나고 싶다. 아마 근사한 인물들이 되어 있을 것이다. 편들어주면 기대를 저버리지 않기 때문이다.

　우리 교회에서는 다섯 번의 주일 예배를 드린다. 젊은 커플들이 로데오 거리에서 하루 종일 놀다가 주일 저녁예배에 겨우 오는 경우가 많다. 예배드리는 커플들 모습이 정말 가관이다. 서로 착 달라붙어 스킨십은 기본이고 뽀뽀까지 한다. 권사님들이 예배 안내하고 있는 우리에게 오셔서 말한다. "목사님, 저 아이들 좀 말려주세요. 신성한 예배시간에 어떻게 저럴 수 있어요?" 이때도 무조건 아이들 편을 들며 말한다. "권사님! 성도의 교제중이라고 생각하세요. 성경에 서로 입맞춤하라고 하셨잖아요." 말해놓고도 정말 억지라는 생각이 든다. 그러나 저 아이들을 내쫓으면 세상으로 나아가 더 죄지을 가능성이 높다. 뽀뽀해도 교회 안에 있는 것이 제일 낫다. 유심히 보면 예배 한 시간 내내 비비는 아이들을 본 적은 없다. 꼭 비비다 지쳐서 떨어져 말씀 듣기를 반복하다 돌아간다. 그러면 되는 것이 아닌가? 권사님들이나 예배에 방해받지 정작 받으시는 하나님은 예배 받으시는 데 전혀 문제가 되지 않는다.

　저녁예배 때 교인들이 말하는 꼴불견들이 있다. 껴안고 비비는 사람, 고개 숙여 핸드폰 문자 보내는 사람, 처음부터 조는 사람, 주보 꺼내놓고 오타 있나 없나 찾아내는 사람이다. 그러나 우리는 다르게 이름 붙인다. 껴안고 비비는 사람은 교제 사역중, 핸드폰 문자 날리는 사람은 문자사역중, 조는 사람은 끄덕거리니까 긍정 사역중, 주보 오타 찾는 사람은 교정 사역중이라고 편들어 준다.

　우리가 이런 사람들에게 항상 하는 멘트가 있다. "비벼도 좋으니 예배드리며 비벼라. 죄지어도 좋으니 교회 다니며 지어라. 술 먹어도 좋으니 교회 다니며 마셔라. 담배 피워도 좋으니 교회 다니며 피워라." 우리 예수님도 꼭 이렇게 말씀하셨을 것만 같다. 일단 교회에 발을 들여 놓아야 변화될 기회가 생기기 때문이다. 처음부터 술이냐 교회냐 선택하라고 강요하면 술을 선택하고 교회를 포기하기 때문이다. 죄짓지 말라고 다그치면 아예 교회를 떠나기 때문이다. 그렇다고 죄짓고 술 먹고 담배 피는 것을 방조하고 조장하는 것이 아니다. 저들을 변화시키려면 용납하고 감싸주는 누군가가 필요하다. 편들어 주어야 마음이 열리고 열린 마음에 말씀이 들어갈 수 있기 때문이다.

　여러 교회 교사 부흥회를 인도하다 보면 꼭 이렇게 말하는 분들이 있다. "목사님, 저희 교회에는 담배 피우고 술 먹는 아이들이 하나도 없어요." 이러면 가만히 있지 않고 되받아서 묻는다. "그런 아이들을 다 변화시킨 겁니까? 아니면 다 내쫓으신 겁니까?" 아주 난감해한다. 물 흐려질까 다 내쫓았기 때문이다. 물이 흐려진 교회가 좋은 교회이다. 흐린 물이 맑은 물을 만나 점점 맑아져 가는 교회가 좋은 교회이다. 물이 처음부터 맑은 교회는 좋은 교회가 아니다. 초신자가 없다는 말이기 때문이다. 문제아가 발 들여놓을 수 없는 교회는 나쁜 교회다. 사람을 변화시키고 싶거든 편들어 주라. 예수님이 그렇게 하셨기에 우리가 살지 않았는가.

  녹천역 옆에는 서울 외국어 고등학교가 있다. 그 학교는 올해로 13년 된 사립학교이다. 작년 이사장님과 교장선생님의 결단으로 학교를 기독교 학교로 전환하게 되었다. 기독교 학교로 선포하는 예배에 설교자로 초청되었다. 강당에 서울시내 미션스쿨 교장, 교목들과 학생들이 모여서 축하하는 예배의 자리였다. 참으로 은혜로운 분위기 속에 예배가 진행되었다. 예배를 마치고 축사를 하는 시간이었는데 갑자기 순서지에 없는 순서가 끼어들면서 그 학교 총학생회장인 3학년 남학생이 단상에 올라왔다. 여자 교장선생님에게 자기 시간을 달라고 해서 허락받고 올라 왔다고 말했다. 그 아이는 교복을 확 벗어 던지더니 마이크를 잡은 후 이렇게 말했다. "이 학교를 나보다 더 사랑하는 사람 있으면 나와 보십시오. 예수 믿는 사람들은 원래 그렇게 무례합니까? 누구 허락받고 이 학교를 기독교 학교로 만드는 것입니까? 우리 의견을 묻기나 했습니까? 이 강당에서 장신대 신학생 찬양팀이 와서 노래하라고 누가 허락한 겁니까? 우리 허락 받지 않고는 절대로 기독교 학교로 만들 수 없습니다!"

  뒤에 앉아 있는 학생 임원들이 "옳소! 옳소!" 하는데 찬물을 끼얹은 듯 분위기가 싸늘해졌다. 그 순간 내가 여기 잘못 왔구나 후회하는 마음이 들었다. 그리고 속으로 예언했다. "너는 최소한 정학이다. 손님들을 모셔놓고 학교 망신을 시켰으니 너는 이제 교장선생님한테 죽었어!" 아이는 단상에서 내려갔고 드디어 그 학교 여자 교장선생님이 올라왔다. 이제 교장선생님이 뭐라 할까 관심이 쏠리는 가운데 선생님은 그 아이를 지명하며 이렇게 말했다. "나는 네가 끌려. 네가 맘에 들어. 네가 이 학교 입학할 때부터 너는 내 눈에 띄었단다. 그리고 너와 내 생각이 다르다는 것을 인정해." 이 말을 듣는 순간 기분이 너무나 나빴다. 나는 "넌 정학이야, 죽었어"라고 예언하고 있었는데 목사인 나보다 훨씬 훌륭한 선생님을 만났기 때문이다.

    행사를 마치고 리셉션을 하는데 그 총학생회장이 와서 서빙을 하는 것이었다. 얼굴을 보니 교장선생님 때문에 온 것 같았다. 일주일 후 교장선생님에게서 전화가 왔기에 학교에 무슨 일이 없었냐고 물었다. 꼭 데모가 날 것 같은 분위기였기 때문이다. 그러나 아무 일도 없었다고 하셨다. 교장선생님은 그 아이에게 어떻게 그런 말을 할 수 있으셨냐고 너무 궁금해서 여쭈어 보았다. 그랬더니 선생님은 이렇게 말했다. "제가 예수님을 너무나 힘들게 했을 때 예수님이 나에게 그렇게 말씀해 주셨어요. '나는 네가 끌려. 태어날 때부터 마음에 들었단다. 나는 네가 마음에 든다.'" 주님이 나에게 해주신 말씀 그대로 아이에게 해주었다는 것이다. 나도 그 말을 그대로 얼른 받아서 수첩에 적어 놓고 외웠다. 언젠가 말썽을 일으키는 사람을 만나면 반드시 써먹을 것이다. "나는 네가 좋아. 네가 끌린다. 처음부터 나는 네가 마음에 들었단다. 너는 나와 다르다는 것을 인정해." 힘은 들어도 이를 악물고 이렇게 편들어 주면 변화되지 않을 사람이 없다.

# 사전 예방과
# 사후 치유
_ 치유 사역

성경에는 하나님이 이때는 이 말 하고 저때는 저 말 하는 것처럼 서로 모순되게 느껴지는 말씀들이 있다. 어느 곳에서는 "죄의 삯은 사망이다" 하시며 절대 죄짓고 살지 말라고 말씀하신다. 그러나 어느 곳에서는 "죄가 더한 곳에는 은혜가 더욱 넘친다" 하시며 말을 바꾸신다. 죄를 많이 지으면 지을수록 은혜가 크니 안심하라고 하신 것이다. 사람들이 오해하여 이렇게 말할 가능성이 높다. "그럼 은혜를 많이 받으려면 죄를 많이 지어야 한다는 말입니까?" 예수님이 죄를 은근히 조장하는 듯한 뉘앙스를 받았기 때문이다.

주님이 두 말씀을 주신 상황이 전혀 다르다. "죄의 삯은 사망이다"는 죄짓기 전의 사람에게 주신 말씀이다. 네가 죄를 지으면 사망으로 대가를 치르니 조심하며 살라는 경고이다. 사전 예방 사역이다. "죄가 더한 곳에 은혜가 더욱 넘치나니"는 이미 죄를 저지르고 죄책감 가운데 절망하고 있는 사람에게 주신 말씀이다. 큰 죄를 지은 사람일수록 은혜가 크니 안심하라는 말씀이다. 죄를 크게 지어본 사람이 열정도 남다르고 사역도 열심히 한다는 말이다. 사후 치유 사역이다.

죄짓기 전의 사람에게 예수님은 "죄가 더한 곳에 은혜가 더욱 넘치나니"라는 말씀을 하지 않으신다. 이 말 듣고 맘 놓고 죄지을 가능성이 많기 때문이다. 이 말씀을 죄지은 사람이 하면 자기변명 밖에 되지 않는다. 남이 나에게 해주어야 근사한 치유의 말씀이 된다. 죄지은 후에 죄책감에 쌓여 낙담하고 있는 사람에게는 "죄의 삯은 사망이다"고 말씀하지 않으신다. 사람을 확실하게 죽이는 말이기 때문이다.

서로 충돌하여 오해될 소지도 충분히 있다. 주님이 상황에 따라 다른 말씀을 하시는 것 같지만 의미는 같다. 너를 아직도 사랑하고 있다는 말씀이다. 어느 상황에서도 우리를 편들어 주시는 사랑이다. 사전에는 예방으로 사후에는 치유로 위로하고 격려하시는 예수님이 좋다.

마태복음 26장에 보면 예수님이 겟세마네 동산에서 십자가를 지기 전 피땀 흘리며 기도하실 때 쿨쿨 잠자고 있던 제자들 이야기가 나온다. 잠자고 있는 제자들에게 주님이 섭섭해 책망하신다. "너희가 나와 함께 한 시간도 이렇게 깨어 있을 수 없더냐?" 그러나 금방 제자들을 편들며 말을 바꾸신다. "마음에는 원이로되 육신이 약하도다." 사실은 제자들이 육신이 약하여 잠잔 게 아니었다. 마음이 있으면 초능력도 발휘하며 사는 것이 사람이기 때문이다. 마음이 없어서 잠잔 것이었다. 그러나 주님은 이미 자버린 제자들에게 육신이 약하다고 편들어 주시며 사후 조치를 하셨다. 이 말을 제자들이 하면 자기변명이 된다. 예수님이 제자에게 하실 때에만 은혜가 있다.

청년들이 믿지 않는 배우자와 결혼해도 되겠느냐고 상담해오는 경우가 많다. 이러면 절대로 믿지 않는 사람과는 결혼하지 말라고 말린다. 불신자와 살며 행복해 지는 것은 63빌딩에서 떨어져 살아날 확률과 같다고 겁을 준다. "너는 평생 남편과 영적인 대화 한 마디도 나누지 못하며 사는 영적 과부가 될 것이다. 성경에 가정을 안식처라고 말했지, 어디 선교지라고 말한 적이 있느냐? 결혼식은 아웃리치가 아니다" 하고 말해주며 극구 반대한다.

그러나 일단 막상 결혼하고 오면 목사는 말을 확 바꾼다. "야, 하나님이 믿지 않는 네 남편을 얼마나 사랑하셨으면 너 같은 믿음의 사람을 배우자로 붙여 주셨을까? 하나님이 네 남편을 구원하실 거라는 사인이다. 절대 포기하지 마. 하나님이 너를 선교사로 그 가정에 파송했으니 순교하는 마음으로 복음화하렴. 너의 결혼식이 선교사 파송식이다." 아까 했던 말과는 서로 다른 말 같지만 사실은 같은 말이다. 사전 예방과 사후 치유 때문이다. 일단 일이 벌어지면 사후 치유를 해주어야 한다.

교회학교 여선생님이 우울증으로 자살한 적이 있었다. 담당 전도사님이 자기 부서 교사가 돌아가셔서 위로 예배를 인도해달라고 부탁해왔다. 나는 교통사고인줄 알고 설교본문을 준비해서 병원으로 운전해 갔다. 목적지에 도착하기 3분 전 전도사님은 나에게 자살이었다고 말했다. 우울증이 걸렸는데 자신이 결혼하고 싶은 형제를 부모님이 반대하셔서 힘들어하다가 스스로 목숨을 끊었다는 것이었다. 이 말을 듣고 얼마나 당황했는지 모른다. 목사가 가장 치르기 어려운 장례가 바로 자살이기 때문이다. 설교 본문부터 바꾸었으나 자살한 장례는 처음이라 무슨 설교를 해야 하나 참 난감했다. 이때 심각하게 성령님께 물었다. "성령님이 이런 장례에서 설교하신다면 어떤 말씀을 전하실 건가요?" 성령의 감동 가운데 그 짧은 순간에 이런 음성이 들렸다. "오늘 죽은 아이가 바로 내 딸이고 나는 그 아이의 아버지란다. 아버지는 딸이 제일 예뻤던 것만 기억하고 잘했던 것만 기억해. 나에게 찬양했던 모습, 열심히 헌신했던 모습, 말씀을 사모했던 좋은 모습만 기억하고 있단다. 우울증으로 얼마나 힘들었으면 스스로 목숨을 끊었겠냐? 내 딸은 암보다 무서운 우울증 병으로 죽은 것이다."

내가 들은 음성 그대로를 설교 시간에 들려주었다. 결혼을 반대해서 딸이 죽었다는 자책감으로 따라 죽으려던 어머니가 회복되었고 참 은혜로운 장례식이 되었다. 나는 이런 말을 할 성품이 못 되나 성령이 들려주신 내용을 그대로 말할 때 치유의 역사가 일어났다. 이런 말을 하면 목사가 어떻게 자살을 조장하는 설교를 하느냐고 따지는 분들이 있다. 그러나 확신하는 것은 일이 벌어진 이상 정죄보다 사후 치유하는 것이 훨씬 더 성경적이다.

크리스천들이 사람들과 낙태에 대한 논쟁을 하는 경우가 많다. 낙태 문제를 "된다, 안 된다"의 관점으로 접근하면 반드시 실패한다. 결론은 나지 않고 서로에게 상처만 남기기 때문이다. 이런 문제는 치유의 관점에서 접근해야 한다. 치유는 사전 예방과 사후 치유 두 가지가 있다.

낙태 전의 사람에게는 낙태가 죄라고 분명히 말해야 한다. 낙태하면 커다란 죄책감이 생기며 영적, 육체적 후유증이 크니 하지 말라고 권면한다. 그러나 이미 낙태를 한 사람에게는 달리 말해야 한다. 이런 사람은 말 안 해도 이미 죄책감을 가지고 있다. 하나님이 당신을 더 사랑하신다고 말해준다. 낙태는 구원과는 상관없다고 안심시켜 줘야 한다. 얼마나 힘들었냐고 공감해 준다. 이런 사람에게는 답이 아니라 같이 울어줄 사람이 필요하기 때문이다. 답을 주려고 하면 상처받는 사람이 많다. 어떨 때는 답이 필요 없을 때가 있다. 예수님이 이것을 잘 구분하셨다.

음주의 문제도 마찬가지이다. 사실 성경에 포도주를 상습복용하신 분이 예수님이셨고 별명도 먹기를 탐하는 자이셨다. 처음 일으키신 기적이 물을 포도주로 만드신 사건이니 더 이상 말할 필요가 없다. 돌아가시기 전날 밤까지 성찬을 베푸시며 포도주를 마신 분이 우리 예수님이셨다. 이것을 들어 술 먹는 것을 옹호하는 사람들이 있다. 그러나 성경은 술 취하지 말고 성령에 충만하라고 분명하게 말한다. 술 문제도 "된다, 안 된다"는 관점으로 접근하면 서로 결론이 나지 않는다. 먹는 사람은 죄책감을 갖게 되고 안 먹는 사람은 우월감을 갖게 될 가능성이 있는 논쟁이기 때문이다. 이것도 치유의 관점으로 접근해야 한다.

술을 금해야 했던 우리 민족만이 가진 가슴 아픈 역사가 있었다. 식민지 시대 일본이 한국을 통치하면서 피 끓는 애국심을 가진 젊은이들의 정신을 흐리게 하기 위해 의도적으로 만든 것이 전매청과 유곽이라는 술집이었다. 당시 기독교가 애국애족 운동을 주도하면서 금주 금연 운동을 시작한 것이 지금까지 술과 담배를 금하는 전통으로 이어진 것이다. 이 전통은 한국만이 가진 독특한 개신교 신앙전통이다.

술과 담배는 하지 말라고 해서 끊을 수 있는 것이 아니다. 술과 담배는 기호식품이기에 다른 매력적인 대체물을 기독교 문화가 제공해야 한다. 술 모임에 가자니 술을 마셔야 하고 안 가자니 왕따 당하는 분위기가 문제이다. 이러한 술 문화에 대해 고민하는 크리스천 대학생이나 직장인들에게 제시하는 대안이 있다. 첫째, 아예 처음부터 자신이 술과 담배를 하지 않는 크리스천이라고 선포하는 것이다. 초 강경책인 셈이다. 둘째, 시간이 지나 고참이 되어 영향력을 일단 가진다. 그런 다음 모임의 주도세력이 되어 술모임을 건전한 스포츠나 자기계발 모임으로 전환하는 것이다. 기호 대체물을 제공하는 것이다. 아니면 전략적으로 알코올 도수를 낮추어 간다. 소주 모임을 맥주 모임으로 맥주 모임을 와인 모임으로 바꾸어 간다. 품격 있고 근사한 파티나 교제 문화로 바꾸어가는 것이 오늘날 세상 속에 사는 크리스천의 지혜로운 전략이다.

이런 음주 문제는 진리가 아니라 문화이므로 문화적 접근으로 풀어가야 한다. 한 예를 들자면 영락교회의 고 한경직 목사님이 한국교회에서 처음으로 오전 9시 1부 예배를 신설했던 적이 있다. 인간의 편의를 위해 예배 시간을 어떻게 변경할 수 있냐고 교인들로 부터 거센 항의를 받은 적이 있었다는 기록이 있다. 9시 예배 드리고 놀러 나가는 것을 목사가 정당화하는 것이 아니냐는 항의였다. 1940년대에는 교회 안에 화장실을 들여 놓는 문제를 놓고 갈라지도록 싸운 일도 있다. 교회 안에 자판기를 놓을 것인가 말 것인가를 놓고 격한 논쟁을 벌인 일도 있다. 지금 와서야 웃으면서 문화적 문제로 받아들이고 있지만 당시만 해도 진리로 여겼기 때문이다. 옳고 그름의 문제가 아닌 이상 문화적 접근으로 지혜롭게 풀어나가는 크리스천의 자세가 더 필요한 시대가 되었다.

    진짜 명의는 사후 치료를 잘하는 의사가 아니다. 사전 예방을 잘 해주는 의사이다. 사전 예방을 잘해주면 돈을 벌 수 없다는 것이 의사들의 고민일 것이다. 최고의 명의이신 예수님은 사후 치유보다 사전 예방 사역을 가장 잘 하셨다. 신앙도 사전 예방이 훨씬 중요하다. 사전에 예방하면 나중에 병들어 쓸데없이 고생하지 않기 때문이다. 사람들은 일이 일어난 후에 치유해주는 사람만이 나를 사랑하는 사람이라고 생각한다. 그러나 나를 가장 사랑하는 사람은 사전 예방에 힘써 주는 사람이다.

# 공사중입니다
_ 용서와 용납

편들어주는 것의 다른 이름은 용서다. 진정한 용서란 상대방의 반응과 상관없이 용서하는 것이다. 그래서 세상은 용서가 어렵다고 말한다. 그러나 사랑하면 용서는 밥 먹듯이 쉬워진다. 어머니가 엇나갔던 자식을 용서할 때 용서하기 어렵다고 말하는 것을 들어본 적이 없다. 사랑하면 절대 남들이 못하는 용서가 가능해진다.

유태인들이 아우슈비츠의 대학살을 기억하면서 이렇게 말했다. "용서는 하되 잊지는 말자." 이것은 엄밀한 의미에서 진정한 용서가 아니다. 잊지 않는 것이 어찌 용서가 될 수 있는가? 어려운 일이지만 용서란 완전히 잊는 것이다. 이런 영적 기억 상실증은 사람의 힘이 아니라 성령의 힘으로 되는 것이다. 이러한 영적 기억 상실증에 걸리신 분이 바로 우리 하나님이시다.

고향 학교 아이들이 〈도전 골든벨〉 퀴즈 프로그램에 나온 적이 있다. 50번 문제까지 다 풀면 장학금도 주고 학교에 필요한 기구도 기증해주는 좋은 프로그램이었다. 48번을 지나 49번 문제까지 한 여자아이가 남아서 결국 골든벨 아래 앉아 마지막 문제를 풀게 되었다. 팽팽한 긴장감이 돌았다. 마지막 문제가 출제되자 아이는 한참을 망설이더니 손에 들고 있던 칠판에다 무엇인가 적고 고개를 푹 숙였다. 칠판에는 이런 글이 적혀 있었다. "애들아, 미안해." 모르는 문제가 나온 것이다. 이때 전교생이 동시에 일어나 외쳤다. "괜찮아! 괜찮아!" 이런 부흥회 분위기는 처음 보았다. 이 소리를 들은 여자아이의 얼굴에 눈물이 흘렀다. 아이들이 "웬 망신이야! 그럴 줄 알았어! 혼자 아는 척 다 하더니!"라고 했다면 그 아이는 분명 전학가야 했을 것이다. 하나님도 우리를 위해 이런 부흥회 분위기를 만드신다. 우리가 하나님 앞에 죄를 짓고 고개를 푹 숙인 채 마음의 칠판에 "하나님, 죄송합니다"라고 쓸 때, 하나님은 자리에서 벌떡 일어나 이렇게 말씀하신다. "괜찮다, 애야, 괜찮아."

하나님의 사랑을 비유로 표현한 돌아온 탕자 이야기가 있다. 이 비유의 제목은 본래 '돌아온 탕자'가 아니다. '기다리시는 아버지'이다. 탕자가 잘한 것이 무엇인가? 아버지 집에 돌아온 것은 그다지 칭찬받을 일이 아니었다. 탕자는 오래 방황하다 자기 자리로 돌아왔을 뿐이었다. 탕자가 사랑하는 아들로 회복될 수 있었던 것은 기다려주는 아버지가 있었기 때문이었다. 탕자가 돌아왔더라도 기다려주는 아버지가 없었더라면 그는 영원히 탕자로 남아야 했다. 탕자가 용서받은 것은, 그가 돌아왔기 때문이 아니라 아버지가 기다려주셨기 때문이었다. 아버지는 탕자가 돌아왔기 때문에 용서해주신 것이 아니다. 이미 용서해놓고 기다리신 것이다. 이 아버지가 성경에 나와 있는 우리 아버지 하나님이시다.

    최후의 순간일지라도 예수님이 편들어 주시면 극악한 죄인마저 구원받을 수 있다. 예수님 우편에 있던 강도가 이것을 증명해준다. 우편에 있던 강도가 말한 것은 한 마디뿐이다. "당신의 나라에 이를 때 나를 기억하소서." 믿음이 담긴 말 한 마디만 잘해도 구원을 받는다. 사단이 하나님 앞에서 강도를 놓고 얼마나 송사를 많이 했겠는가? "이런 강도가 단 한 마디 고백으로 구원받는다는 것이 가당키나 한 일입니까?" 예수님은 자신의 죽음은 이 강도를 위한 죽음이기도 하다고 변론하셨을 것이다. 십자가의 죽음으로 편들어 주신다. 이러한 변론 앞에 사단은 아무 할 말이 없다.

    「죽은 신을 위하여」를 쓴 슬라보이 지적은 구속사를 폄하하며 말한다. "자기 사명을 완수하기 위하여 자기를 배반할 것을 요구하는 신은 오직 그리스도뿐이다." 십자가에서 죽기 위해서는 배반할 제자가 필요했고 가룟 유다가 선택되어 애매히 희생 당했다는 말이다. 가룟 유다의 배신이 결과적으로는 예수님을 십자가에 못 박게 하였고 구속사를 완성하게 되는 결과를 가져온 것은 맞다. 그러나 예수님이 십자가를 지기 위해 가룟 유다의 배반이 필요했기에 가룟 유다에게는 잘못이 없다는 논리는 억지이다. 가룟 유다의 배신은 하나님의 선택 때문이 아니다. 가룟 유다 자신의 돈에 대한 욕심 때문이었다. 처음부터 배신할 사람이 정해져 있는 것이 아니었기 때문이다. 가룟 유다 사건은 우리도 욕심대로 살면 얼마든지 배신할 가능성이 있음을 시사하고 있다. 그러나 남에게 배신당해 마음의 상처가 있는 사람들에게는 가룟 유다의 배신이 위로가 된다. 예수님도 열두 제자 중 한 사람에게 배신 당하셨다는데 우리가 배신 당한 것은 어찌 보면 당연한 일이라 쉽게 받아들일 수 있다.

가룟 유다가 자살하지 않고 살아만 있었다면 예수님은 가룟 유다를 어떻게 하셨을까? 가룟 유다를 찾아가 용서해주셨을 것이 분명하다. 베드로를 찾아간 예수님을 보아도 얼마든지 추측할 수 있다. 예수님은 자존심도 버리고 베드로를 찾아가 물고기와 떡을 구워놓고 초청하여 먹이셨다. 돈으로 팔아먹은 가룟 유다나 입으로 팔아먹은 베드로가 무엇이 다른가? 사실 베드로가 가룟 유다보다 나을 것이 하나도 없다. 오히려 수제자인 베드로가 입으로 부인하고 저주한 죄질이 더 나쁘다. 베드로가 회개하고 예수님을 찾아간 것도 아니다. 예수님이 베드로를 찾아가셨다. 베드로는 하나도 내세울 만한 것이 없다.

그러나 베드로가 가룟 유다보다 단 하나 잘한 것이 있다. 자살하지 않고 뻔뻔하게 살아남은 것이다. 뻔뻔하더라도 살아남는 것이 그래서 중요하다. 예수님이 찾아와 치유하실 기회가 남겨 두었기 때문이다. 자살이 죄인 이유가 여기에 있다. 자살하면 더 이상 기회가 없기 때문이다.

참 재미있는 이런 상상을 해보았다. '가룟 유다에게 있었던 장점은 무엇일까?' 가룟 유다는 배신을 했어도 다른 사람을 끌어들이지 않고 혼자 배신했다. 다른 사람들을 충동하여 함께 배신하는 사람들이 요즘 얼마나 많은가? 가룟 유다는 그런 치사한 짓은 하지 않았다. 사역 초기에 배신하지 않고 3년이나 꾹 참고 따라다니다가 배신한 점도 장점이라면 장점이다. 다소 억지 같지만 편들기로 작정하면 최악의 사람에게도 최선의 장점이 보인다. 억지 자체가 편들어 주는 사랑이다. 하나님은 우리를 두고 송사하는 사단 앞에서 자꾸만 억지를 부리신다. "십자가를 보아라. … 내 자식이 날 닮아 예쁘지 않느냐?" 자식 편들면서 자랑하는 팔불출 아버지가 바로 우리 하나님이시다.

용서의 또 하나의 이름은 용납이다. 용납이란 "있는 그대로 받아들이는 것"이다. 너는 네 인생, 나는 내 인생을 산다는 태도는 쿨한 것 같지만 사실은 분리와 단절의 삶이다. 내 인생이니 상관하지 말라는 장벽이기 때문이다. 이것은 용납이 아니다.

기독교의 용납은 '공사중'이라는 팻말과 같다. '공사중'이라는 팻말을 보면 사람들은 왜 공사하느냐고 가서 따지지 않는다. 공사를 그만두라고 시위하지도 않는다. 그저 돌아가는 불편과 손해를 묵묵히 감수한다. 내가 남을 위해 손해를 감수해 내는 것이 기독교의 용납이다. 하나님은 우리에게 이런 '공사중'이란 팻말을 붙이신다.

용납은 "그 사람의 입장에 서보는 것"이다. 한 번쯤은 "내가 그 상황에 있었다면? 내가 그 사람이었더라면?" 하고 입장을 바꾸어 생각해 보는 것이다. 인디언 격언에 이런 말이 있다. "어떤 사람과 갈등이 있어 힘들 때는 그 사람의 신발을 신고 걸어 보라." 일단 발 크기가 맞지 않으니 불편할 게 뻔하다. 상대방의 발 크기가 나와 다르다 하여 너의 발이 틀렸다고 말하지 않는다. 다만 너의 발이 나와 다르다고 말하는 법을 배운다. 틀림과 다름을 구분하는 법을 배운다. 대부분의 사람은 나와 다른 점이 많다. 신발을 신어봄으로 그 사람이 살아왔던 삶의 여정을 고려하게 된다. 그래야만 했던 이유와 상황을 생각해 볼 마음의 여유를 갖게 된다. 결국 그 사람 있는 그대로를 받아들이게 된다.

용서는 상대방을 바꾸는 것이 아니다. 사람들은 상대방을 바꾸려고만 한다. 왜냐하면 나와 다름으로 불편하기 때문이다. 이기적인 발상이다. 아내와 아들을 위해 기도하는 내용만 보아도 확연히 다르다. 아들을 위해서는 "축복해주시고, 복주시고 …" 하고 기도한다. 그러나 아내를 위해 기도할 때는 기도 내용이 확 바뀐다. "이 사람을 변화시켜 주시고 … 성숙하게 해주시고 … ." 어떨 때는 아내가 잠자는 틈을 타 이마에 침 발라서 십자가를 그려가며 변화시켜 달라 기도하기도 한다. 어릴 적 죽은 개구리를 배에 침 바르면 살아난다는 전설을 들었기 때문이다. 아마 아내도 내가 잠잘 때 똑같이 하는지도 모른다.

# 정의가
# 목적은 아니다
_사랑과 정의

삭막한 세상은 항상 이렇게 말한다. "법이요. 법대로 합시다!" 법을 따지고 세분화하며 법대로 하자고 드는 세상은 갈 데까지 간 세상이다. 법은 최선의 수단이 아니라 최악이자 최후의 수단이기 때문이다. 최선의 수단은 사랑이다. 사람들은 정의로운 세상이 되면 세상이 좋아지는 줄 안다. 그러나 하나님이 꿈꾸셨던 유토피아는 정의로운 세상이 아니었다. 정의로운 세상은 사랑하는 세상으로 가는 과정일 뿐이다.

기업들은 삼성, LG, 현대 같은 트레이드 마크(Trade mark)를 가지고 있다. 이것은 기업의 상표일 뿐이다. 트레이드 마크(Trade mark)가 트러스트 마크(Trust mark)로 전환되어야만 기업이 생존할 수 있다. 기업은 정의를 구현해 신뢰할 만한 마크가 되어야 생존할 수 있다는 말이다. 그러나 기업의 종착역은 트러스트 마크

(Trust mark)가 아니라 러브 마크(Love mark)이다. 모든 고객들에게 사랑받고 존경받는 기업이 되는 것이 목적지이기 때문이다. 백 년간 살아남은 기업들은 대부분 러브 마크(Love mark)를 가진 기업들이었다. 기업들이 러브 마크를 가지기 위해서 반드시 거쳐야 하는 과정이 바로 트러스트 마크이다. 트러스트 마크는 목적지가 아니라 과정일 뿐이다. 정의로운 세상을 이루는 것이 하나님의 목적이었다면 우리 모두 죽었어야 마땅하다. 자기 의로 살아남을 사람은 세상 어디에도 없기 때문이다. 정의로운 세상은 예외 없이 무조건 법대로 하는 세상이다.

정의를 부르짖는 사람들이 빠질 수 있는 몇 가지 함정이 있다. 첫째, 정의를 다른 사람에게 요구하지만 자신에게는 요구하지 않을 위험이 있다. 2006년 9월9일 MBC 6시 뉴스에 수학여행을 가던 관광버스가 트럭과 부딪혀 40명 부상, 1명 사망기사가 났다. 그 1명이 바로 운전사였다. 이유인즉 운전사만 안전띠를 매지 않았기 때문이었다. 승객에게는 매라고 해놓고 정작 자신이 매지 않아 죽은 것이다. 남에게만 요구하는 정의는 이런 결과를 낳는다.

청년기에는 온 세상을 변화시키는 사람이 되게 해달라고 기도한다. 장년기에는 나와 관계된 사람들을 변화시키게 해 달라고 기도한다. 그러나 노년기에 접어들면 문제의 핵심을 꿰뚫는 지혜가 생겨 기도가 바뀐다. "하나님 나를 변화시켜 주소서." 세상과 주변이 문제가 아니라 내가 문제임을 아는 것이 노년의 지혜이다. 세상의 변화는 나로부터 시작됨을 아는 사람이 성숙한 사람이다.

사람은 정의의 칼을 항상 자신이 아닌 남에게 들이대는 경향이 있다. 그러나 자신부터 하지 않는 개혁은 결국 수포로 돌아가며 정작 자신이 그 칼날에 죽는다. 달걀도 외부의 힘에 의해 깨지면 후라이로 끝난다. 그러나 내부의 힘으로 스스로 깨면 생명이 있는 병아리가 된다. 힘들고 시간이 걸려도 스스로 깨고 나와야 살 수 있다. 힘들다고 해서 밖에서 깨주면 죽은 후라이가 되는 것이다. 남의 개혁처럼 부르짖기 쉬운 개혁은 없다. 병아리가 죽을 힘을 다해 안에서 달걀을 깨듯이 세상에서 제일 어려운 개혁은 자기 개혁이기 때문이다. 남을 비판하는 것처럼 쉬운 비판도 없다. 남을 비판하면 정의감도 불타오르고 카타르시스도 있다. 공부하며 밤새기는 것은 어려워도 남 이야기 하며 밤새기는 쉽다.

그러나 비판 중에도 신앙에 좋은 비판 하나가 있다. 공산당이 이미 써먹은 자아비판이다. 다른 사람을 비판하는 것은 이성을 깨운다. 머리를 움직인다는 말이다. 그러나 자신을 비판하는 것은 감성을 깨운다. 다른 사람의 마음을 움직여 감동시킨다. 자기 개혁을 해내는 사람은 세상을 개혁할 능력이 있다고 검증된 사람이다. 자신에게는 엄격하고 남에게는 관대한 사람이기 때문이다. 자기 개혁 없는 부르짖음은 공허한 메아리에 불과하다. 세상도 자기 개혁 없는 개혁은 인정하지 않는다. 이런 사람에게 세상은 이렇게 말한다. "너나 잘 하세요." 세상에서 최고의 자기 비판을 해내신 분이 있다. 모든 사람의 죄를 짊어지고 십자가를 지신 예수님이다. 십자가는 인류 최대의 자아비판이다. 죄 없으신 분이 죄 있는 대접을 스스로 받으신 것이 최고의 자아비판 정신이다.

소돔과 고모라가 멸망한 이유가 있다. 사람들은 죄악이 만연한 소돔과 고모라 사람들 때문에 망했다고 생각한다. 그렇다면 세상은 이미 다 망하고 말았어야 한다. 어떤 사람은 의인 10명이 없어 멸망했다고도 말한다. 이것도 어떻게 보면 남 탓하는 것이다. 그러나 실제로는 아브라함 때문에 망했다. 왜냐하면 아브라함이 소돔과 고모라에 의인 10명이 없다고 해서 포기하지 않고 자신이 소돔과 고모라 땅에 들어가 살겠다고 버티고 책임지려 들었다면 하나님이 멸망시키실 리 없었기 때문이다. 세상이 망하면 다 예수 믿는 내 탓이다. 니느웨로 가라는 소명을 저버리고 도망가는 요나 탓에 같은 배에 탄 애매한 사람이 큰 풍랑을 만나 고생하는 이치와 같다. 예수 믿는 사람이 제대로 살아내지 못하면 애매한 세상 사람들이 골탕을 먹는다. 세상이 악해서 예수 믿는 우리가 골탕 먹고 사는 것이 아니다. 예수 믿는 사람들이 제 역할을 해내지 못하며 살아서 세상이 골탕을 먹는 것뿐이다.

내가 먼저 하는 것이 최고의 긍정이며 개혁이다. 일본의 저명한 대중 강연자인 가네히라 케노스케가 지은 「거울은 먼저 웃지 않는다」는 책이 있다. 내가 먼저 웃어야 남이 웃고 내가 먼저 개혁해야 남이 개혁된다는 말이다. 어릴 적 본 만화가 생각난다. 지구상 모든 우리의 존재를 지구 밖에 있는 존재에게 알리자고 합의한다. 12월 12일 12시에 큰 소리로 '야호' 하고 외치자고 한 것이다. 그러나 그날 그 시간이 되었지만 지구상에는 아무런 소리가 나지 않았다. 저마다 지구상 모든 사람들이 소리 지르면 소리가 얼마나 클까 궁금해 들어보려고 했기 때문이었다. 내가 먼저 소리치지 않으면 남도 소리치지 않는다. 자신의 개혁과 정의 없이는 남의 개혁과 정의도 없다.

둘째, 사랑 없는 정의는 부작용만 낳는다. 입바른 소리를 자랑처럼 여기는 사람이 있다. 지적하는 은사만 가지고 있는 사람들도 많다. 그러나 정의가 옳다고 하나 사람을 늘 변화시키는 것은 아니다. 사랑 있는 정의만 사람을 변화시킬 수 있다. 정의는 칼 들고 하는 것이 아니라 사랑 들고 하는 것이기 때문이다. 칼로 성공했을 때 개혁이라 하지 않고 혁명이라 한다. 사랑으로 하면 그제야 개혁이 되는 것이다. 사랑 없는 정의는 상처만 남길 뿐이다.

개혁의 내용은 별로 중요하지 않다. 개혁치고 옳지 않은 개혁은 거의 없기 때문이다. 내용이 옳다고 개혁이 성공하는 것은 아니다. 누가 개혁을 부르짖느냐가 개혁의 성패를 결정짓는다. 사랑 많은 사람이 개혁을 부르짖어야 개혁이 성공한다. 개혁의 동기가 정의가 되면 안 된다. 사랑과 불쌍히 여기는 마음이 동기가 되어야 정의를 부르짖는 개혁이 성공할 수 있다. 마틴 루터의 종교개혁 정신을 보면 분노와 정의감이 아니었다. 애통하는 마음과 긍휼이었다. 하나님이 주신 개혁 정신이 본래 이런 마음이다.

비판은 건강한 기능을 가지고 있는 것이 사실이다. 그러나 비판하는 사람이 항상 무기를 다루듯 조심해야 할 이유가 있다. 비판은 잘못하면 비난이 될 위험이 높기 때문이다. 비판은 중독될 수 있다. 비판하는 자신이 우월감을 가질 위험이 있다. 그리고 비판은 비판을 낳을 가능성이 있다. 사랑 없는 비판은 비난으로 전락할 가능성이 많다. 비판이 비난으로 전락하지 않으려면 겸손과 예의와 관계가 있어야 한다. 상대방이 받아들일 준비가 되어 있지 않으면 비난으로 받아들이기 때문이다. 비판도 받을 준비가 되어 있는 사람에게 해야 소용이 있다. 비판 받을 준비가 바로 관계이다. 비판이 먼저가 아니라 관계가 먼저라는 말이다. 먼저 관계가 되어야 비판도 먹힌다. "요즘 건강하십니까" 하고 묻는 안부인사도 관계에 따라 전혀 의미가 달라진다. 관계가 좋으면 '아, 내 건강을 염려해 주는구나' 하며 좋아한다. 그러나 관계가 안 되면 '이 놈이 내가 빨리 죽었으면 좋겠다고 말하는 구나' 하고 오해한다. 이렇게 말의 내용보다 관계가 중요하다.

관계가 되어 있는 자식은 매를 맞아도 집나가지 않는다. 부모의 매가 나를 사랑하는 매라는 것을 잘 알고 있기 때문이다. 때리면 때릴수록 자기를 더 사랑한다고 말한다. 그러나 관계없이 때리면 집나간다. 관계가 안 되어 있으면 때리지 말아야 한다. 때리고 자식 잃는 바보짓이기 때문이다. 비판도 마찬가지이다. 사랑 없는 비판은 하는 사람이 욕만 먹고 사람을 잃는다.

셋째, 정의는 부메랑이 되어 자신에게 돌아온다. 개혁의 동기가 정의가 되면 안 되는 이유가 있다. 일생 동안 한 번도 불의하지 않고 정의롭게 살 사람은 없다. 자신도 언젠가는 정의에 의한 심판의 대상이 될 수 있기 때문이다. 세상에 흠이 없는 사람은 없다. 사람은 일하다 보면 실수하게 되고 약점이 생기게 된다. 정의만 부르짖으면 세상 모든 사람이 심판의 대상이 된다. 세상에는 가정환경 때문이나 본래 성격상 정의에 밝은 사람이 있다. 이런 사람들은 의롭고 근사한 투사로 보인다. 그러나 정의만을 말하는 사람들의 최후는 항상 비참하다. 자신이 말했던 정의에 의해 언젠가 자신도 판단되기 때문이다.

　은혜 없는 심판은 자신에게 부메랑이 되어 돌아온다. 그러나 평소에 사랑을 말했던 사람은 자신의 허물이 사랑에 의해 용서된다. 남에게 했던 사랑의 용서가 부메랑이 되어 자신에게 돌아오기 때문이다. 세상은 우리가 말했던 그대로를 우리에게 돌려준다. 사랑을 말하면 사랑을 돌려준다. 그러나 정의만을 말하면 정의만 돌려준다. 심판을 말하면 심판을 돌려준다. 무엇을 말하며 사는가가 그래서 중요하다.

　우리 말에 "욕하며 닮는다"는 말이 있다. 남의 약점을 욕하는 사람은 자신이 욕한 그 부분을 그대로 닮는다는 말이다. 사람이 40대가 되면 자신이 싫어했던 아버지의 모습을 판에 박듯 닮아 있음을 알고 소스라치는 경우를 많이 봤다. 바라봄의 법칙 때문이다. 어느 부분을 싫어했다는 말은 그것을 생각하며 살았다는 말이다. 사람은 자신이 바라본 것을 그대로 닮게 되어 있다. 약점을 바라보면 약점을 닮고 장점을 바라보면 장점을 닮는다. 이것도 자신에게 돌아오는 또 하나의 부메랑이다. 어릴 적 읽었던 큰 바위 얼굴이 같은 교훈을 담고 있다. 아이들이 부모와의 갈등 때문에 상담하러 오는 경우가 많다. 마지막에 아이에게 하는 말이 있다. "너도 너 같은 자식을 낳아라." 이러면 대부분 고개를 설레설레 젓는다. 왜냐하면 자기 같은 자식 만났다가는 고생할 것을 뻔히 알기 때문이다. 사람은 이러면서 부모의 마음을 이해하고 배워간다.

　넷째, 대안 없이 정의를 말할 위험이 있다. 비판과 비난의 차이가 있다. 비판은 내가 책임지겠다는 마음으로 상대방의 잘못을 지적하는 것이다. 그러나 비난은 책임지지 않고 지적만 하는 것이다. 비판의 목적은 치유이나 비난은 패망이 목적이다. 비판은 째고 꿰매는 것이나 비난은 째기만 하고 끝내는 것이다. '창조적 비판'은 대안을 제시하는 비판이다. 그러나 대안 없이 던지는 모든 비판은 '파괴적 비판'일 뿐이다.

정의를 말할 때에는 내가 책임지겠다는 마음으로 대안을 제시하며 말해야 한다. 예수님이 성전 안에서 장사하는 사람들을 내쫓으셨을 때 사람들에게 성전을 강도의 소굴로 만들지 말라는 말씀을 먼저 하지 않으셨다. "내 집은 기도하는 집"이라는 대안을 먼저 제시하고 상을 엎으셨다. 대안 없이 말하는 정의는 정의가 아니라 비난일 뿐이다. 세상에는 말만 하는 사람은 더 이상 필요 없다. 대안을 가진 단 한 사람이 필요하다. '비판세력'이 아니라 '대안세력'이 세상을 바꾼다.

다섯째, 이분법적으로 접근할 위험이 있다. 정의를 말하는 사람은 모든 것을 ○ 아니면 ×로 구분하는 경향이 있다. 철저한 이분법적인 사고를 가진 경우가 많다. 이런 사람은 중립을 인정하지 않는다. 중립이란 틀린 것으로 간주하기 때문이다. 회색지대를 인정하지 않는다. 이런 사람에게는 은혜란 없다. 예외도 인정하지 않는다. 그러나 세상에는 나와 다르다고 하여 틀린 것이 아니라 그저 다른 것인 경우도 많다. △도 있고 □도 있는 곳이 세상이다. ○가 아니라 해서 다 틀리고 나쁘다고 말하는 것은 또 하나의 독선일 뿐이다. 기독교가 말하는 은혜란 "예외가 있다는 것을 인정하는 것"이다. 왜냐하면 우리가 예외가 있어 살아난 사람이기 때문이다. 모든 사람은 죄로 인하여 반드시 사망을 대가로 치러야 했다. 그러나 주님은 예외로 우리를 대속하사 살리셨다. 정의는 상황 참작을 하지 않는다. 항상 옳고 그름의 잣대로만 보기 때문이다. 그러나 은혜는 항상 우리가 처한 상황을 참작한다. "힘들어서 그랬겠지, 그럴 수밖에 없었던 상황이 있었겠지."

군대 생활을 육군교육사령부에서 했다. 상관인 대령, 중령들이 사는 아파트는 18평밖에 되지 않는 좁은 관사였다. 그 동네 아이들은 손님이 오시면 으레 밖에 나가 놀아야 했다. 장교들의 자녀들이 다니는 학교에서 이런 시험문제가 나왔다. "손님이 오면 어떻게 해야 하나요?" 정답은 "반갑게 맞이해서 기쁘게 해드린다"였다. 그러나 아이들은 이런 답을 썼다. "나가서 논다." 물론 선생님은 틀렸다고 오답처리를 했다. 상황 참작을 하지 않았기에 오답처리를 한 셈이다. 정답과 오답 처리는 머리로 한다. 그러나 상황 참작은 가슴으로 한다. 한 겨울에도 손님이 오면 나가 놀 수밖에 없었던 아이들의 아픔은 가슴으로만 알 수 있는 내용이다. 정의는 머리로 하는 채점이고 사랑은 가슴으로 하는 채점이다.

정의로운 세상은 필요하다. 그러나 정의로운 세상은 크리스천이 꿈꾸는 목적지가 아니다. 정의로운 세상은 사랑하는 세상으로 가기 위한 하나의 과정일 뿐이다. 사랑하는 세상으로 만들려면 어떤 때는 정의를 포기할 줄도 알아야 한다. 죄 지은 당사자가 죽는 것이 정의이다. 그러나 죄 없는 예수님이 대신 죽으셨다. 이것은 지상 최대의 불의이다. 하나님이 정의를 포기하고 사랑을 선택하셨기에 우리가 살았다. 하나님이 법대로 하자고 했다면 우리 모두는 멸망했다.

'진단'은 정의가 할 수 있으나 '치유'는 사랑이 한다. 정의는 수술로 치면 '째는 기능'이다. 세상에는 정의의 기능만 가지고 있는 사람들이 많다. 날카로운 칼날과 같은 사람들이다. 이런 사람들은 날카로운 말로 째고 나서 대부분 이렇게 마무리를 짓는다. "나는 뒤끝이 없어." 사실 이것처럼 치사하고 무책임한 말이 없다. 실컷 찢어놓고 나에게는 꿰맬 책임이 없다고 말하는 것과 같기 때문이다. 사랑은 수술로 치면 꿰매는 기능이다. 수술하시는 의사들에게 물어보면 째는 것보다 꿰매는 것이 몇 배나 어렵다는 말을 듣는다. 의사들도 쨀 때에는 꿰맬 것을 감안해서 신중하게 쨴다는 것이다.

모든 사람들은 죄성 때문에 째는 기능이 훨씬 발달되어 있다. 진단만 하고 치유는 못하는 병원이 있다면 가겠는가? 째놓고 꿰매지 못하는 의사에게 몸을 맡기겠느냐는 말이다. 교회 안의 목사도 성령으로 통제받지 않으면 꿰매기는커녕 째는 일에 능한 경우가 많다. 목사인 나도 항상 이런 기도를 한다. "하나님, 제가 꿰매지 못할 거면 아예 째지 말게 하소서. 꿰맬 만큼만 째게 하소서. 쨌으면 반드시 꿰맬 수 있는 능력을 주소서."

성형외과 의사에게 조폭이 등에 대각선으로 칼을 맞아 왔다. 조폭의 등을 보니 보기에도 섬뜩한 용 그림이 그려져 있었다. 국부마취를 하고 상처를 꿰매 보니 시간이 너무 오래 걸렸다. 꿰매는 도중 마취가 풀려 너무나 고통스러운 나머지 사내는 의사 멱살을 잡고 윽박질렀다. "왜 이리 꿰매는 데 시간이 오래 걸려!" 이때 의사가 던진 말이 압권이었다. "이놈아, 네 놈이 용 그림 맞춰서 꿰매 봐! 시간이 오래 안 걸리냐!" 이 이야기를 듣고 얼마나 웃었는지 모른다. 째기는 쉬워도 그림 맞추어 꿰매기는 어려운 법이다. 의사는 상처를 꿰매도 그림 맞추어 꿰매준다. 깨어진 하나님의 형상을 가진 사람들이 원래 형상을 회복하도록 꿰매려면 얼마나 정성껏 꿰매야 하는지 실감하게 된다. 상처 입은 영혼을 치유한다는 것은 절대 쉬운 일이 아니다. 사랑이 그 꿰매는 일을 해준다. 정의는 째는 기능만 가지고 있을 뿐이다.

사랑은 콩나물 모양도 바꾸어 놓는다. 콩나물 모양만 보아도 콩나물을 키운 사람이 어떤 사람인지 알 수 있다. 사랑하며 키운 것과 무관심하게 키운 것의 모양새가 전혀 다르다. 사랑하며 제때 물을 준 콩나물은 줄기가 굵고 고르며 잔뿌리가 없다. 그러나 주인이 아무 때나 기분 내키는 대로 물주고 키운 콩나물은 줄기가 굵다, 가늘다 일정하지 않다. 그리고 잔뿌리가 많다. 콩나물도 자신이 언제 물을 먹을지 몰라 잔뿌리를 많이 만들어 힘껏 물을 먹어두기 때문이다. 물을 먹을 때는 줄기가 굵고 굶을 때는 가늘어진다. 줄기만 보아도 주인이 어떤 사람인지 금방 폭로된다. 잔뿌리와 굵기가 정확히 말한다. 하나님의 사랑을 받은 사람들은 상처의 잔뿌리가 없다. 정서적으로도 굵거나 가늘지 않고 항상 일정한 반응을 보인다. 하나님이 키운 사람은 잔뿌리도 없고 굵기도 일정하며 영적인 윤기가 흐른다. 사랑으로 키우시기 때문이다. 예수님이 사랑해주고 치유하신 사람들은 잔뿌리도 없고 굵기도 고른 영적으로 건강한 사람이 되었다.

# 4. 구원자 예수님 _ 성자론

• • • • •

다른 이로써는 구원을 받을 수 없나니 천하 사람 중에
구원을 받을 만한 다른 이름을 우리에게 주신 일이 없음이라(행 4:12).
예수께서 이르시되 내가 곧 길이요 진리요 생명이니
나로 말미암지 않고는 아버지께로 올 자가 없느니라(요 14:6).
인자가 온 것은 섬김을 받으려 함이 아니라 도리어 섬기려 하고
자기 목숨을 많은 사람의 대속물로 주려 함이니라(마 20:28).
이로써 너희가 하나님의 영을 알지니 곧 예수 그리스도께서 육체로 오신 것을
시인하는 영마다 하나님께 속한 것이요(요일 4:2).
이튿날 요한이 예수께서 자기에게 나아오심을 보고 이르되
보라 세상 죄를 지고 가는 하나님의 어린 양이로다(요 1:29).

# 신성모독죄
_아들로 오신 목적

범죄한 후에 인류는 하나님을 아버지로 부르는 법을 상실했다. 죄와 죄책감 때문이었다. 신약성경의 탕자를 보면 금방 알 수 있다. 탕자는 아버지에게 돌아와 이렇게 말했다. "나를 당신의 종으로 삼아 주소서." 아버지는 종이 아니라 아들로 기다렸는데도 말이다. 사람이 죄를 짓게 되면 하나님을 아버지라 부르지 못한다. 대신 누가 시키지 않아도 자신을 종으로 부르게 된다.

아담의 범죄 후 구약 어디에도 하나님을 아버지로 부른 사람은 없었다. 죄책감 때문이었다. 그 후로 하나님을 아버지로 부르는 것이 신성모독죄로 사형감이 되었다. 구약의 수천 년 역사 가운데 '하나님 아버지'라는 이름이 사라져 버린 것이다. 사람은 하나님을 아버지로 부르는 법을 잃어버렸다. 아버지를 아버지로 부르지 못하는 자식을 보고 있는 하나님의 마음은 얼마나 아팠을까?

수천 년이 지난 어느 날 나사렛 출신의 청년 하나가 나타나 하나님을 아버지로 불러 버렸다. 죄와 죄책감이 없었기 때문에 가능했던 것이다. 당시에는 혁명적 사건이었다. 사실 예수님은 이 사건 때문에 십자가에 죽었다. 바리새인들과 제사장들은 하나님을 아버지로 부르는 예수를 보고 신성모독죄를 범했다고 말했다. 저들은 예수를 죽이기로 작정하였다. 예수님은 십자가에서 죽은 것이 아니다. 하나님을 아버지로 부르는 순간 사람들의 마음속에서 이미 예수님은 죽었다.

　예수님을 영접한 백성들에게 수천 년 동안 금지되어 왔던 혁명적 시도가 일어났다. 예수님처럼 우리도 하나님을 아버지로 부르게 된 것이다. 예수님이 이 땅에 오신 분명한 목적이 여기에 있다. 인류가 에덴 이후 잃어버렸던 하나님을 아버지로 부르는 법을 회복시키기 위해서다. 예수님을 통하여 우리도 이제 당당히 하나님을 아버지로 부를 수 있게 된 것이다. 예수님은 이를 위해 오셨고 이를 위해 죽으셨다.

　예수님이 제자들을 모아놓고 기도하는 법을 가르쳤다. 주의 기도문 첫 마디가 "하늘에 계신 우리 아버지여"였다. 성경에는 아무런 설명 없이 기록되어 있지만 제자들은 예수님이 따라 하라는 대로 "하늘에 계신 우리 아버지여"라 절대 말했을 리가 없다. 왜냐하면 이 말은 당시에는 신성모독죄로 사형에 해당되기 때문이다. 지금 우리가 아무 주저 없이 하나님을 아버지라 부르는 것 자체가 기적이다. 예수님의 죽으심으로 우리가 아버지라 부르는 것이 가능해 졌기 때문이다. "하나님 아버지"라는 호칭에는 하나님 아들의 목숨 값이 들어 있다. 부를 때마다 경외함과 감사함으로 불러야 한다.

기원 후 2천 년의 역사 가운데 최고의 스캔들은 예수님이 지신 십자가이다. 왜냐하면 믿지 않는 사람과 믿는 사람들이 십자가에 대해 보이는 극명한 견해 차이 때문이다. 세상에 이처럼 다른 견해 차이는 없다. 좁혀질 수도 없었다. 예수님의 일대기에 관련된 영화를 보여주고 가장 인상 깊었던 장면을 꼽으라고 하면 전혀 다른 반응이 나온다. 믿지 않는 시람들은 약자와 함께하며 제자들의 발을 씻기시는 모습을 꼽는다. 그러나 믿는 사람들은 주저 없이 골고다의 십자가라고 말한다. 자신의 구원과 관련된 장면이기 때문이다. 그러나 믿지 않는 사람들 눈에는 십자가란 한 정치범의 처형 틀에 불과하기 때문이다.

세상 사람들이 십자가를 미련하게 보는 데는 여러 이유가 있다. 무엇보다 자칭 왕의 아들이라 했던 사람이 십자가에서 죽다니, 전혀 말이 안 되기 때문이다. 예수님은 평소 자신이 왕의 아들이라고 말했다. 왕의 아들은 잔치와 왕관이 어울린다. 이러한 힘의 논리로 보면 십자가는 전혀 이해가 안 된다. 왕의 아들이라 자칭한 자가 어찌 참혹한 죽음을 맞을 수 있냐는 것이다. 힘의 논리로 보면 십자가를 뽑아들어 핍박자를 제압해야 마땅하다.

또한 그들은 예수님께서 십자가에 죽는다고 우리 죄가 사해진다고 믿지 않는다. 꼭 이런 방법밖에 없냐고 반문한다. 미련한 방법이라고 말한다. 사람의 죄를 사하기 위해 하나님의 아들이 꼭 선택되어야만 하는 이유를 모르기 때문이다. 하나님이 아들이 굳이 사람이 되어야만 했던 이유에 대해서는 더욱 무지하다.

마지막으로, 예수님이 왜 자진해서 죽어야 했는지 이해하지 못한다. 예수님이 얼마든지 피할 수 있지 않았냐고 묻는다. 어떤 믿지 않는 사람들은 예수가 자살한 것이라 말하기도 한다. 왜냐하면 죽을 줄 뻔히 알면서도 계속 복음을 전하며 예루살렘에 입성했고 순순히 잡혀 가야바 법정에 섰다는 게 그 증거라고 말한다. 보통 사람들은 죽을 길은 피하거나 도망간다. 그러나 예수님은 죽을 길을 스스로 정면으로 걸어 들어갔으니 자살이 아니냐는 것이다.

예수님을 보면 4년 전 반구대 암각화 앞에서 돌에 새겨진 수염고래에 대해 설명 들은 생각이 난다. 바위에는 수염고래를 포경하는 장면이 그려져 있다. 수염고래는 자신의 머리위에 새끼고래를 얹고 다닌다고 한다. 왜냐하면 머리위에 새끼고래를 데리고 다니다가 30초마다 어미의 머리로 새끼를 들어 올려 숨을 쉴 수 있게 하기 위함이다. 이때 포경선은 작살로 작은 새끼를 찍어 상처를 입히면 어미도 잡을 수 있다고 했다. 어미는 죽을 줄 알면서도 작살에 맞아 상처 입은 새끼 주위에 맴돌기 때문이다. 결국 같이 잡힌다는 것이다. 죽을 줄 알면서도 그 길을 걸어가게 하는 것이 사랑이다. 예수님도 죽을 줄 알면서도 사랑을 선택하신 것뿐이다.

# 사람이 되셔야 했던 이유

_성육신

모든 사람은 누구도 예외 없이 심판과 멸망에 노출되어 있다. 우리 모두는 죄인이며 내가 지은 죄의 대가를 죽음과 사망으로 치러야 하는 존재이기 때문이다. 여기에 우리 하나님 아버지의 딜레마가 있다. 사람을 사랑하기 위해 지으셨고 생육하고 번성하라 하셨는데 우리 모두가 자신이 지은 죄로 인해 멸망할 처지가 되어버린 것이다.

하나님의 속성에는 두 가지가 있다.

첫째, 죄의 대가는 반드시 사망과 심판으로 치러야 한다고 주장하시는 '공의' 의 하나님이다. 하나님은 죄에 대한 심판을 경고하신다. 죄의 대가를 사망과 영원한 멸망으로 치러야 한다고 하신 분이 우리 하나님이시다. 하나님이 가지신 공의의 성품 때문이다. 공의의 하나님을 생각할 때마다 우리는 두렵고 떨리는 마음으로 하나님을 경외하게 된다. 하나님 아버지는 인자하시지만 불의에 대해서는 단호히 심판하시는 분이시다. 심판으로부터 하나님 아버지의 권위가 나오며 지켜진다. 사랑만 해서는 버릇없는 자식으로 자랄 가능성이 많기 때문이다. 부모가 때리지 않는다고 해서 그것만이 사랑은 아니다. 성경은 자식을 사랑하거든 초달을 아끼지 말라고 말씀하신다. 자식을 사랑한다면 잘못했을 때는 때리라는 것이다. 집안에 무서운 사람 하나는 꼭 있어야 아이들이 잘 자라는 이치와 같다.

자식을 초달할 때 가장 나쁜 방법은 손이나 발로 직접 때리는 것이다. 인격을 모독하는 일이기 때문이다. 인격적인 초달은 우리 조상들이 잘하셨다. 초달을 해도 일정한 장소에서 일정한 도구로 일정한 부위를 일정한 횟수대로 때리셨다. 항상 인격을 고려해 남이 보지 않는 곳에서 때렸고 때리는 도구가 따로 있었다. 감정에 따라 때리는 부위가 달라지지 않았고 같은 잘못에 대해서는 항상 맞는 횟수가 일정했다. 이러면 아무리 맞아도 자식이 상처받지 않고 사랑으로 받아들인다. 하나님도 우리를 심판하거나 징계하실 때 쓰는 방법이 있다. 하나님이 직접 때리지 않으시고 우리를 치는 막대기로 세상과 사단을 사용하신다. 인격적인 배려 때문이다.

아들을 호되게 때려 본 적이 있다. 마음이 너무나 아팠다. 그래서 기도 중에 하나님께 물었다. "하나님. 하나님은 참 좋으시겠습니다. 직접 때리지 않으시고 사단과 이방나라를 통해 때리시니 말입니다." 이때 하나님이 마음으로 대답하셨다. "그건 네가 몰라서 하는 이야기다. 내가 직접 때리지는 않아 마음이 아프지는 않다.

그러나 기분은 너무나 상한단다." 내 자식을 남이 때리면 바로 그 마음이 든다. 한번은 아내가 아들을 때리는 것을 보았다. 남이 내 아들 때리는 것 같아 기분이 너무나 나빴다. 아마 내가 아들을 때릴 때도 아내의 마음이 그랬을 것이다. 하나님도 꼭 이런 마음이 드셨을 것이다. 그래서 한 번 초달의 도구로 쓰신 막대기는 용도를 다한 후에는 꼭 꺾어 버리신다. 사랑하는 내 자식을 때린 도구이며 결정적으로 내 기분을 상하게 만든 것에 대한 심판을 세상과 사단에게 내리시기 때문이다.

크리스천들은 공의의 하나님을 만나야 쉽게 죄를 짓지 않게 된다. 하나님을 두려워하며 살아야 방자해지지 않게 된다. 실제로 우리가 방자해지면 하나님은 때리시며 나무라신다.

둘째, 기다리고 인내하고 용서하시는 '사랑' 의 하나님이다. 사람이 회개하여 돌아오면 언제나 용서하시는 것이 하나님의 성품이다. 크리스천은 공의의 하나님보다는 사랑의 하나님을 먼저 경험해야 한다. 그래야 하나님께 맞아도 집나가지 않기 때문이다. 사랑하는 관계가 되면 자식이 부모에게 맞아도 사랑을 의심해 뛰쳐나가지 않는 이치와 같다.

요즘 보면 자신은 부모에게 한 번도 안 맞고 살았는데 관심 받지 못하고 버림받았다고 느끼며 사는 아이들이 있다. 반대로 자신은 부모에게 매일 맞고 살았는데도 사랑받고 있다고 말하며 커서 효도하는 아이들도 있다. 이것은 체벌하고 안 하고의 문제가 아니다. 어떤 관계이냐가 중요하다. 사랑하고 나서 때리면 체벌도 사랑이 된다. 그러나 사랑하지 않고 때리면 체벌은 심판만 된다.

공의와 사랑 이 두 가지가 하나님의 성품이며 인격이다. 하나님은 이 두 가지 성품을 동시에 갖고 계시다. 죄지은 우리에게 하나님이 찾아 오셔서 이렇게 말씀하실 수 있었다. "내가 너를 사랑하니까 너를 아무 조건 없이 용서하마." 이러면 하나님이 가지신 사랑의 성품은 만족된다. 그러나 죄지은 대가를 죽음으로 치르라 말씀하신 공의의 성품은 거짓말이 되고 만다.

죄지은 우리에게 하나님은 이렇게 말씀하실 수도 있었다. "네가 죄를 지었으니 네가 갚고 죽어라." 이러면 하나님이 가지신 공의의 성품은 만족된다. 죄를 지었으니 스스로 갚으라는 말은 정의로운 말이기 때문이다. 그러나 하나님의 사랑이라는 성품에는 위배되는 일이 된다.

이 두 가지 하나님의 속성을 동시에 만족시키면서 우리가 살 수 있는 방법이 딱 하나 있다. 누군가 우리를 위해 대신 죽어주는 것이다. 성경은 우리를 위해 대신 죽어 속죄하는 분을 '대속자'라 말한다. 은혜란 잘못을 눈감아 주는 것이 아니다. 누군가 대신 갚아 주는 것이다. 공의와 사랑을 동시에 만족시켜주는 법은 세상에 은혜밖에 없다.

우리 죄를 위해 대신 죽어줄 수 있는 분은 반드시 두 가지 조건을 갖추어야 한다. 첫째, 죄 없으신 분이어야 한다. 죄 있는 분이 죽으면 자신의 죄 때문에 죽는 셈이 되기 때문이다. 죄 있는 분은 결코 남을 위해 대신 죽어줄 수 없다. 온 세상에는 그 어디에도 죄 없는 인간이 없었다. 그래서 세상에서 유일하게 죄 없으신 분, 하나님의 아들이 선택된 것이다.

둘째, 완전한 인간이어야 한다. 이미 하나님이 말씀하신 대로 죄는 반드시 죽음으로 갚아야 한다. 그러나 신은 우리 죄를 위해 대신 죽어 줄 수 없다. 죽을 수 없기 때문이다. 완전한 인간만이 죽을 수 있다. 신이 죽었다고 말하면 그것은 거짓 쇼가 된다. 그래서 죄 없으신 하나님의 아들이 죽을 수 있는 사람으로 오셔서 우리의 죄를 대신하여 죽으신 것이다.

죄 없으신 예수님을 우리 대신 죽게 하셨다. 이제 우리가 지은 죄의 대가를 죽음으로 갚으라는 하나님의 공의가 만족되었다. 죄 지은 우리를 죽이지 않으시고 자신의 아들을 대신 죽게 하사 우리를 살리셨다. 하나님의 사랑이 만족된 것이다. 예수님이 대신 죽으심으로 두 가지 문제가 완벽하게 해결되었다. 먼저는 우리의 죄와 사망의 문제가 근본적으로 해결되었다. 그리고 하나님의 두 가지 성품이 완벽히 만족되었다. 하나님이 아들 예수님더러 이렇게 말씀하신 것이다. "네가 죽어 이 사람들이 살 수 있다면 네가 죽어야 한다. 네가 죽어야만 사람들이 살 수 있기 때문이다." 아버지로서 아들에게 하기 힘든 참으로 가슴 아픈 말이다.

신앙적으로는 이것을 대속이라고 말한다. 세상의 말로는 희생이라 한다. 세상에서 희생은 대부분 약자들의 몫이다. 강자들은 대개 약자에게 희생을 요구한다. 그러니 하나님의 희생은 전혀 다른 희생이다. 강자가 약자를 위한 희생을 스스로 자원한 것이다. 세상과 전혀 다른 신적인 고귀한 희생을 하신 것이다.

예수님은 완전한 하나님이시자 완전한 인간이시다. 예수님이 "완전한 하나님이시다"는 의미는 그분이 '죄 없으신 분'이라는 뜻이다. 그러나 예수님이 "완전한 인간이시다"는 의미는 그분이 '죽을 수 있는 사람'으로 이 땅에 오셨다는 의미이다. 두 가지 개념이 상반되게 느껴질 때가 있다. 그러나 대속을 위해서는 두 가지 모두 충족해야 할 조건이었다. 이처럼 하나님의 아들이 사람의 아들로 성육신하신 것은, 우리 죄와 사망의 문제를 대신 해결해주기 위해서였다. 죄 없으신 예수님만이 대속의 죽음을 통해 우리 죄와 사망의 문제를 해결하실 수 있었다.

그리고 예수님이 성육신하신 데는 또 하나의 이유가 있었다. 그것은 바로 우리가 겪을 모든 고통을 함께 경험하시기 위해서였다. 2006년 12월에 개봉되었던 〈네이티비티 스토리〉라는 영화가 있다. 예수님의 너무나 인간적인 모습을 다룬 드문 영화이다. 이 영화에는 지금까지 여러 다른 예수 영화 가운데 보지 못했던 장면이 나왔다. 여인 마리아가 소리 지르며 다른 여인네와 똑같이 아기 예수님을 출산하는 장면과 예수님의 어린 시절을 그린 장면이 들어간 것이다. 우리는 예수님이 성령으로 잉태되었다고 해서 출산 과정 역시 성령으로 우아하게 고통 없이 이뤄졌으리라 착각한다. 예수님은 성령으로 잉태된 것이 사실이다. 그러나 출산은 마리아의 고통스런 뱃심으로 이뤄졌다. 이 영화는 예수님의 인간적인 모습을 신선하게 조명했다. 하나님의 아들이 사람의 복중에서 열 달을 계셨다. 마리아의 자궁을 통해 이 땅에 완전한 인간으로 탯줄을 끊고 탄생하셨다는 것 자체가 우리를 감동시킨다.

누군가의 고통과 어려움을 알려면 그 사람과 같은 상황에 처해 보아야 한다. 그 사람의 형편과 상황이 되어보지 않으면 그 사람의 고통은 절대 모른다. 남의 아픔을 안다고 쉽게 말하지 말아야 할 이유가 여기에 있다. 배고파보지 않은 사람은 배고픔을 모르기 때문이다. 배신당해 보지 않으면 배신이 무엇인지 모른다.

주님은 40일 금식 기도를 하셨기에 배고픈 사람의 고통을 아신다. 제자에게 배신을 당했기에 배신당한 사람들의 아픔을 아신다. 주님은 십자가에서 돌아가셨기에 죽음의 고통과 외로움과 절망을 아신다. 주님은 인간이 되어 모든 경우의 고통을 경험해 보셨다.

〈리더스다이제스트〉에 한 어머니가 겪은 아픔이 실렸다. 미국에서 한 어머니가 딸을 낳고 보니 앞을 보지 못하는 아이였다. 당시 어머니는 가난하고 키울 능력이 없어서 아이를 입양 보내게 된다. 20년이 지나 생활이 나아지자 아이가 너무 보고 싶어 변호사를 사서 수소문하게 된다. 아이는 장성하여 대도시에서 밤무대 가수로 일하고 있다는 사실을 알게 된다. 사람을 보내 만나고 싶다고 전했다. 그러나 돌아온 딸의 답은 싸늘한 거절이었다. "나를 버린 사람은 나의 엄마가 될 수 없습니다. 그런 엄마는 만나고 싶지 않습니다. 나는 지금 나의 생활에 만족하고 있습니다." 엄마는 딸이 보고 싶어서 결국 찾아가게 된다. 찾아온 엄마에게 딸은 극도로 분노하며 말한다. "내가 정상인이었어도 엄마가 날 버렸을까요? 내가 맹인이니까 부끄러워 버리셨겠지요. 제가 지금껏 얼마나 힘들게 살았는지 아마 상상도 못할 거예요."

엄마는 울며 다가가 딸의 얼굴을 더듬으며 만진다. 이때 딸의 가슴이 쿵 하고 내려앉는다. 엄마가 자신의 얼굴을 더듬고 있었기 때문이다. 딸은 떨리는 목소리로 묻는다. "엄마도 나처럼 앞을 보지 못한단 말이에요? 엄마도 맹인이란 말이에요?" 엄마는 그제야 출생의 비밀을 말해준다. "앞을 못 보는 내가 너를 낳고 보니 도저히 키울 수가 없었어. 그래서 입양 보낸 거란다." 딸은 이 말을 듣고 통곡하며 엄마를 용서한다. 오히려 엄마를 증오하며 살아온 못난 자신을 용서해 달라 청한다. 엄마가 나처럼 앞을 보지 못할 거라는 생각을 단 한 번도 해보지 않았기 때문이다. 예수님이 인간으로 오셨다는 것은 바로 이런 의미이다.

사람들은 어렵고 고통당할 때 왜 나에게만 이런 일이 일어났냐고 불평한다. 하나님이 내 고통은 아시기나 하냐고 항의한다. 그러나 우리는 딸처럼 절규하며 용서를 청해야 한다. "예수님도 나와 같은 인간이셨단 말입니까? 나와 같은 고통을 당하셨다는 말입니까?" 예수님은 우리의 고통을 이미 다 아신다. 먼저 경험해 보셨기 때문이다. 이것이 하나님의 아들이 인간이 되신 또 하나의 목적이다. 우리 고통을 털어놓고 이야기할 수 있는 분이 곁에 계시다는 것이 우리의 힘이다.

예수님이 서른 살까지는 평범한 인간으로 이 땅을 사셨다. 그 후 3년간 공생애를 살다 승천하셨다. 예수님이 서른 살이 되어 비로소 공생애를 시작하신 이유가 무엇일까? 아주 평범한 인간 목수로 30년간 살아야 했던 이유가 있었다. 예수님이 공생애를 시작하자마자 자신의 고향땅에서 배척받으시는 장면이 성경에 나온다. 예수님이 자신의 인간적인 약점까지도 고향 사람들에게 모두 보이시고 진짜 인간으로 사셨음을 알 수 있는 장면이다. 예수님이 신적인 장점만 보이셨다면 이렇게 배척받으실 리가 없기 때문이다. 목수일로 생계를 꾸려가는 어려움을 직접 겪어 보셨다. 사람의 희로애락을 직접 경험하셨다. 인간이 당할 수 있는 모든 경험을 우리 앞서 당하셨다.

예수님은 서른 살이 되어서야 비로소 메시아가 되신 것은 아니다. 이 땅에 태어나면서부터 메시아였다. 이미 열두 살 때 성전에서 율법학자들과 성경을 가지고 논할 수 있는 실력을 갖추셨다. 그럼에도 서른 살까지 공적인 사역을 미루신 또 하나의 이유가 있다. 당시의 문화적 배려 때문이다. 팔레스타인은 지리적으로 동양 문화권이다. 어린아이인 예수님이 공적인 사역을 시작하셨다면 아마 문화적, 사회적으로 많은 제약이 있었을 것이다. 어린 예수님이 베드로더러 이렇게 말했다면 어땠을까? "나를 따르라. 사람 낚는 어부가 되게 하리라."

예수님의 사적인 30년 생애는 잃어버린 고통의 시간이 아니었다. 예수님은 사적인 시간에 대해 이렇게 말씀하셨을 것이다. "그 시간은 나에게 꼭 필요한 시간이었다. 사람이 되어 사람의 모든 걸 이해하게 된 시간이었다." 직접 사람이 되어 모든 걸 경험할 수 있는 완전한 성육신의 시간이었기 때문이다. 신으로서 인간을 아는 것과 신이 인간이 되어 인간을 아는 것은 질적인 차이가 있다. 사람인 우리가 개와 고양이를 사랑한다 해서 얼마나 저들을 알겠는가? 개의 언어, 개의 아픔, 개의 문화, 개의 마음은 전혀 모를 것이 분명하다. 왜냐하면 우리는 개가 되어 본 적이 없기 때문이다. 완전한 사랑과 이해는 그 사람과 같아져야만 할 수 있는 것이다. 그래서 하나님이신 예수님이 사람이신 예수님으로 사셨다.

# 기독교의
## 필살기
_ 십자가

한번은 전 세계 무술인들이 모여 승자를 가리는 격투기 시합을 했다. 태권도, 가라데, 쿵푸, 우슈, 유도, 킥복싱 등 온갖 전 세계 무술인들이 모여 기량을 겨루었다. 그런데 최종으로 승리한 무술은 다름 아닌 절권도였다. 절권도는 이미 고인이 된 이소룡이 만든 권법이다. 절권도가 승리한 원인은 이렇다. 다른 모든 무술들은 품새가 있고 품새에 강한 무술이었다. 그러나 유독 절권도만은 품새가 아예 없고 필살기만 있는 무술이었다. 품새란 무술의 형식과 예절과 모양을 말한다. 품새에 강한 무술이란 무술의 폼을 중시하는 무술이라는 뜻이다. 대부분의 무술은 폼생폼사, 폼에 살고 폼에 죽는 무술이었다. 그러나 절권도만은 품새는 없고 필살기만 있는 무술이다. 예비 동작 없이 상대의 급소를 바로 가격하여 제압해 승리하는 무술이었다. 품새에 해당하는 예비 동작이 없기에 상대가 어떤 예측이나 대비도 하지 못한 채 급소를 맞아 쓰러진다는 말이다.

한방에 급소를 쳐 사단과 세상을 제압할 기독교의 필살기는 무엇일까? 다름 아닌 십자가이다. 품새에 강한 종교는 변죽만 울리는 종교이다. 그러나 기독교는 십자가를 필살기로 삼아 세상의 무게중심을 치는 종교이다.

40일 금식을 마치고 공생애를 시작하려는 예수님께 사단이 시험하며 말한다. "네가 하나님의 아들이어든 돌로 떡을 만들어 먹으라, 나에게 절하라, 성전 꼭대기에서 뛰어내리라." 이렇게 세 가지 시험을 한 이유가 있다. 예수님이 십자가 지는 것을 막아 보려 한 것이다. 돌로 떡을 만들었다면 백성들이 예수님을 자신들의 왕으로 삼으려 했을 것이다. 백성들에게 제일 급했던 것은 배고픔이었기 때문이다. 성전 꼭대기에서 근사하게 뛰어 내렸다면 어땠을까? 천사가 받아 주었을 것이다. 지켜본 사람들은 예수님을 스타로 만들었을 게 틀림없다. 세상은 왕과 스타를 십자가에 못 박지 않는다. 그러면 인류 구원은 불가능하게 되는 것이다.

십자가는 사형수를 죽이는 가장 잔인한 사형대이다. 사형 도구가 기독교의 상징으로 선택된 것은 하나님의 아들이 십자가에 달리셨기 때문이다. 십자가는 크리스천이 부를 영원한 노래의 주제이다. 인류 구원의 완성이 그 형틀에서 이루어졌기 때문이다.

사단은 항상 우리가 범한 죄를 하나님께 가지고가 죄에 합당한 중형선고를 해달라고 요청한다. 이때마다 하나님이 매번 꺼내놓으시는 것이 십자가이다. 사단은 하나님께 말한다. "하나님은 어찌 저렇게 죄를 많이 지은 사람들을 사랑하십니까? 당신은 정의로운 분이 맞습니까?" 이것을 사단의 고발이라 말한다. 재판장이신 하나님은 이때 십자가를 사단에게 꺼내 보이신다. 이 사람의 모든 죄는 이미 내 아들이 십자가에서 다 갚았다고 말씀하시며 변론하신다. 그리고 사단 앞에서 우리를 무죄 방면하신다. 우리의 죄가 없어서 무죄 방면하신 것이 아니다. 아직도 죄인인 것이 분명하다. 그러나 예수님이 지신 십자가를 보시고 무죄를 선포하신 것이다. 이것을 칭의라고 말한다. 의롭지 않는데 의롭다고 말해버린 것이다.

가면을 오래 쓰면 가면 자국이 남아 닮아 버린다. 아들 자격은 우리에게 없으나 아들의 가면을 쓰고 살라고 하신다. 이 가면 자국이 바로 칭의이다. C. S. 루이스는 「순전한 기독교」에서 "가장합시다, 위장합시다!"라고 외친다. 하나님의 아들로 위장하고 가장하며 평생을 살면 진짜 하나님의 아들이 된다는 말이다. 내가 하나님의 아들 행세를 한다는 뜻이다. 그러나 내가 아들 행세를 하는 것이 통하는 이유는 따로 있다. 가짜 아들이 진짜 아들 행세를 함에도 진짜 아들로 인정해 주는 아버지가 있기 때문이다.

이 모습은 하얀 세마포로 우리를 덮은 것과 같다. 겉은 하얗지만 속에 있는 우리는 검다. 그러나 덮은 세마포를 보고 우리를 희다고 말한 것이다. 십자가가 칭의의 근거가 되었다. 십자가에는 이렇게 사람을 의롭다 칭할 수 있는 능력이 있다. 우리가 십자가 앞에만 서면 사단 앞에 당당할 수 있는 이유가 여기에 있다. 우리가 의롭게 된 것의 비밀이 십자가에 있기 때문이다.

예수님이 십자가를 지시는 과정을 보면 구약의 제사장들이 어린양을 속죄 제물로 바치는 과정과 똑같다. 세례 요한은 예수님을 보고 말했다. "보라, 세상 죄를 지고 가는 하나님의 어린양이로다!" 백성들의 죄를 면하기 위해 각을 떠 태워 드린 속죄의 제물인 양이 예수님이라는 것이다.

속죄의 제물로 드려지는 양은 흠이 없어야 한다. 예수님도 흠이 없으셨다. 흠 없는 양으로 키우려면 애완견처럼 애지중지 키워야 한다. 예수님도 우리 하나님께는 끔찍이 사랑받으셨던 외아들이었다. 귀하게 키운 양을 제사장에게 데리고 가서 흠이 있는가 여부를 검사한다. 흠 없음이 확인되면 제사장이 양의 머리에 안수하여 사람의 죄를 양에게 전가시킨다. 하나님도 우리의 죄를 예수님께 전가시키셨다. 마지막으로 양을 제단에 올려놓고 산 채로 각을 떠 가죽을 벗겨내 죽이는 것이다. 우리 예수님도 십자가에 달려 온갖 수모와 고통을 당하시며 죽으셨다. 애지중지 어린 양을 키운 사람은 자신의 죄를 대신하여 처절하게 죽어가며 신음하는 양을 곁에서 지켜보아야만 했다. 우리도 십자가 앞에 설 때마다 나 대신 당하신 예수님의 고통을 지켜 볼 수 있다.

어린양이 죽어가는 과정을 지켜본 사람은 세 가지 신앙 고백을 하게 된다.

"죄란 이렇게 심각한 것이구나." 지금까지는 죄를 지어도 죄의 심각성을 모르고 살았다. 그러나 죄의 대가는 반드시 사망으로 치르라는 말씀을 이제 실감할 수 있다. 양이 피 흘리며 죽어가는 모습을 보고 고통스런 신음소리를 듣고 있기 때문이다. 십자가 앞에

서면 우리도 예수님의 피 흘림이 보이고 고통의 신음소리를 듣게 된다. 내가 범한 죄의 결과가 얼마나 심각한지는 십자가 앞에 서 보아야만 뼈저리게 알 수 있다.

"내가 죽어야 하는데 네가 대신 죽는구나." 아무 죄가 없는 양이 나 대신 죽는 것에 대한 미안한 마음이 든다. 대신 죽는 것이 어떤 의미인지 실감하게 된다. 십자가 앞에만 서면 미안한 마음이 드는 이유도 이와 같다. 죄는 내가 지었는데 구약에서는 양이 죽었다. 그러나 신약에서는 예수님이 죽으셨다. 이것이 세상에 존재하는 최고의 부당함이다. 하나님은 우리를 살리려 자신이 그토록 싫어하셨던 부당함을 선택하셨다. 하나님이 우리를 사랑하신 대가 치고는 너무나 크게 치르셨다.

"양이 대신 내 죄를 위해 죽는 것을 하나님이 인정하셨다." 정의로 말하면 죄를 지은 당사자가 죽어야 마땅하다. 그러나 하나님은 나를 위해 대신 죽은 양을 보시고 내가 죽은 것으로 인정하셨다. 이것이 전적인 하나님의 은혜이다.

어린양 되신 예수님이 십자가위에서 우리를 위하여 대신 죽으셨다. 그의 죽으심을 보시고 하나님은 나의 죽음으로 인정하셨다. 이제 우리가 더 이상 죄값을 치르지 않아도 된 것이다. 우리가 십자가 앞에 서면 모든 것이 용서되는 이유가 여기에 있다.

십자가와 함께 하는 신앙생활에는 세 가지 단계가 있다.

첫째, 십자가를 보는 단계이다. 바라봄의 법칙이 있다. 무엇을 바라보며 사느냐에 따라 사람의 미래가 결정된다는 것이다. 무엇을 바라보며 사는지가 이처럼 중요하다. 내 눈에 보이는 것만 보면 실패한 인생이 된다. 우리 눈에는 힘든 것만 보이기 때문이다. 눈앞에 십자가를 걸어 놓고 보며 살아야 하는 이유가 있다. 십자가를 보면 십자가 인생이 되기 때문이다. 십자가 인생은 용서받은 인생이다. 하나님이 사단 앞에서 의롭다 칭하신 당당한 인생이 된다.

   십자가는 고지에 세워진 깃발과 같다. 십자가는 승리의 깃발이기 때문이다. 십자가를 바라보면 찬송이 저절로 나온다. "십자가, 십자가, 내가 처음 볼 때에 나의 맘에 큰 고통 사라져 오늘 믿고서 내 눈 밝았네. 내 기쁨 한량없도다."

   십자가 앞에만 서면 보이지 않던 것이 보이게 된다. 십자가는 깨끗한 거울과 같기 때문이다. 하나님이 보이고 죄인인 내 모습이 보인다. 누가복음 5장에 보면 베드로가 밤새 물고기 한 마리도 잡지 못하는 내용이 나온다. 주님이 나타나 그물을 깊은 데로 던지라 한다. 베드로는 명한 대로 순종하여 그물이 찢어질 정도로 많은 물고기를 잡는다. 베드로가 주님께 한 이상한 말이 있다. "주여, 나를 떠나소서. 나는 죄인이로소이다." 고기를 많이 잡았는데 왜 갑자기 죄인이라고 고백한 걸까? 그는 평소에 이런 말을 내뱉을 위인이 아니었다. 그러나 예수님 앞에 서면 누가 시키지 않아도 자신을 죄인이라 실토할 수밖에 없다. 전혀 티가 없는 거울 앞에 선 경험과 같기 때문이다. 무엇을 보며 사느냐가 이렇게 중요하다.

   십자가라는 안경을 쓰고 세상을 보면 모든 사람들이 평등하게 보인다. 모든 사람들의 호칭도 똑같이 진다. 세상 사람 모두의 공통 호칭은 '죄인'이다. 세상에서 말하는 높고 낮음도 없어진다. 병원에 심방 가보면 참 좋은 점이 있다. 세상 아무리 권세 있는 대통령, 장관이라도 병실 앞에는 장관이라 쓰여 있지 않고 환자 아무개라고 적혀 있다. 모두가 환자라고 불리고 같은 환자복을 입는다. 부자라고 다른 레이스 달린 환자복을 입는 것이 아니다. 의사 앞에서 모두 환자가 되듯이 하나님 앞에서 모두 죄인이 되는 것이다.

십자가를 바라보며 살면 세상에 무서울 것이 하나도 없다. "죽기밖에 더하랴"고 말하며 사는 인생도 무서운 인생이다. 포기한 인생들이 하는 말이기 때문이다. 그러나 제일 무서운 인생은 따로 있다. "죽이기밖에 더하랴"라고 말하며 사는 사람이다. 육신은 죽여도 영혼은 죽일 수 없다는 사람들이기 때문이다. 순교자들이 모두 이렇게 십자가를 보고 순교해 육신은 죽었으나 영혼은 살았다.

힘들다고 세상을 보고 살면 해결이 안 된다. 세상은 항상 힘들고 우리를 사랑하지도 않기 때문이다. 힘들면 힘들수록 십자가를 바라보아야 한다. 우리를 사랑하신다는 증표가 십자가이기 때문이다. 세상에 풍랑 없는 사람은 없다. 예수님과 함께 배 탔던 제자들에게조차 풍랑이 왔다면 더 말할 필요가 없다. 풍랑이 친다고 풍랑만 바라보면 물에 빠진다. 풍랑은 두려움만 가져다주기 때문이다. 풍랑을 보면 있던 실력도 없어진다. 풍랑이 칠수록 십자가를 보아야 없던 실력도 생기는 법이다.

둘째, 십자가를 붙드는 단계이다. 사는 것이 힘들면 다음 단계로 들어가야 한다. 십자가를 붙들고 사는 단계다. 십자가를 붙들고 살면 종말론적인 신앙인으로 바뀐다. 종말론적인 신앙인이란 천국을 소망하며 사는 사람들이다. 땅에 발을 딛고 살지만 하늘을 보며 사는 사람을 말한다. 하늘을 보며 사는 사람은 십자가를 붙들고 사는 사람들이다. 사람은 십자가를 붙들면 세상을 놓게 되어 있다. 그러나 세상을 붙들면 십자가를 놓는다. 둘 다 붙잡고 살 수 없기 때문이다. 세상 잡은 손을 놓고 사는 사람은 거칠 것이 없다. "세상에서 나는 더 이상 잃을 것이 없다"고 말하는 사람이기 때문이다. 세상이 마지막으로 협박하는 것은 죽음밖에는 없다. 죽음을 두려워하지 않는 사람들이니 십자가를 잡고 사는 사람들에게 거칠 것이 없다.

내 입장에서 말하면 십자가를 잡는 것이지만 주님 입장에서 생각하면 내가 주님께 잡히는 것이다. 주님께 잡힌다는 말은 주님이 모든 것을 책임져 주신다는 말이 된다. 우리가 세상에서 가장 안전한 생명보험에 가입한 것이다. 생명뿐 아니라 영혼까지도 보장되는 보험이다.

병원에서 임종을 맞이하는 환우를 찾아가 임종 예배를 드릴 때 꼭 가져가는 것이 있다. 교회에서 제작한 나무 십자가이다. 손에 꼭 쥐어주며 말한다. "당신을 위해 십자가에서 돌아가신 예수님이 당신의 모든 고통을 아십니다. 끝까지 책임져 주실 것이니 십자가를 꽉 잡고 죽음의 두려움을 이겨내십시오." 결국 돌아가시고 난 후 염습을 하려고 천을 거두어 보면 놀라운 광경이 펼쳐진다. 나무 십자가를 죽음의 순간까지 부여잡고 있는 손을 보게 된다. 마지막 죽음의 순간에 밀려오는 엄청난 두려움과 고통을 이기려고 얼마나 세게 십자가를 쥐었던지 손에서 아예 빼낼 수 없을 정도다. 힘을 주어 손바닥을 펴보면 한 가운데 나무 십자가 자국이 선명하게 남아 있다. 십자가 자국은 보는 이들로 많은 생각을 하게 한다. 사람이 마지막 순간까지 붙들고 갈 수 있는 것은 십자가밖에 없다. 십자가는 죽음의 순간에 우리가 부여잡고 갈 수 있는 마지막 희망이기 때문이다.

한번은 위암으로 두 번이나 수술하신 김 집사님께 수술 후 병상예배를 위해 찾아간 적이 있다. 의사 말로는 생존율이 높지 않다고 했으나 예배드린 후 이분은 반드시 나을 수 있다는 믿음이 생겼다. 왜냐하면 살아야 한다는 소명도 있고 나을 수 있다는 믿음도 있는 분이었기 때문이다. 낳으면 평생 지체장애자들을 돌보는 소망부에서 교사로 봉사하겠다는 서원도 내 앞에서 하셨다. 예루살렘 겟세마네 동산에 있는 500년 된 감람나무로 깎아 만든 나무 십자가를 선물로 집사님의 손에 꼭 쥐어 드렸다. 이 십자가는 성지순례 때 구입한 십자가였다. 십자가를 주면서 말했다. "집사님. 통증이 올 때마다 이 십자가 꼭 쥐고 참으세요. 예수님도 죽음의 고통을 먼저 경험하여 아시니까 집사님을 도우실 겁니다. 그리고 꼭 살아 돌아와 제게 이 십자가를 돌려 주셔야 합니다. 이 십자가를 받을 다음 사람이 기다리고 있습니다."

김 집사님은 정말 살아 돌아와 나에게 까맣게 손때 묻은 십자가를 돌려주었다. 십자가를 돌려받으며 같이 얼마나 울었는지 모른다. 지금도 집사님은 4년째 소망부에서 건강하게 교사를 하고 있다. 돌려받은 십자가는 바로 다음에 암으로 투병하는 이 선생님께 전달되었다. 그러나 그분은 결국 돌아가셔서 십자가를 돌려받지 못하고 대신 관 속에 함께 넣어 드렸다. 사람이 아무 때나 십자가를 붙들고 사는 것이 아니다. 절박하고 힘들어야만 그제야 십자가를 붙드는 법과 의미를 배운다.

셋째, 십자가를 지는 단계이다. 십자가를 져보는 단계가 있다. 여러 가지 이유로 너무나 힘들게 사는 교우를 만나는 경우가 많다. 이때 목사는 역설적으로 이해 못할 권면을 한다. "힘들수록 십자가를 지고 사세요." 이 권면은 이미 예수님이 하셨다. "나를 따라오려거든 자기 십자가를 지고 나를 따르라. 나의 멍에를 지고 내게 배우라. 내 짐은 쉽고 가벼우니라." 안 그래도 힘든데 오히려 십자가를 지고 살라 하신 것이다.

예수님이 지라 하신 멍에는 세상과 다른 특성이 있다. 세상의 멍에는 지면 질수록 힘든 게 사실이다. 그러나 주님이 매라 하신 멍에는 지면 질수록 가볍고 쉬워진다. 십자가 지고 사는 것을 원하는 사람은 세상에 없다. 사람들은 십자가 지기를 싫어하고 피하려 한다. 십자가를 희생과 고통이라고 생각하기 때문이다.

그러나 십자가를 일단 져 본 사람은 다르게 말한다. 져 보면 볼수록 쉽고 가볍다고 말한다. 이것은 져 본 사람만이 알 수 있고 말할 수 있다. 쓰는 힘으로 십자가를 지는 것이 아니라 내리는 힘으로 지기 때문이다.

세상에는 쓰는 힘이 있고 솟는 힘이 있다. 쓰는 힘은 본래 내 힘이고 솟는 힘은 사람들의 격려 때문에 생기는 힘이다. 사람들이 칭찬할 때 사람은 힘이 솟는다. 솟는 힘만 가져도 사람은 못 해낼 일이 없을 정도다. 그러나 십자가를 지면 솟는 힘을 넘어 내려주시는 힘이 주어진다. 이 힘은 하나님께서 나에게 내려주시는 힘이다. 순교자들이 바로 이 내려주시는 힘을 받아 담대히 죽었음이 분명하다. 사람은 솟는 힘 가지고는 죽을 용기가 생기지 않기 때문이다. 내려주시는 힘 갖고 사는 사람은 세상에 불가능이 없다. 내려주시는 힘은 십자가를 질 때 주어지는 힘이다.

  십자가 지는 것을 묵상하면 할수록 어릴 적 개울을 건넜던 기억이 난다. 여름철 장마가 시작되면 냇가에 물이 넘쳐 학교에 못 가는 경우가 다반사였다. 물살이 너무 세 떠내려가기 때문이다. 이럴 때면 선배 형들이 머리를 썼다. 큰 돌 하나씩 머리에 이고 개울을 건너는 것이다. 돌을 머리에 이고 건너면 돌의 무게 때문에 떠내려가지 않게 된다. 거뜬히 개울을 건널 수 있었다. 평지에서 돌 들고 있는 것은 분명 고통이다. 그러나 돌을 들고 일단 거친 물 속에 들어가면 전혀 상황이 달라진다. 오히려 돌이 사람을 자유롭게 하여 거뜬히 건너게 만들어준다. 십자가도 꼭 이와 같다. 십자가를 지고 사는 것이 평소에는 힘들고 고통스럽다. 그러나 일단 세상의 거친 소용돌이 속에 들어서면 상황은 전혀 달라진다. 십자가를 지는 것이 오히려 우리를 자유하게 만들어 준다. 어떤 물살도 우리를 감히 넘어뜨리지 못하게 하는 버팀목이 되는 능력을 공급해 주기 때문이다. 세상의 소용돌이는 항상 다가온다. 그래서 항상 십자가 질 준비를 하며 살아야 한다.

  말레이시아 유스코스타 집회에서 설교하다가 십자가를 목에다 걸고 있는 자매를 보고 면박을 주었던 적이 있다. "야, 십자가는 걸고 다니라고 주신 것이 아니라 지고 다니라고 주신 거야. 어찌 죽음의 형틀을 걸고 다니는 것이 어울리냐? 형틀은 거는 것이 아니라 지는 것이 맞으니 앞으로는 십자가를 지고 살아라." 이 말을 듣자마자 자매들이 목에 걸었던 십자가를 등 뒤로 확 넘겼다. 목사가 십자가를 지라 했으니 앞에 걸었던 십자가를 뒤로 넘기는 것을 보면서 같이 얼마나 웃었는지 모른다. 아이들은 십자가를 뒤로 넘긴 상태로 잠을 잤다. 다음날 잠자고 나온 아이들이 이구동성으로 하는 말이 있었다. 십자가가 몸에 박히는 불편이 있었는데 등에 십자가가 박히는 느낌이 남달랐다는 것이다. 십자가는 우리가 목에 걸고 다니는 액세서리가 아니다. 우리가 져야 할 몫이다. 주를 위해 섬기며 헌신하고 손해 볼 줄도 아는 삶이 십자가를 지는 삶이다.

교회 안에 회자되는 깔대기 이론이라는 것이 있다. 청년부 성경공부는 어느 본문을 가지고 공부해도 마지막에는 깔대기의 끝처럼 결혼과 이성교제 문제로 적용하며 끝난다는 이론이다. 40대는 자녀문제로, 50대는 건강으로 물이 깔대기의 끝을 통과하듯 결론이 난다는 말이다. 기독교의 깔대기 이론은 십자가이다. 십자가를 통하지 않고는 어떤 답과 적용과 삶도 나오지 않는다.

# 예수가
# 마스터키다
_ 예수 이름의 능력

"Jesus is Masterkey"라는 고백이 미국 교회 안에서 영적인 슬로건으로 내걸려 큰 반향을 일으키고 있다. 세상에서는 우리는 사회학적, 심리학적, 과학적으로 풀리지 않는 난제들을 수없이 만나게 된다. 예수의 이름으로 이 모든 난제들을 풀 수 있다는 믿음의 고백을 하며 정면 돌파하려는 사람들이 생겨난 것이다. 이들의 믿음은 예수나 믿는 믿음이 아니다. 이들은 예수만 믿는 믿음의 사람들이다. 예수나 믿다가 죽어서 천국 가는 크리스천들이 아니다. 예수를 한번 제대로 믿겠다는 크리스천들이다. 이 땅에서 하나님의 나라와 능력을 모두 경험하고 누리며 살겠다는 사람들이다. 예수의 이름을 자신 앞에 놓여 있는 불가능해 보이는 일에 들이댄다. 예수 이름이 통하는지 실험하고 증명하는 사람들이다.

이런 사람들은 영적인 임상실험을 통하여 내린 결론이기에 확신이 있다. 무기력한 교회와 세상에 대해서 매우 도전적이다. "내가 해보니 되더라"는 말처럼 영향력 있는 말은 없다. 예수 이름의 선포는 자기 암시나 긍정성을 주입하는 마인드 컨트롤이 아니다. 실제로 질병을 치유하며 문제를 구체적으로 해결해 나가는 능력을 보여준다. 세상에는 지금도 예수 이름의 능력을 써먹으며 사는 크리스천이 있다. 그러나 예수 이름을 2천 년 전의 전설로 여기며 능력 없이 사는 사람들도 많다.

예수의 이름에는 치유의 능력이 있다. 예수의 이름은 우리가 습관적인 주문을 외듯 주술적으로 말하라고 주신 이름은 아니다. 믿음을 가지고 예수 이름을 선포할 때 치유와 회복의 능력은 나타난다. 치유와 회복을 위한 세 가지 조건이 있다. 첫째는 예수 이름의 선포이다. 둘째는 치유를 선포하는 사람의 믿음과 셋째는 치유 받는 사람의 믿음이다. 이 세 가지 조건이 합해질 때 치유와 회복은 나타나게 된다.

스스로 성숙하다 말하는 크리스천 가운데 이렇게 말하는 사람들이 간혹 있다. "나는 병이나 낫고 문제나 해결하자고 예수 믿는 사람이 아니다." 겉으로 보기에는 성숙한 말 같아 보인다. 그러나 가만히 들여다보면 영적 패배주의가 들어 있다. 이런 사람들은 신앙에 있어서 중요한 것을 잃어버리며 사는 경우가 많다. 예수는 병 낫자고 믿는 것이다. 예수는 문제 해결하자고 믿는 것이 맞다. 눈앞에 있는 문제 하나 해결 못 한다면 그것이 무슨 신앙이 되겠는가? 예수 믿어 구원은 받았는데 콤플렉스는 이겨내지 못했다는 말이 더 이상하다. 그러나 예수는 병만 낫고 문제만 해결하자고 믿는 것은 아니다. 병 낫는 것과 문제 해결하는 것이 예수 믿는 목적은 분명히 아니라는 말이다. 예수는 믿는데 나를 제일 힘들게 하는 문제들을 해결 못하며 매일같이 쩔쩔매며 고통 가운데 사는 것을 우리 하나님이 정작 원하시지 않는다. 예수 이름이 우리가 습관적으로 외우며 살라고 주신 주문이나 액세서리 같은 것이 아니기 때문이다. 걸어놓고 관상용으로 보라고 주신 것이 아니다. 써먹으라고 주신 선물이며 병장기다.

우리가 쓸데없이 건강하기를 구하는 것도 아니고 쓸 데가 있어서 필요한 건강을 구하는데 하나님이 왜 주시지 않겠는가? 주의 사역을 위해 쓸 데 있어서 구하는 건강은 반드시 주신다. 쓸 데가 없는데 구하는 건강과 재물이니까 주시지 않는 것뿐이다. 하나님이 나보다 나를 더 잘 아신다. 하나님은 쓸데있는 것과 쓸데없는 것을 구분하여 주신다. 주어서 소용 있는 것과 주어서 소용없는 것을 명확히 구분하신다.

교회 공동체 내에서 기도회를 인도할 때 몸이 아픈 사람들을 위해 중보 기도를 하는 순서가 종종 있다. 예전에는 그저 하나님의 때와 뜻이 계시면 고쳐달라고 맡기며 기도하는 수준이었다. 그러나 저들에게 아무런 변화나 영적인 영향력을 주지 못함을 알았다. 예수 이름으로 담대히 선포하고 싶은 성령의 도전을 경험한 후로 이제는 담대히 치유를 선포한다.

그렇다면, 예수의 이름을 통해 치유는 어떻게 일어날까?

먼저, 상처와 질병을 드러내야 한다. 미국의 한 보험회사에서 가장 판매율이 좋은 사람은 다름 아닌 말을 더듬는 사람이었다.

그 비결은 무엇이었을까? 그는 처음부터 고객들에게 나는 말을 더듬는 사람이라고 말하고 시작했다. 그랬더니 사람들이 오히려 집중해서 들어 주어 판매율이 높아졌다는 것이다.

문제가 있거나 아픈 사람들에게는 자신을 드러내는 폭로의 과정이 필요하다. 문제가 있는 사람들과 몸이 아픈 사람들은 일단 공개적인 자리에 나와야 하며 아픈 것을 드러내야 한다. 자신의 아픔과 문제를 드러내는 것도 하나님의 부르심에 대한 응답이며 믿음이다.

어떤 교회나 공동체에서는 자신의 아픔과 질병을 드러내지 못하는 분위기가 있다. 왜냐하면 아픔과 질병을 무조건 하나님의 징계와 심판으로만 여겨 정죄하기 때문이다. "기도 안 해서 그래, 십일조 떼먹어서 치신 거야. 거봐, 새벽기도 나오라고 했잖아. 하나님께 약속한 거 있지? 회개하지 않은 죄 때문이야." 이런 식으로 정죄하면 자신의 아픔을 드러낼 사람은 없다. 모든 문제를 숨길 수밖에 없다. 아예 중보기도가 불가능하게 된다. 상처는 누구나 있을 수 있으며 하나님이 사람을 연단하시는 도구라는 것을 받아들여야 한다. 질병은 모두 하나님의 징계가 아니라 잘못된 습관에서 온 부작용일 수 있다. 지금까지 살아왔던 삶의 방식과는 전혀 다르게 살라는 하나님의 계시로 받아들이면 된다. 상처와 질병을 자연스럽게 공개한다는 것은 성숙한 공동체가 이미 형성되어 있다는 판단의 근거가 된다.

그리고 소명을 확인하는 과정을 갖는다. 소명이 있는 한 사람은 죽지 않는다. 죽지 않는다는 말에 포커스를 맞추지 말고 나에게 남아 있는 소명이 무엇이냐가 훨씬 중요하다. 살아야 할 이유, 뚜렷한 목적이 있는 사람은 절대로 죽지 않는다. 그러나 소명을 다하면 반드시 죽는다. 소명이 사라진 사람은 살아도 산 사람이 아니라는 말이다.

병원에서 암환자들의 치유를 위해 기도할 때 목사로서 생각해 보아도 환자에게는 너무나 야박한 질문을 한다. "당신이 꼭 살아야만 하는 이유가 무엇입니까?" 그 질문에 분명히 대답하는 사람이 있다. "나는 이러이러한 소명이 남아서 반드시 살아야 합니다." 그러면 다시 묻는다. "그게 왜 꼭 당신이어야만 하는 이유가 무엇입니까?" 이 두 가지 질문에 명확하게 대답하는 사람치고 바로 죽은 사람을 나는 본 적이 없다. 내가 살아 있어야 하는 분명한 이유와 소명을 아는 사람은 절대로 죽지 않는다. 소명이 있는 사람을 불러 가실 하나님이 아니시기 때문이다. 내가 꼭 살아야 하는 이유와 그게 나여야 하는 이유를 주저없이 말하는 사람들의 쾌유 속도는 거의 기적에 가깝다. 의료기술이 아니라 소명이 사람을 살리고 죽이는 것이다. 그래서 목사는 성도의 소명을 재차 확인하는 것이다.

옛날 어른들에게서 별똥별이 떨어질 때 소원을 빌면 이루어진다는 얘기를 들은 적이 있다. 무속신앙 같은 이야기이나 충분히 이유가 있는 내용이다. 별똥별이 떨어지는 시간은 대략 3초 이내이다. 그 짧은 3초 안에 자신의 소원을 정리해서 말할 수 있을 정도면 누구나 성공할 수 있다는 말이다. 당신의 소명이 무엇이냐는 질문에 3초 이내에 명확하게 말할 수 있는 사람은 반드시 산다.

마지막으로 중보기도자들의 도움을 받아야 한다. 주변에 있는 중보자들에게 아픈 사람들의 몸에 손을 대고 기도하라고 요구한다. "너희 중에 병든 자들이 있느냐? 교회의 장로들을 청하여 다 기름을 바르고 병 낫기를 위해 서로 기도하라." 야고보서의 말씀에 순종한 것이다. 교인들이 목사에게만 기도받겠다고 줄 서 있는 교회는 좋은 교회가 아니다. 목사만 손 얹고 기도해야만 낫는다고 성경은 말하지 않는다. 교회 안에 치유의 은사가 있는 사람이 있어야 하고 그게 꼭 목사가 아니어도 된다. 교인들 가운데 어려운 일이 있을 때마다 찾아갈 사람이 많은 교회가 좋은 교회이다. 전공 별로 찾아갈 사람이 많은 교회는 더 좋은 교회이다. 교육이면 교육, 치유면 치유, 방언이면 방언, 전공이 다양한 사람들이 모인 교회 말이다.

# 예수를 꼭 믿어야 하는 이유

_ 예수 이름에 대한 확신

세상의 많은 사람들은 크리스천들에게 이렇게 묻는다. "예수를 꼭 믿어야만 하는 이유가 무엇입니까?" 신을 믿는 것은 좋은데 그게 꼭 예수여야만 하는 이유가 무엇이냐고 묻는 것이다. 이에 대한 분명한 대답을 크리스천들은 가지고 있어야 한다. 그렇다면 함께 생각해보자. 예수를 꼭 믿어야 하는 이유는 무엇일까?

첫째, 구원받기 위해서이다. 선하게 사는 것이 인생의 목적이라면 다른 종교를 믿어도 된다. 크리스천보다 더 선하게 사는 종교인들은 세상에 많기 때문이다. 그러나 인생의 목적은 선하게 사는 것이 아니라 구원받는 것이다. 인생의 목적이 구원이기에 예수를 믿어야만 한다. 그렇다고 선하게 살지 않아도 된다는 뜻은 아니다. 선하게 살아야 하지만 그것이 인생의 목적은 아니라는 말이다. 성경은 구원에 대해서는 한 치의 양보 없이 단호하게 말한다.

"다른 이름으로는 구원을 얻을 수 없나니 천하 인간에 구원을 얻을 만한 다른 이름을 우리에게 주신 일이 없느니라", "나로 말미암지 않고서는 아버지께로 올 자가 없느니라." 타협의 여지를 남겨놓지 않고 '오직'이라고 못 박아 버린다. 구원을 얻는 길은 종교 다원주의자들이 말하는 '여러 길'이 아니라 오직 '한 길' 예수뿐이다.

왜 기독교는 하나의 길만 고집하냐고 다원주의자들이 공격한다. 예수만이 구원 얻을 길이라고 주장하는 것은 기독교의 아집과 독선을 증명하는 것 아니냐고 말한다. 그러나 거꾸로 생각해보면 예수를 구원받을 길로 정해두신 것은 독선과 아집이 아니다. 오히려 우리를 위한 하나님의 배려이다. 복잡하게 생각할 것도 없고 선택의 혼란도 없게 만들어 놓으신 단 하나의 길이다. 하나님이 인간에 대해 보시는 단 한 가지가 있다. 오직 예수 믿는 믿음만 보신다. 그래서 하나님께 인정받기 쉽고 구원받기 쉽다. 이 길로 들어서면 구원 얻을 수 있게 해두신 것이 하나님의 사랑과 배려다.

세상에서 정말 귀한 것은 드물다. 희소성이 가치가 되기 때문이다. 세상에 단 두 장밖에 없는 우표가 있었다. 한 사람이 막대한 돈을 주고 다른 한 장을 구입한 후 모든 사람들이 보는 앞에서 과감히 찢어버렸고 이를 지켜보던 사람들은 비명을 질렀다. 이 사람이 우표 한 장을 찢은 이유가 있다. 자신이 가지고 있는 우표를 세상에 단 하나밖에 없는 우표로 만들기 위해서다. 찢은 즉시 남은 한 장의 우표의 가치는 두 배 이상으로 뛰어 올랐다. 희소할수록 가치가 높아진다는 원리를 아는 사람이다.

구원의 길은 귀하고 소중하기 때문에 단 하나밖에 없는 오직 예수로 만들어 놓은 것이다. 세상에 천한 것은 흔하다. 여러 개 있다는 말은 흔해서 소중함을 모른다는 표현이다. 하나님은 오직 예수라는 귀하고도 쉬운 구원의 길을 허락하셔서 우리를 향한 사랑을 표현하셨다. 세상에서 귀한 것은 얻기도 어렵다. 그러나 구원은 귀한데도 얻기는 쉬운 점이 다르다. 이것이 예수님을 구원의 외길로 만드신 이유이다.

둘째, 전지전능한 하나님이 나를 사랑하시기 때문이다. 세상은 우리를 사랑하지 않는다. 써먹다가 쓸모가 없어지면 폐기한다. 대부분의 사람들은 정신없이 살다가 나이가 들어 은퇴할 때가 되어서야 이런 현실을 알게 된다. 울고불고 세상과 직장이 나에게 그럴 줄 몰랐다고 해보았자 때는 이미 늦었고 소용이 없다. 늙어도 끝까지 월급 주고 생명까지도 보장해 주는 직장과 세상은 그 어디에도 없다. 사람들은 이것을 잊고 우리를 사랑하지 않는 세상에 목을 매고 살아간다. 이처럼 위험한 모험과 도박은 없다. 사랑하지 않는 대상에게 인생을 올인하며 사는 것은 가장 위험한 도박이기 때문이다. 세상은 끝까지 책임져 주지도 않고 책임져 줄 수 있는 실력과 능력도 없다. 사랑한다는 말은 책임져 준다는 말이다. 끝을 보장해 준다는 말이기도 하다.

우리의 인생을 맡길 수 있는 가장 안전한 대상은 두 가지 조건을 갖추어야 한다. 먼저, 전지전능해야 한다. 전지전능해야 나의 모든 필요를 완전히 채워줄 수 있는 능력이 되기 때문이다. 예수님에게는 온전하다는 말을 쓰지 않고 완전하다는 표현을 쓴다. 왜냐하면 온전함은 사람에게 해당되나, 완전함은 신에게 해당되는 말이기 때문이다. 전지전능하신 신과 무지무능한 나는 전혀 다른 존재이다. 전지전능하신 하나님이 지으신 세상은 뭐가 달라도 다르다. 새가 날다가 서로 부딪쳐 추락했다는 말을 듣지 못했다. 어릴 적 대나무 숲에서 망치로 대나무를 치면 잠자던 참새가 놀라서 떨어지는 경우는 있다. 그러나 서로 날아오르다 부딪쳐 떨어지지는 않는다. 수많은 바다 속 물고기가 헤엄치다 충돌했다는 이야기도 듣지 못했다. 그러나 인간이 만든 차와 비행기는 수시로 부딪치고 떨어진다. 세상에서 제일 안전한 비행기를 타는 방법이 있다. 최근에 추락한 항공사의 비행기를 타면 된다. 왜냐하면 떨어진 후에 나머지 비행기를 철저하게 수리했을 게 분명하기 때문이다. 그러나 이렇게 수리한 비행기도 언젠가는 다시 떨어진다. 이유는 단 한 가지이다. 무지무능한 인간이 만들었기 때문이다.

그러나 예수님은 완전하고 전지전능하신 분이시다. 그렇기에 우리의 모든 것을 책임져 주실 수 있다. 기계고장을 일으킬 리가 없다. 불시착을 염려하지 않아도 된다. 그러나 예수님이 전지전능하다 해서 나의 모든 필요를 책임져 주는 것 또한 아니다. 전지전능하시며 완전하신 그분이 나를 사랑해야 모든 것을 책임져 줄 수 있는 것이다.

예수님이 전능하다는 것만 가지고는 사실 나와 아무런 관련이 없을 수 있다. 전능하신 분이 나를 사랑해야만 그분의 전능함이 나의 필요를 채워줄 수 있다는 말이다. 전지전능하시며 우리를 천하보다 사랑하는 분은 세상에 한 분밖에 없다. 그분이 예수님이시며 예수를 믿어야만 하는 이유가 여기에 있다.

셋째, 그래야 행복해지기 때문이다. 행복은 만족이며 꽉 채운다는 의미이다. 돈과 명예를 소유한 사람은 순간적으로 행복을 경험할 수는 있다. 그러나 소유로 끝까지 행복하다는 사람을 본 적이 없다. 사람은 돈과 명예로 만족할 수 없는 존재이기 때문이다. 큰 아파트에 살고 큰 차를 탄다고 해서 계속 행복하다고 말하는 사람을 본 적이 없다. 아파트와 차는 금방 익숙해질 뿐이며 편리할 뿐이다. 소유가 익숙해지면 행복으로 느끼지 못하는 게 사람이다. 어머니가 33평 아파트에 살게 되셨다. 처음에는 얼마나 좋아하시는지 눈물까지 흘리셨다. 그러나 얼마 후 서초에 있는 외사촌 형님이 사는 아파트를 갔다 와서 갑자기 불행해지셨다. 왜냐하면 너무나 고급 빌라형 74평 아파트를 보고 왔기 때문이다. 이제는 당신 집 벽지도 맘에 안 들고 초라해 보인다는 것이다. 사람의 마음은 다 이렇게 변덕스럽다.

사람들에게 얼마만큼의 돈이 있으면 자신이 부자라고 생각하느냐고 물었다. 액수에 대한 대답이 천차만별이었다. 사람의 욕심은 끝이 없기 때문이다. 나는 이제 더 이상 벌 필요가 없다고 말할 수 있는 사람만이 진짜 부자다. 돈에 관해 자족한 사람이기 때문이다. 행복도 마찬가지다. 만족하지 않으면 행복은 주어지지 않는다. 성경은 그래서 자족의 영성을 강조한다. 스스로 만족해야만 행복한 사람이 될 수 있기 때문이다.

자족의 영성은 두 가지 믿음의 고백을 하는 사람만이 누릴 수 있다. 첫째, 하나님이 나의 필요를 제일 잘 아시며 둘째, 나에게 필요한 것은 이미 다 주셨다는 믿음이다. 원하는데 주시지 않는 것은 필요하지 않기 때문에 주지 않았다는 고백이다.

사람은 아무 것으로나 만족되지 않도록 피조되었다. 하나님만이 주실 수 있는 것이 따로 있다는 말이다.

조건으로 얻은 행복은 조건이 사라지면 사라진다. 세상의 모든 부귀영화를 맛본 솔로몬 왕이 말했다. "헛되고 헛되며 헛되고 헛되었다." 다 누려본 사람이 그렇다면 그런 줄 알아야 한다. 헛된 것에 목숨 걸고 살다가 "이게 아닌가봐" 할까봐 그 길 가지 말라고 솔로몬이 전도서에서 미리 말한 것뿐이다. 내가 그 길 가보았더니 길이 아니라고 솔로몬이 미리 알려주었다. 그러면 믿고 그 길 가지 말아야 한다.

하나님께 구해야 하는 것을 사람에게 구하는 사람은 모두 불행해진다. 하나님만이 주실 수 있는 것을 자식과 배우자에게 달라 하는 사람치고 불행해 지지 않는 사람이 없다.

사람에게 구해야 할 것과 하나님께 구해야 할 것을 구분하며 살아야 한다. 하나님께 구해야 할 것을 사람에게 구하면 얻을 수 없다. 사람에게는 하나님만 주실 수 있는 것이 따로 있다. 하나님만이 주실 수 있는 것은 영생과 구원이다. 영생과 구원을 하나님으로부터 받은 사람만이 꽉 채워진 행복의 인생을 살 수 있다. 영생과 구원이 없는 사람은 영원히 비어 허전한 인생을 살 것이다.

# 5. 보혜사 성령님 _ 성령론

● ● ● ● ●

내가 너희에게 실상을 말하노니 내가 떠나가는 것이 너희에게 유익이라
내가 떠나가지 아니하면 보혜사가 너희에게로 오시지 아니할 것이요
가면 내가 그를 너희에게로 보내리니 그가 와서 죄에 대하여 의에 대하여
심판에 대하여 세상을 책망하시리라(요 16:7-8).
그러므로 내가 너희에게 알리노니 하나님의 영으로 말하는 자는 누구든지
예수를 저주할 자라 하지 아니하고 또 성령으로 아니하고는 누구든지
예수를 주시라 할 수 없느니라(고전 12:3).
이와 같이 성령도 우리의 연약함을 도우시나니
우리는 마땅히 기도할 바를 알지 못하나
오직 성령이 말할 수 없는
탄식으로 우리를 위하여 친히 간구하시느니라(롬 8:26).

# 왜 굳이
# 성령님이?
_ 성령이 오신 목적

사도행전을 보면 마가의 다락방에서 120명의 성도들이 함께 모여 기도할 때 성령이 임한다. 소수의 리더들에게만 임한 것이 아니다. 차별치 않으시고 다락방에서 기도하던 모든 사람들에게 성령이 임했다는 것이 중요하다. 성령이 초대교회 성도들에게 임하신 목적이 있다. 사도직을 부여하시기 위해서였다. 성도들이 사도직을 가지고 세상 속에서 복음을 증거하는 사역을 하도록 돕기 위해서였다.

요한복음 16장을 읽다보면 성령에 대해 의문점이 생긴다. 이미 열두 제자들은 예수님과 공생애 3년을 함께 보내면서 육신으로 오신 예수님과 완전히 친밀하고 익숙해진 상태 아니었던가. 그런데 왜 익숙한 예수님은 떠나겠다고 하시며 제자들에게는 어색하고 생뚱맞은 성령님을 도우시는 영으로 보내시겠다고 말씀하셨을까? 기왕에 도우러 오실 거면 이미 제자들에게 익숙해진 예수님이 더 적합하지 않았을까?

그러나 초대교회의 역사를 보면 성령이 오셔야만 하는 분명한 이유가 있었다. 초대교회는 핍박을 받고 열두 사도들도 각지로 흩어지게 된다. 이를 디아스포라, 흩어진 하나님의 백성들이라 말한다. 이제 더 이상 서로 의지할 동료도, 지도받을 영적인 스승도 곁에 없게 된다. 흩어진 사도들이 사역을 지속하도록 격려해줄 누군가가 필요했다. 시간과 공간 제약 없이 만나 주실 수 있는 길은 하나밖에 없다. 예수님이 영으로 함께하시는 것이다. 육신으로 오신 예수님은 승천하시고 돕는 영이신 보혜사 성령이 사도들에게 임하신 이유가 여기에 있다.

성령은 우리가 세상 속에서 사도직을 가지고 살아가길 원하신다. 우리가 사도직을 가지고 살도록 격려하기 위해 성령이 이 땅에 오셨기 때문이다. 불의 혀 같은 놀랍고 신기한 기적을 일으키고 치유만을 위해 오신 분이 아니다. 우리가 세상 속에서 사도직을 잘 감당하며 살도록 돕고 격려하기 위해 오셨다. 이것이 성령이 오신 주목적이다

가정과 직장에 있을 때 우리는 교우와 목사들을 만날 수 없다. 영적인 지도받을 수 있는 길이 차단되어 있다. 가정과 직장 안에서 스스로 사도직을 감당해야 하는 이유가 여기에 있다. 우리가 삶의 현장에서 사도직을 가지고 살 때 영적인 지도를 해주시는 분이 있다. 성령님이시다. 성령님은 시간과 공간의 제약을 뛰어넘어 삶의 현장 속에 있는 우리를 직접 만나주신다.

가정과 직장에서 사도직을 행하며 살아야 하는 제사장은 교회 안의 목회자가 아니다. 바로 우리 성도들이다. 교회 안의 목회자는 성도들의 가정과 직장 안에 들어올 수 없기 때문이다. 직장과 가정 안에서 제사장 역할을 할 수 있는 사람은 우리 자신밖에 없다. 직장은 단지 우리가 돈을 벌기 위해서만 다니는 곳이 아니다. 하나님이 보내신 목적과 소명이 있는 사역지이다. 직업이 소명이다. 하나님은 분명한 목적을 가지고 목회자를 교회 사역을 위해 부르셨다. 마찬가지로 우리도 세상과 직장을 위한 사역자로 부르신 것이다. 우리가 가정과 직장 안에서 사역자로 살지 않으면 어떤 일이 일어나는가? 가정과 직장은 하나님나라가 될 수 없고 세상나라가 된다. 우리가 포기한 직장을 하나님나라로 바꿀 수 있는 사람은 세상 어디에도 없다. 나를 가정과 직장을 위한 제사장으로 부르신 이유가 바로 이것이다. 성령이 이 역할을 도우시기 위해 오셨다.

　종교 개혁가들이 세운 개혁 교회의 교리 가운데 만인제사장설이 있다. 가톨릭의 전통은 열두 제자들에게 주어진 사도직이 천주교의 사제들에게만 이양되었다고 말한다. 그러나 개혁교회의 전통은 전혀 다르다. 예수 그리스도를 구주로 고백하는 모든 사람에게 사도직이 이양되었다 고백한다. 우리 모두가 부름 받은 사도라는 말이다.

　이렇게 보면, 우리는 모두 사역자로 부름 받았다. 다만 전임 사역자이냐, 평신도 사역자이냐 하는 것만 다를 뿐이다. 신학교에 들어가 목회를 전공하고 훈련받은 목회자들을 가리켜 전임 사역자라고 한다. 이들은 교회에서 녹을 받으며 교회를 세워가는 일을 직업으로 한다. 이와 달리 평신도 사역자들은 세상에서 직업을 갖고 살면서 사역자의 마인드로 직장과 동료들을 섬기는 자들이다. 전임 사역자이건 평신도 사역자이건 둘 다 소중한 사도직이다. 기능과 역할에 차이가 있을 뿐이다. 전임 사역자는 평신도 사역자들을 양육하고 격려할 책임이 있다. 평신도 사역자들이 직장과 가정 속에서 성경의 원리대로 살며 주위 사람들을 섬길 수 있게 말씀으로 양육하고 재충전시켜 주어야 할 책임이 전임 사역자들에게 있다. 평신도 사역자들이 세상에서 제 역할을 해줄 때 그 자리에 하나님나라가 임하는 것이다. 그러기에 평신도 사역자들을 교회 안에만 붙들고 있어서는 안 된다. 세상에서 빛과 소금으로 살 수 있게 양육하고 훈련시켜 파송해야 한다.

바로 이런 이들을 위해 성령님이 오신 것 아니겠는가? 비단 교회 내에서뿐 아니라 삶의 현장 속에서 우리의 사도직을 회복시키고 격려하시는 분, 성령님이 함께하시기에 우리는 사역을 감당할 용기를 낼 수 있으리라.

# 치료는
# 악령도 한다
_ 성령의 오용과 남용

요즘 기독교계 내에 방언에 대한 재조명이 일어나고 있다. 방언의 유익이 많다는 것을 인정하지만, 한 가지 우려스러운 부분이 있다. 많은 크리스천들이 방언을 해야만 자기 안에 성령이 계심을 확신하게 된다는 사실이다. 방언하게 되면 내가 진짜 구원받았구나 확신한다. 방언을 받고 나서 사람들이 기뻐하는 이유가 여기에 있다. 눈에 보이는 증표를 통해 구원을 확인하기 때문이다.

그렇다면 방언과 기적, 치유 등의 역사가 일어나면 모두 성령의 역사인가? 슬프게도 방언과 기적과 치유는 구원의 증거가 될 수 없다. 예수님이 병 치유를 목적으로 이 땅에 오신 것이 아니기 때문이다. 예수님은 죄 사함을 위해 오셨다. 예수님께 병을 고침 받고 기적을 본 사람들이 마지막에 보인 반응이 있다. 예수님을 십자가에 못 박으라 외친 것이다. 병 고침 받았다고 모두 예수 믿는 것은 아니다. 악령도 얼마든지 기적과 치유를 일으킬 수 있다.

　방언과 기적과 치유는 성령이 주시는 은사 중 하나일 뿐이다. 방언하고 치유 받았다고 해서 구원받았다 확신하라고 성경이 말한 적은 없다. 성령의 은사를 구원받은 증표로 삼는 것은 위험하다. 이것을 성령의 오용이라 한다. 사람들 중에는 능력과 힘을 구하기 위해 성령을 수단과 도구로 이용하는 경우가 많다. 성령이 임하면 성령의 능력이 나타나는 것은 사실이다. 그러나 능력과 힘을 구하기 위한 수단으로 성령을 이용하는 것은 성령에 대한 모독이다. 목회자들이 신비한 영적 세계를 교인들에게 체험시키고자 방언과 통변과 예언을 구하는 경우가 있다. 성령을 영적 체험을 위한 수단과 방법으로 써먹는 것이다. 이것도 성령의 오용이다.

　성령집회, 성령사역, 성령기도, 성령 춤, 성령 기름 부으심 등의 용어를 쓰며 아무데나 성령을 갖다 붙이는 경우가 많다. 마케팅 효과를 위해 성령을 이용하려는 건 아닌지 걱정스럽다. 성령이라는 단어를 붙이면 신령하고 능력이 있어 보이기 때문이다. 이것을 성령의 남용이라 말한다. 성령이 오신 목적을 생각하면 성령이라는 단어를 아무데나 붙일 수 없다. 우리가 세상 속에서 사도직을 잘하도록 돕고 격려하기 위해 오신 성령의 목적을 잊지 말아야 할 이유가 여기에 있다. 성령의 오용과 남용을 막기 위해서이다. 성령의 오용과 남용은 크리스천들을 영적으로 병들게 한다. 진정한 성령 사역은 교인들이 세상에서 사도직을 가지고 살아가도록 돕는 사역만 해당된다. 세상 속에서 사도직을 가지고 사는 우리를 돕고 계심을 확신시키고 격려하는 것이 성령 사역의 핵심이다.

# 지나치거나
# 모자라게

_ 인격체이신 성령님

성령은 영이시기에 신비적인 면이 있다. 그러나 신비적으로만 몰아가는 것은 위험하다. 성령을 비인격적인 대상으로 만들 위험이 있기 때문이다. 힘과 능력을 얻기 위한 수단으로만 이용할 수 있다. 성령을 능력이나 느낌과 감동, 힘으로 오해하지 말아야 한다. 이러한 오해는 성령을 도구로 이용하거나 자기 과시의 수단으로 쓰기 때문이다. 성령은 수단과 도구가 아니라 인격이시다.

그리스도를 영접한 성령의 사람에게 접근하는 사단의 방법은 두 가지가 있다. 먼저, 성령을 감정이나 능력으로만 접근하게 하는 것이다. 성령을 감정과 능력만으로 여기는 접근은 인격적인 성령을 만나 교제하는 데 방해가 된다. 결국 자신의 현재 감정에 근거해 성령이 있고 없고를 결정하기 쉽기 때문이다. 자신의 현재 감정이 기쁘고 용기가 날 때면 성령이 나와 함께하신다고 고백한다. 그러나 감정이 우울하고 낙담될 때면 성령이 떠났다고 오해한다. 이런 사람은 변덕이 심한 크리스천이 되어버린다. 성령이 나와 함께하시는 것은 나의 감정과는 상관없는 일이다. 성령님은 전적인 하나님의 주권에 의해 내 안에 오셨다. 내 감정 상태에 따라 성령이 변덕 부리실 리 없다. 성령은 신실하신 영이기 때문이다. 신실하심은 상대방의 반응과는 상관없이 지속한다는 뜻이다.

성령을 능력으로만 접근하는 사람은 성령을 자신의 목적 성취를 위한 수단과 도구로 전락시킨다. 쉽게 말해 성령을 이용하는 것이다. 이럴 때면 결국 성령과 인격적 교제가 불가능하게 된다. 이것이 사단이 바라는 결과이다.

이와는 정반대로 사단은 성령을 완전히 무시하며 살게 하기도 한다. 크리스천들이 삶의 현장에서 무기력하게 사는 원인이 있다. 성령과 인격적이고 친밀한 교제 가운데 살지 않기 때문이다. 성령과 교제가 없으니 삶의 현장에서 사도직을 가지고 살아갈 리가 없다. 사도로 부르신 소명 없이 사는 인생이니 무기력하게 살 수 밖에 없다. 사도직의 소명을 가지고 직장 다니는 사람과 단지 밥 벌어 먹기 위해 다니는 사람은 삶의 질이 전혀 다르기 때문이다.

사단은 우리들이 구원받고 예수 믿는 것은 막을 수는 없다. 그것은 하나님의 영역이기 때문이다. 그러나 우리가 성령과 교제하는 것은 막을 수 있다. 사단은 우리가 성령과 교제하여 부르신 소명인 사도직이 회복되는 것을 제일 싫어한다. 우리가 직장과 가정에서 소명을 가진 사도로서 영향력 있게 사는 것을 제일 두려워한다. 사단이 효과적으로 방해하는 수법이 있다. 사단은 네가 성령을 무시하면서도 얼마든지 잘 살 수 있다고 가르친다. 성령을 무시하며 살면 세상 속에서 성령의 격려와 도움을 받을 수 없기 때문이다. 우리는 지치게 되고 결국 사도직을 포기하게 될 수밖에 없다. 이것이 사단이 바라는 결과이다. 사단은 성령의 대치물을 만들어서 우리를 현혹하는 수법도 쓴다. 성령과 유사한 술에 취하게 만들며 우상에 사로잡히게 한다. 전형적으로 모자라게 하거나 아예 지나치게 하는 사단의 수법이다.

성령은 능력이 있으시고 신비한 분이다. 그러나 이것은 성령님이 가지신 속성 중 일부분일 뿐이다. 성령의 온전한 실체는 인격성이다. 우리는 기도할 때 하나님께 기도한다. 예수님의 이름으로 기도하며 성령의 도우심으로 기도한다. 지금 여기서 우리들이 하나님께 기도할 수 있도록 돕는 영은 성령이시다.

성령은 우리가 병들었을 때만 치유를 위해 등장하시는 분이 아니다. 내가 필요할 때만 찾는 분이 아니다. 내가 부르지 않고 필요 없어도 함께하시는 분이 성령이시다. 영적인 침체에 빠졌을 때 방언과 같은 신비한 응답으로만 나타나는 분도 아니다. 수단과 도구로서의 영이 아니라는 말이다. 언제나 성령은 우리의 감정과 상황과는 상관없다. 항상 우리 곁에 함께하시는 인격적이며 신실하신 영이시다. 우리의 영적인 상태가 나쁘다 하여 떠나시는 영이 아니다. 한번 들어오면 우리가 내쫓지 않는 한 결코 떠나지 않으시는 영이 성령이시다.

영국의 궁전에 여왕의 깃발이 밖에 걸려 있으면 지금 궁전 안에 여왕이 있다는 것을 사람들이 알아본다. 깃발이 내려져 있으면 여왕이 출타중이라는 의미다. 여왕의 깃발은 내려지기도 하고 올려지기도 한다. 그러나 성령님의 깃발은 한번 올려지면 내려오는 법은 없다. 언제나 우리가 보는 곳에 높이 걸려 있다. 우리와 항상 함께하신다는 말이다. 깃발이 안 보인다고 해서 성령이 떠난 것이 아니다. 내가 무시하고 있거나 눈을 감고 있어서 안 보일 뿐이다.

# 성령님, 사랑해요
_ 성령과 친밀함

성령은 인격체이며 예배의 대상이기에 우리와 친밀한 교제를 원하신다. 세상에서 목사인 나를 가장 쉽게 보는 사람이 있다. 다름 아닌 아들 성산이다. 가만히 있으면 다가와 엉덩이에 똥침을 놓고 머리에 올라타 수염을 만지며 간지럼을 태운다. 세상에 이같이 나를 쉽게 대하는 사람은 아들밖에 없다. 만일 아들이 나를 어려워하고 불편해 하면 그것이 가장 큰 불행일 것이다. 오히려 나를 쉽게 보는 아들이 고맙다. 아들과 누리는 친밀함은 내게 큰 행복이다.

성령은 우리가 필요할 때만 찾기를 원하지 않으신다. 내가 급할 때만 찾기를 원하지 않으신다. 성령님은 우리 필요를 위한 수단과 도구로 이용되는 게 아니라, 인격적인 교제를 나누길 원하신다. 언제나 우리 곁에 거하고 모든 걸 나누는 친밀한 관계를 원하신다. 그분은 인격적인 교제를 원하신다. 인격적 교제란 사랑받고 사랑하는 관계이다. 사랑하는 관계는 친밀한 관계이다. 친밀한 관계가 되려면 자주 만나야 한다. 성령은 우리를 지배하여 일을 시키기기 위해 우리 안에 거하시는 영이 아니다. 친밀한 만남을 위해 우리 안에 계신다. 이것이 기독교와 타 종교가 다른 점이다.

타 종교 신자들이 각자의 신들에게 매일같이 구하는 것이 무엇인가? 그들은 현세적인 축복, 즉 물질과 건강을 구한다. 각자의 신과 친밀한 관계를 맺고 교제 나누기를 구하지 않는다. 인격적인 관계가 아니기 때문이다. 그러나 성령이 원하는 것은 우리의 위대한 사역이나 업적이 아니라 친밀함이다. 저가 내 안에 내가 저 안에 거하길 원하신다. 성령이 제일 원하시는 것은 큰 일, 큰 사역이 아니다. 성령의 내주하심과 함께하심이다.

대표기도를 할 때 화려한 미사여구를 쓰며 이렇게 시작하시는 분들이 있다. "지존하시며 전능하시고 무소부재하시는 하나님!" 미안한 말이지만 하나님과 전혀 친해 보이지 않다. 친밀함으로 생각해 보면 참 어색한 표현이다. 아침에 부모님을 문안할 때 이렇게 말하는 자식을 보았는가? "지존하신 아버님, 일향 만강하시며 옥체 보존하시고 진지 흠향하소서!" 제정신 아니고서는 없다. 성령은 자녀가 아침에 아빠에게 이야기하듯 기도하는 것을 원하신다. 평범한 만남과 일상적인 친밀한 교제를 원하신다. 성령은 우리가 두려워 떨며 경외하며 절하기만을 바라지 않으신다. 시시콜콜한 잡담과 농담도 원하신다. 성령께 잡담까지 할 줄 아는 것이 능력이다. 그만큼 성령님과 친밀하다는 말이 되기 때문이다.

말이 많다고 해서 성령과 친밀하다 말할 수는 없다. 극도로 친밀해지면 거꾸로 말이 없어진다. 함께 사는 것만으로도 행복하고 만족하기 때문이다. 젊은 부부가 신혼여행을 갔다. 카페에서 서로 좋아 부둥켜안으며 식사를 하고 있었다. 그런데 맞은 편에 한 노부부가 말없이 건조하게 밥을 먹고 있는 모습을 본 것이다. 이를 본 젊은 부부는 말했다. "여보, 우리는 나이 들어서 저렇게 재미없게 살지 말자!"

한참 식사를 하다가 포크를 떨어뜨리는 바람에 식탁 밑으로 고개를 숙였다가 맞은 편 노부부를 보게 되었다. 노부부가 식탁 아래로 두 손을 꼬옥 잡고 식사를 하고 있는 것이 아닌가? 더 이상 말이 필요 없는 친밀한 사이가 이런 모습이다. 말이 친밀함을 결정짓는 것은 아니다. 말은 없어도 항상 손잡고 의지하며 사는 것이 친밀함이다. 성령도 이런 관계를 원하신다.

# 쏙
## 빼닮았네
_ 성령과 닮아감

인격체는 교제를 원하며 교제하면 닮아가는 것이 사실이다. 같이 살다 보면 서로 닮는다. 노력해서가 아니라 저절로 닮아가는 것이다.

어떤 부부를 보면 살면 살수록 닮아가는 부부가 있다. 그러나 살면 살수록 점점 달라지는 부부도 있다. 사람은 사랑하며 살수록 서로를 닮아 간다. 그러나 미워하며 살수록 서로 달라져간다. 성령이 원하시는 것은 교제이며 교제하면 할수록 닮아간다. 성령님이 제일 원하시는 것은 우리의 모든 것이 성령님을 닮아가는 것이다. 성령은 우리와 사랑하는 관계를 원하시기 때문이다.

아내와 나는 결혼 초기에 너무나 다른 점이 많았다. 나는 책을 흩어 놓아야만 설교의 영감이 떠올랐다. 흩어 놓고 어질러 놓는 은사가 있었다. 그러나 아내는 정리하는 은사가 있었다. 내가 치약을 중간부터 푹 짜며 쓰면 아내는 끝에서부터 말아서 썼다. 이렇게 같이 살기를 15년 지난 후에 서로 변한 것이 있다. 집에 늦게 들어가 보면 아내는 방안 청소도 않고 자고 있다. 오히려 내가 답답해 정리하는 일이 벌어진다. 이제는 내가 정리하고 아내는 흩어 놓는다. 이 설명할 수 없는 변화가 어떻게 일어났을까? 서로 사랑하며 살았기 때문에 서로 닮아간 것이다.

   애완견하고 살다가 개를 너무나 닮고 싶어 개가 먹는 사료를 먹는 사람은 없을 것이다. 개처럼 네 발로 걸어보고 싶다는 충동을 느껴보았다는 사람도 없을 것이다. 있다면 얼른 병원으로 가 상담을 받아봐야 한다. 동물병원이 아니라 정신병원으로. 우리는 개와 같이 살 수는 있지만 개를 닮고 싶다는 생각이 들지는 않는다. 왜냐하면 개는 인격이 없는 동물이기 때문이다. 인격을 가진 존재와 같이 살아야 닮으며 닮고 싶어진다. 사랑하며 살면 더 닮아간다. 성령과 함께 교제하고 살면 저절로 성령을 빼닮는 이유가 여기에 있다. 성령은 인격체이시며 우리를 사랑하시기 때문이다.

   아버지로서 제일 듣기 좋은 말이 있다. "이놈은 지 애비를 빼닮았네!" 자신을 닮은 아들이 있다는 것이 기쁜 것이다. 아마 성령님도 똑 같은 마음일 것이다.

# 큰 복종,
# 큰 선물
_성령의 능력

성령은 인격체이시기에 성령과 친밀한 관계를 맺어야 마땅하다. 그러나 친밀함을 강조하다 보면 성령이 주시는 중요한 선물을 놓치는 경우가 많다. 그 선물은 성령이 주시는 능력과 힘이다. 성령님이 주시는 능력을 무시하거나 바라지 않는 것은 사실 더 큰 문제다. 성령은 우리에게 신비함과 능력을 선물로 주신다. 이것을 놓치고 사는 사람은 가장 큰 손해를 보고 사는 셈이다. 성령이 주시는 선물은 다 누리며 사는 것이 크리스천의 특권이다.

성령과 교제하면 성령을 닮게 되고 성령을 닮아 가면 성령의 능력이 내 능력이 된다. 닮아 간다는 말은 복종한다는 뜻이다. 성령의 능력이 나의 능력이 되기를 원하는가? 성령께 철저히 복종하면 된다. 복종한다는 말은 성령께 묻고 결정한다는 뜻이다. 내 뜻을 꺾고 성령의 뜻을 따른다는 말이다. 나의 지배권을 성령께 드릴 때만 성령의 능력이 나의 삶에 나타난다. 성령이 내 안에 계시나 성령의 능력이 나에게 나타나지 않는 이유가 있다. 성령께 묻지 않고 내가 결정하기 때문이다. 성령의 뜻이 아니라 내 뜻을 고집하며 살기 때문이다.

무지무능한 내가 결정하면 무지무능한 결과가 나의 것이 된다. 그러나 전지전능한 성령께 묻고 결정하면 전지전능한 결과가 나의 것이 된다.

성령께 복종하며 사느냐가 크리스천의 영적인 분수령이 된다. 태백산에 가보니 백두대간에 한강, 낙동강, 오십천의 시작이 되는 삼수령이 있다. 삼수령에 빗줄기가 세 가지 각도로 떨어지는데 한쪽으로 떨어지면 한강으로 물이 흘러서 서해로 가게 된다. 다른 한쪽으로 떨어지면 낙동강으로 흘러 남해로 가게 된다. 또 다른 한쪽으로 떨어지면 오십천으로 흘러 동해로 가게 된다. 처음의 작은 15도 다른 각도로 떨어진 것이 전혀 다른 강과 바다로 흘러가게 되는 것이다. 신앙에 있어서도 삼수령의 15도가 있다. 바로 성령님께 복종하느냐의 여부이다. 작은 차이 같지만 나중에 보면 엄청나게 다른 크리스천의 삶을 살게 된다.

예수님이 십자가에 못 박혔을 때 뿔뿔이 흩어졌던 크리스천들을 기억하는가? 불과 얼마 전까지만 해도 벌벌 떨던 초대교인들이 세상이 감당치 못할 크리스천이 된 비결이 있다. 저들에게 성령이 임했고 성령께 순종하고 삶의 지배권을 넘겨드렸기 때문이다. 성령께 순종하는 것만큼 능력이 주어진다.

크리스천도 성령께 복종하는 여부에 따라 세 종류로 나뉜다.

먼저, 귀신만도 못한 크리스천이 있다. 예수님의 고향 사람들 같은 사람들이다. 그들은 고향에서 어릴 적 본 선입관 때문에 예수님을 메시아로 인정하지 못했다. 소동이 일어나자 오히려 예수님을 고향에서 내쫓아 버렸다. 귀신들도 예수님을 하나님의 아들로 척 알아보고 나를 쫓아내지 말아 달라 말한다. 귀신도 알아보고 떠는 예수를 사람들은 못 알아본 것이다. 이런 사람을 귀신만도 못한 크리스천이라고 말한다. 세상에는 이런 사람들도 많다.

그리고 귀신같은 크리스천이 있다. 귀신처럼 예수님이 메시아임을 알아보고 떠는 사람들이 있다. "귀신처럼 알아본다"라는 말이 여기서 나왔다. 그러나 결정적으로 귀신은 알아보고 두려워 떨기는 하나 절대 하지 않은 것 하나가 있다. 복종은 하지 않는다. 세상에는 주님을 메시아로 알아보고 두려움으로 떠는 크리스천이 있다. 그러나 주님의 말씀에 복종하지 않는 사람들이 있다. 알고 떠는 것으로 끝나는 사람들을 "귀신같은 크리스천"이라 부른다. 아는 것 가지고는 귀신보다 하나 나을 점이 없다. 알고 떠는 것 가지고는 아무런 능력이 나타나지 않기 때문이다.

마지막으로, 귀신보다 나은 크리스천이 있다. 귀신과 다르게 되는 길은 한 가지밖에 없다. 귀신이 알고 떨었음에도 하지 않는 것을 하면 된다. 주의 말씀에 복종하는 것이다. 주님의 말씀에 복종하는 사람은 귀신보다 나은 크리스천이다. 성령을 아는 것으로 끝나면 귀신같은 크리스천이 된다. 이런 사람에게는 성령의 능력이 나타나지 않는다. 성령께 복종할 때에야 비로소 귀신보다 나은 크리스천이 될 수 있다. 복종해야만 성령이 주시는 능력을 써먹을 수 있기 때문이다. 정신과 의사들이 하는 행동주의 치료라는 것이 있다. 어떤 정신과 환자가 평생 종이를 찢으며 사는 이상 증세를 보이는 경우가 있다. 이런 환자에게는 약물치료도 듣지 않는다. 심리치료도 효과가 없는 경우가 많다고 한다. 이때 의사가 결국 한 마디 던진다고 한다. "그 종이 찢지 마세요!" 거짓말같이 찢지 않더라는 것이다. 성령의 능력은 심리치료나 약물치료 받아서는 나타나지 않는다. 행동주의 치료를 통해서만 나타난다. 하지 말라 하면 하지 말고, 하라면 하는 복종을 통해서만 나타난다.

크리스천이 능력 있게 살 수 있는 비결이 있다. "성령을 알고 있어요"가 아니다. "성령이 시키는 대로 했어요"이다. 우리에게도 험한 세상 속에서 살아남을 수 있는 비결을 평소에 이미 가르쳐주신 성령이 계시다. 그럼에도 실패하는 이유가 있다. 성령의 가르침이 있음에도 복종하지 않았기 때문이다. 말씀에 복종하면 그 어떠한 상황 속에서도 살아 날 수 있다. 시키는 대로 하면 길이 있고 수가 난다. 이것이 복종의 능력이다. 전투기 조종사들에게 계기 측정을 실습할 때 쓰는 방법이 있다. 교관이 날고 있는 전투기의 앞과 옆 창문을 아예 휘장으로 가려버리는 것이다. 전적으로 계기판만 바라보고 신뢰하며 집중하는 훈련이다. 계기만을 신뢰하고 자신의 느낌, 감각, 경험을 절대 믿지 말라는 훈련이다. 실제로 비행중에 하늘과 바다 색깔이 같아 순간적으로 착각하여 바다에 추락하는 경우가 많다고 한다. 자신의 시야가 아니라 계기를 믿어야 조종사는 살 수 있다. 이것이 성령께 복종한다는 의미이다. 성령이 우리의 계기판이시기 때문이다.

2004년 8월 지리산에서 실종된 지 7일만에 살아 구조된 초등학생의 신문 기사를 본 적이 있다. 아이의 아버지가 동네 뒷산에 아들을 데리고 오를 때마다 말해 준 것이 있다. 혹시 깊은 산에서 길을 잃는 상황이 되거든 이렇게 해야만 살아날 수 있다고 평소에 가르친 것이다. 아버지가 가르쳐준 비결은 이렇다. 첫째, 계곡의 물을 따라 산을 내려오고 둘째, 먹을 것처럼 보이는 열매일지라도 절대로 먹어서는 안 되고 차라리 굶어라. 셋째, 밤이 되어 졸릴지라도 절대로 자서는 안 된다는 가르침이었다. 아이가 8일만에 구조 되었을 때에는 온몸에 벌레 물려서 퉁퉁 불어 있었다. 그러나 무사히 살아서 내려와 구조되었다. 산속에서 무사히 살아 내려온 비결을 묻자 아이는 간단히 대답했다. "아버지가 시킨 대로 했어요." 만일 그 아이가 열매를 먹었으면 설사해서 탈수현상이 나타나 지쳐 내려올 수 없었을 것이다. 밤에 피곤하여 잠을 잤으면 저체온증으로 죽었을 것이라는 기사였다. 아이가 살 수 있었던 데에는 두 가지 요인이 있었다. 먼저 살아 돌아올 수 있는 비결을 평소에 가르친 아버지가 있었다. 평소 뒷산을 오를 때마다 이런 이야기를 해 주었다는 것이 놀랍다. 더 대단한 것은 아버지의 말을 잊지 않고 외워두었다가 그대로 실행한 아들이다. 이 두 가지 중 하나만 없었어도 아들이 살아 돌아올 가능성은 없었다.

 우리에게도 살 수 있는 법을 이미 가르쳐주신 하나님 아버지가 계시다. 그런데 우리가 조난당해 죽었다면 이유는 단 두 가지이다. 사는 법을 외우지 않았거나 외운 대로 실천하지 않았기 때문이다.

복종의 꽃은 아는 것이 아니라 실천력이다. 얼마만큼 아느냐가 아니라 얼마만큼 실천하냐가 성령의 능력을 결정한다. 옛 말에 이런 말이 있다. "자신이 모른다는 사실을 모르는 사람과는 사귀지 말아라. 우둔함이 전염되기 때문이다. 자신이 모른다는 사실을 아는 사람과는 사귀어라. 겸손을 배울 수 있기 때문이다. 자신이 안다는 사실을 모르는 사람은 깨우라. 가능성이 있는 사람이기 때문이다. 자신이 안다는 사실을 아는 사람은 지혜가 있으니 배우라. 수지맞는 장사이기 때문이다." 이 말에 내가 한 가지 덧붙힌 말이 있다. "자신이 알고 있는 내용을 그대로 하는 사람이 있다면 도시락 싸들고 다니며 나이에 상관없이 배우며 스승삼아 존경하라. 실천력을 가지고 있는 사람은 위대한 사람이기 때문이다." 아는 것이 아니라 실천이 결과를 좌우한다.

다니엘의 세 친구처럼 풀무불에 던져질지라도 살아나올 수 있는 능력을 나에게 달라고 기도하는 사람이 있다. 다니엘처럼 사자굴 속에서도 살아나올 수 있는 기적을 맛보게 해달라고 기도하는 사람도 있다. 이러한 기적이 일어나려면 반드시 해야만 하는 것이 있다. 일단 풀무불에 던져져야 하고 사자굴에 들어가 보아야 한다. 기적도 능력도 실천력에서 시작되어 나타나는 법이다.

성령 충만이란 무엇인가? 성령님께 완전히 복종한 상태를 말한다. 복종이란 무엇인가? 성령의 전적인 지배하심을 뜻한다. 이런 상태에서만 성령의 능력이 나타난다. 군대에서 제일 많이 시키는 훈련은 제식훈련이다. 서고 돌아서고 멈추는 훈련을 몇 날 며칠을 반복한다. 이것이 전쟁의 기본이기 때문이다. 총탄이 날아오는 전쟁터에서 "무서운데요, 죽을 것 같습니다"라고 말하면 전쟁은 이미 끝난 것이다. 죽을 것 같아도 전진하라면 전진하는 것이 전쟁에서 승리하는 기본기이다. 성령께 복종하는 것은 세상의 전쟁터에서 승리할 수 있는 크리스천의 기본기이다.

정신을 쏙 빼놓을 만큼 빠른 말로 우리를 웃기는 노홍철이란 MC가 있다. 그가 하는 말 가운데 맘에 꼭 드는 말이 있다. "그래, 가는 거야. 한번 해보는 거야!" 예수를 믿어도 이렇게 믿어야 한다. 성령이 말하면 주저 없이 해 보는 사람이 성령의 사람이다. "그래, 가는 거야, 가보는 거지, 뭐!" 재고 보는 사람, 생각이 많은 사람을 성령은 좋아하시지 않는다. 성령이 말씀하시면 일단 저지르고 보는 사람, 뛰고 보는 사람을 성령이 좋아하신다. 왜냐하면 보고 뛰는 사람은 대부분 뛰지 않기 때문이다. 복종의 사람은 일단 말씀이 떨어지면 뛰고 보고 저지르고 보는 사람이다.

청년과 장년 목회 둘 다 해본 적이 있다. 둘을 놓고 비교하자면 어른 목회가 훨씬 쉬웠다. 어른들이 성경 공부 때 주로 하는 말이 있다. "기억이 안 나는데요. 모르겠는데요. 다시 해주세요." 이런 어른들은 하나도 부담도 안 되고 그저 반복하기만 하면 된다. 그러나 청년들은 전혀 다르게 말한다. "목사님이 말한 대로 살아 보았습니다. 그 다음은요?" 내가 해보았으니 다음 진도 나가자는 말이다. 이렇게 말 하는 청년은 목사를 겁나게 하고 부담되게 한다. 성령에 복종하는 사람은 다음 진도 나가자고 말하는 청년과 같다.

여기에 이론이 있다고 하자. 그 이론에 복종하고 실천해보면 어떤 결과가 나올 것이다. 결과를 보고 앞의 이론이 맞는지 틀리는지 알 수 있다. 사단은 이론과 실천 사이에다 마지노선을 만들어 놓는다. 이론에 복종하지 않도록 만드는 것이다. 실천해 보았다가는 성령이 말씀하신 이론이 맞는다는 것이 드러나기 때문이다. 이 마지노선을 넘지 못해 성령이 주시는 능력을 써먹지 못하고 사는 크리스천이 많다.

성령이 내 안에 오시는 것은 하나님의 몫이다. 하나님의 전적인 선택과 선물이다. 그러나 이미 오신 성령께 지배권을 맡겨드리는 것은 전적으로 나의 몫이다. 나의 의지와 결정에 달려 있다. 성령께 지배권을 맡겨드린 만큼의 능력이 나타난다. 큰 복종에는 큰 능력이 나타난다. 그러나 작은 복종에는 작은 능력밖에 나타나지 않는다. 우리가 누리는 능력의 크고 작고는 전적으로 나의 책임이라는 말이다.

# 성령
## 충만하라
_ 성령 충만

　성경은 "성령으로 말미암지 않고는 예수는 주이시다라고 할 수 없습니다"라고 말한다. 예수를 구주라 고백한 사람은 자신의 힘으로 고백한 것이 아니다. 이미 그 안에 계신 성령의 도우심으로 고백한 것이다. 구원받았다는 말은 이미 그 안에 성령이 계시다는 말이다.

　믿지 않는 사람이 하나님께 성령을 달라고 구하는 기도는 옳다. 믿지 않는 사람들을 위해 중보자들이 성령이 임하기를 기도하는 것도 옳다. 그러나 이미 예수를 구주로 고백하고 영접한 사람이 성령을 달라 말하는 것은 틀린 기도이다. 성령이 없이는 예수를 주시라 말할 수 없기 때문이다. 성령이 이미 계시는데 성령을 다시 달라 기도하는 셈이 된다. 사람은 성령 없이 기도할 수 없고 주님을 사랑한다 말할 수 없다. 스스로 예수를 주라 말할 수 있는 사람은 없기 때문이다.

대표적으로 성령에 대해 우리가 잘못 쓰는 표현이 있다. "성령 받으라"는 말이다. 기도원에 가보면 성령이 공도 아닌데 성령 받으라고 던지는 사람들이 있다. 성령을 공으로 알고 받고 뒤로 넘어가는 것을 보면 어이가 없다. "성령 받으라"고 말할 수 있는 분은 하나님 한 분뿐이다. 성령을 주시는 주체가 하나님 한 분뿐이기 때문이다.

이미 구원받은 사람들이 이제부터 기도해야 할 것이 있다. 성령이 완전히 지배하기를 구하는 기도이다. 이것이 성령 충만을 구하는 기도이다. 성령을 구하는 기도와 성령 충만을 구하는 기도는 분명히 구별되어야 한다. 성령 충만을 성령으로 꽉 채운 상태라고 말하면 너무나 애매하다. 성령 충만을 성령의 입장에서 말하면 성령의 지배하심이다. 그러나 우리 입장에서 말하면 나의 지배권을 내어드리는 것이다. 성령의 지배하심은 우리가 성령께 스스로 복종할 때만 가능해 진다. 성령은 강제로 우리를 지배하지 않으신다. 우리가 성령께 지배해 달라 요청할 때만 우리를 지배하신다. 성령은 인격적인 영이시기 때문이다.

성령 충만을 은사와 동일한 개념으로 사용하는 교단도 있다. 방언과 통변과 가르침과 같은 은사와 혼동했기 때문이다. 대표적으로 오순절 교단이 그렇다. 이러한 교단들은 하나님께 은사를 달라 기도하듯 성령 충만도 달라고 기도한다. 성령 충만에 대한 오해에서 온 잘못된 기도이다. 성령은 하나님으로부터 주어진다. 그러나 성령 충만은 나의 결정과 의지에 따라 결정된다. 성령 받는 것은 하나님 하시기 나름이다. 그러나 성령 충만은 나 하기 나름이다. 성령께 지배권을 내어드리는 것은 내 몫이라는 말이다.

우리가 대표적으로 잘못 쓰는 표현 가운데 "성령 충만 받으라"가 있다. "성령 충만하라"는 말이 맞다. 성령 충만 받으라 하면 성령 충만을 주는 분은 따로 있으니 너는 받기만 하라는 피동적인 말이 된다. 성령 충만을 하나님 책임으로 돌릴 가능성이 있다. 성령 충만의 책임은 자신에게 있다. 성령 충만하려면 내가 성령께 복종할 때만 가능하기 때문이다. 성령께 복종하는 것은 나의 선택과 몫이다.

성령께 복종하며 사는 것이 자신만의 힘으로 가능한 거냐고 묻는 사람이 있다. 성령께 복종하며 사는 것이 얼마나 힘든지 아는 사람들이 하는 질문이다. 일단 우리가 성령께 복종하고 주도권을 내어 드리기 시작할 때 성령께서 도와주신다. 시작은 우리가 하지만 도우시는 분은 성령이시다. 성령은 도우시는 분이지 시작하게 하시는 분은 아니기 때문이다. 성령은 인격적인 분이시라 문 밖에서 두드리고 기다리시지 문을 부수고 들어가지는 않는다. 안에서 우리가 열어주어야만 들어가시는 분이다. 우리가 복종하기로 결정할 때만 성령이 도우신다.

이 시대의 크리스천들에게 남은 중대한 과제가 있다. 성령을 달라는 과제가 아니다. 성령 충만의 과제이다. 성령이 나를 지배하시도록 삶의 선택권을 내어드리는 일은 사실 쉽지 않다. 일단 나의 본성이 허락하지 않기 때문이다. 그러나 일단 내어드리기로 선택하고 결정하며 노력하면 성령이 도우신다.

# 성령과 상극은?
_ 성령과 죄

우리를 지배하는 두 가지 법이 있다. 성령의 생명의 법과 죄와 사망의 법이다. 서로는 상극이나 공존한다. 성령의 생명의 법은 성령이 지배하시는 법이다. 그러나 죄와 사망의 법은 사단이 지배하는 법이다. 우리가 살아 있는 한 우리 안에 두 가지 법이 치열한 싸움을 벌인다. 이때 우리가 어느 법에 지배권을 드리느냐는 전적으로 나의 몫이다.

내면의 싸움에 대해 어느 인디언 노인이 한 말이 있다. "내 안에는 개 두 마리가 있소. 한 마리는 고약하고 못된 놈이고 다른 한 마리는 착한 놈이오. 못된 놈은 착한 놈에게 싸움을 걸지요. 어떤 개가 이기냐고? 그야 내가 먹이를 많이 준 놈이지." 지배권의 의미를 잘 집어낸 이야기이다. 우리 안에 계신 성령님과 친밀하게 교제하며 묻고 결정하면 생명의 성령의 법이 우리를 지배한다.

내 안에 성령이 계시면 죄와 공존하기 점점 어려워진다. 죄가 우리 안에 있는 성령과 충돌하기 때문이다. 결국 성령이 죄를 몰아내든 죄가 성령을 몰아내든 한다.

고대 중국에 사람을 가장 잔인하게 죽이는 형벌이 있다. 살아 있는 사람에다 죽은 사람을 같이 묶어 놓는 방법이다. 산 사람의 입과 죽은 사람의 입을 겹쳐서 묶는다. 산 사람의 배와 죽은 사람의 배를 맞닿게 만들어 놓는다. 그러면 죽은 사람의 입에서 구더기가 나와 산 사람의 입으로 들어간다. 죽은 사람의 창자가 녹아 산 사람의 창자를 녹여서 죽인다. 세상에서 존재하는 형벌 중 제일 끔찍한 형벌이라고 한다.

성령의 사람이 죄 지으며 사는 것은 꼭 이런 모습이다. 산 사람이 죽은 송장을 끌어안고 사는 모습과 같다. 죄와 더불어 사는 것이 즐겁고 기쁘다면 성령의 사람이 아니다. 살아 있는 사람이면 죽은 송장 냄새가 싫고 고통이 있기 마련이다. 죄는 꼭 죽은 송장과 같다. 산 사람이 죽은 송장을 싫어하듯 성령은 내 안의 죄를 싫어하게 하고 어색하게 만든다. 죄와 성령은 상극이기 때문이다.

「내 마음 그리스도의 집」이란 책에 보면 사람 안에는 여러 개 마음의 방이 있다고 한다. 사람들은 성령을 가장 깨끗한 마음의 방인 거실에 주로 모신다. 그러나 성령은 깨끗한 거실에 머무는 것으로 만족하지 않으신다. 아무도 들어가 보지 않은 방을 열어 달라 요구하신다. 은밀한 나의 과거와 아픔과 상처와 부끄러움이 있는 방에 들어가 보고 싶다는 것이다. 성령의 끈질긴 요구에 못 이겨 결국 은밀한 마음의 방을 열어 드리게 된다. 성령은 방에 들어가 깨끗하게 청소해 주신다. 성령은 방을 청소하는 것으로 끝내지 않는다. 청소한 방의 열쇠를 달라 하신다. 앞으로 이 방에 다시 들어갈 때에는 나와 함께 들어가자는 것이다.

내 마음속에는 여러 개 마음의 방이 있다. 성령께 보여드리면 떳떳한 방도 있고 부끄러운 방도 있다. 사람은 모두 그런 마음의 방을 가지고 있다. 성령께 방 하나하나를 열어드리는 과정이 성령 충만이다. 내가 열어드리는 것이지 성령이 문 뜯고 들어오시는 것이 아니다. 우리는 방을 열어드리는 것으로 끝나지 않는다. 성령님께 방 열쇠를 아예 건넨다. 이제부터는 내 방이지만 성령이 열어주셔야만 들어갈 수 있다. 성령과 함께해야만 방에 들어 갈 수 있고 나갈 수 있게 된다. 성령을 내 방의 완전한 주인으로 모신다는 의미이다. 이것이 성령 충만의 의미이다. 점점 거룩해져 가는 성화라고도 말한다. 예전에는 사단이 유혹하려 내 마음의 문을 두드리면 내가 열었다. 우리가 유혹에 쉽게 넘어간 이유가 여기에 있다. 그러나 이제부터는 사단이 유혹하려 내 마음을 두드리면 성령이 안에서 직접 문을 열어주신다. 성령이 문 여는 것을 본 사단은 삼십육계 줄행랑을 칠 게 분명하다. 세상의 시험은 이렇게 이기는 것이다.

# 6. 부름 받은 사역자 _ 은사론

● ● ● ● ●

그가 어떤 사람은 사도로, 어떤 사람은 선지자로, 어떤 사람은 복음 전하는 자로
어떤 사람은 목사와 교사로 삼으셨으니 이는 성도를 온전하게 하여
봉사의 일을 하게 하며 그리스도의 몸을 세우려 하심이라(엡 4:11-12).
은사는 여러 가지나 성령은 같고 직분은 여러 가지나 주는 같으며
또 사역은 여러 가지나 모든 것을 모든 사람 가운데서 이루시는 하나님은
같으니 각 사람에게 성령을 나타내심은 유익하게 하려 하심이라(고전 12:4-7).
내가 사람의 방언과 천사의 말을 할지라도 사랑이 없으면
소리 나는 구리와 울리는 꽹과리가 되고 내가 예언하는 능력이 있어
모든 비밀과 모든 지식을 알고 또 산을 옮길 만한 모든 믿음이 있을지라도
사랑이 없으면 내가 아무 것도 아니요(고전 13:1-2).
우리에게 주신 은혜대로 받은 은사가 각각 다르니
혹 예언이면 믿음의 분수대로, 혹 섬기는 일이면 섬기는 일로,
혹 가르치는 자면 가르치는 일로, 혹 위로하는 자면 위로하는 일로,
혹 구제하는 자는 성실함으로, 다스리는 자는 부지런함으로,
긍휼을 베푸는 자는 즐거움으로 할 것이니라(롬 12:6~8).

# 일하라고
# 주신 것이다
_ 은사의 목적

하나님의 부르심에는 두 가지가 있다. 구원을 위한 부르심과 사역을 위한 부르심이다. 구원을 위한 부르심은 회심과 거듭남이라 말한다. 그러나 구원을 위한 부르심을 받은 사람에게는 또 다른 사역을 위한 부르심이 있다. 이미 구원받은 하나님의 백성들을 일하는 사역자로 만드시는 부르심이다. 사역을 위한 부르심은 성령이 하신다. 성령이 일을 시키실 때는 잘 할 수 있도록 은사라는 도구를 주신다. 은사는 일하는 사람에게 성령께서 주시는 연장과 같다. 은사는 구원받은 사람에게만 주시는 성령의 선물이다.

사역을 위한 부르심을 받은 사람은 먼저 일을 정하는 것이 순서이다. 그런 다음 일을 하기 위해 필요한 연장인 은사를 구하는 것 수순이다. 성령은 일에 맞는 연장을 주시기 때문이다. 그러나 은사를 먼저 정해놓고 그에 맞는 일을 달라고 하는 사람들이 있다. 특정 은사가 좋아서 구하기 때문이다. 은사주의자들이 빠지는 함정이 바로 이것이다. 이런 사람들은 남이 가진 톱이 좋아 보여 무조건 톱을 달라 한다. 그 후 톱 가지고 할 수 있는 일거리를 달라고 하는 사람과 같다. 앞 뒤 순서가 바뀐 비정상적인 예이다. 해야 할 일을 먼저 정하고 도구를 구하는 것이 정상적인 순서이다.

은사를 예수 믿는 목적으로 삼는 사람들이 있다. 이러한 은사주의자들을 경계해야 한다. 이 사람들은 연장을 끌어안고 연장이 인생의 목적이라고 말한다. 연장은 연장일 뿐 연장을 가지고 해야 할 목적과 일은 따로 있다. 연장을 자랑만 하려 드는 사람들이다. 톱과 대패 중 어느 연장이 낫냐고 묻는 것은 틀렸다. 서로 용도와 역할이 다르기 때문이다. 은사는 예수 믿는 목적은 아니다. 예수 믿는 사람들이 일하는 데 필요한 수단과 도구일 뿐이다.

성령이 성도에게 은사를 주시는 목적은 다음과 같다(엡 4:11-12).

첫째, 성도를 온전케 하기 위해서다. 은사는 개인의 유익을 위해 주신 것이 아니다. 성도를 온전케 하기 위해 주셨다. 여기서 성도란 나 이외의 다른 사람을 의미한다. 세상에 모든 은사를 가진 사람은 없다. 모두 부족한 사람들이다. 그러나 자신이 가진 은사를 가지고 남을 도울 때 자신은 물론 남도 온전한 사람이 될 수 있다. 온전한 사람은 서로 다른 은사를 가진 사람들이 연합해 서로 약점을 도울 때만이 가능하다.

옛날에 〈Stand up Game〉이란 놀이를 해본 적이 있다. 10여 명씩 몇 그룹으로 나누어 서로 둥글게 등을 맞대고 팔짱을 끼고 일단 주저앉는다. 그 다음 서로의 등을 밀어 어느 그룹이 빨리 일어서는지 경쟁하는 게임이다. 이때 빨리 일어나는 방법이 있다. 가장 약한 사람의 힘에 맞추어 일어나는 것이다. 커다란 쇠사슬 안에 있는 수십 개의 고리도 마찬가지이다. 그 쇠사슬의 강도는 강한 고리가 아니라 약한 고리가 결정하는 법이다. 약한 고리가 견디지 못해 끊어지면 그 쇠사슬 자체가 쓸모없어 지기 때문이다. 강한 고리가 약한 고리를 돕는 것이 온전함이다. 약한 사람의 힘에 맞추어 등을 밀어 일어나는 것이 온전하게 한다는 뜻이다.

둘째, 봉사하게 하기 위해서이다. 은사는 자랑하라고 주신 것이 아니라 일하라고 주신 것이다. 일하는 데에만 한정해서 써야 한다. 그래서 은사를 용도에 맞지 않게 쓰면 공동체가 시험 든다.

대표적인 것이 자랑하는 데 쓰는 것이다. 은사를 갖고 자랑하면 반드시 부작용이 나타난다. 듣는 사람은 열등감을 가지게 되고 말하는 사람은 우월감을 가지게 되기 때문이다. 은혜는 자랑하고 누리라고 주신 것이 맞다. 은혜는 자랑해도 사람들이 시험에 들지 않는다. 내가 하나님께로 받은 사랑을 자랑하며 간증해 보면 금방 알 수 있다. 배 아파하고 시험 드는 사람이 없다. 그러나 내가 받은 은사를 자랑하면 전혀 다른 반응이 나온다. 은사를 자랑할수록 사람들이 상처받고 배 아파한다. 몸이 아픈 사람 앞에서 "나는 왜 이렇게 건강한지 몰라. 너무 기운이 남아 주체를 못해서 걱정이야." 이러면 아픈 사람들은 뚜껑 열린다. "우리 딸은 놀아도 일등이네. 머리가 나를 닮았나봐" 하면 듣는 사람이 모두 시험에 든다. 건강과 성적은 은사인데 본래 주신 용도에 맞지 않게 썼기 때문이다. 오직 일하는 데에만 써야 은사의 유익이 있다. 건강한 사람은 건강한 만큼 일하면 된다. 아픈 사람은 일을 쉬면 되는 것이다.

무조건 남이 가진 은사가 좋아보여서 달라고 하는 기도는 잘못된 기도이다. 잡초를 뽑는 데 불도저를 보내 달라고 말하는 사람과 같기 때문이다. 일에 맞는 연장과 도구는 따로 있다. 일을 먼저 정하고 일에 맞는 은사를 구하는 것이 순서이다. 은사는 봉사의 일을 하기 위한 도구와 수단이기 때문이다.

셋째, 그리스도의 몸을 세우기 위해서이다. 은사는 교회의 유익을 위해 주신 것이다. 그리스도의 몸인 교회를 분열케 하거나 훼손하는 데 쓰이는 은사는 성령이 주신 은사가 아니다.

성령이 주시는 은사인지 악령이 주는 은사인지 판별할 수 있는 두 가지 리트머스 시험지가 있다. 하나는, 교회에 유익을 주는가 하는 것이다. 성령이 주시는 은사는 교회의 유익을 가져다준다. 악령이 주는 은사는 교회를 분열시키는 것을 목적으로 하기 때문이다. 둘째, 예수 그리스도를 드러내 높이는가 하는 것이다. 성령이 주시는 은사는 교회의 머리 되신 예수 그리스도를 자랑하며 높인다. 그러나 사단이 주는 은사는 예수님께 돌려야 할 영광을 사람이 가로채게 만든다. 사단은 예수 그리스도를 높이지도 않고 높일 수도 없다. 유명한 기도원 원장들이 이러한 사단의 함정에 빠지는 경우가 많다. 기도원을 교회보다 돋보이게 하려 교회를 훼방하고 비판한다. 예수 이름 한 마디 없이 얼마든지 은사 사역을 한다. 기적을 일으키고 통변과 예언은 하는데 예수 이름 한 마디 없이 모든 영광을 자신이 가로채는 경우가 있다. 이러면 사단이 주는 은사를 가지고 일하고 있다고 의심해 보아야 한다.

# 후천적 은사 vs 선천적 은사

_ 재능 vs 은사

　　은사를 말할 때는 은사(Gift)와 재능(Talent)으로 구별할 필요가 있다. 재능(Talent)은 모든 사람에게 주시는 신의 보편적 은총이라 한다. 어떤 사람은 절대 음감을 가지고 태어나는가 하면 어떤 사람은 시적인 감각과 공간적인 감각을 가지고 태어난다. 이것을 선천적 재능이라 한다. 아마데우스에 나오는 모차르트와 살리에르를 기억하는가? 태어날 때부터 천재적인 음악적 재능을 가진 모차르트 옆에는 아무리 발버둥치고 죽어라 노력해도 평생 2인자로밖에 살 수 없었던 살리에르가 있었다. 이러한 비애가 재능의 차별을 말해준다. 재능은 어디까지나 차별적이며 우열이 있다. 그래서 재능 때문에 상처 입은 사람이 많다.

　직장생활을 하는 집사님이 부하직원들을 다루면서 재능에 대한 고려를 이렇게 하신다는 이야기를 들었다. "직원들의 성격과 능력은 천차만별이다. 모든 자에게 같은 공을 던지면 안 된다. 노골적으로 자극해야 성과가 오르는 사람이 있고 감성적인 격려가 먹혀드는 직원이 있다." 사람에 따라, 재능과 기질에 따라 사람을 다루는 방법도 달라져야 한다는 말이다. 세상도 재능이 모든 사람마다 다르다는 것을 알고 배려하며 차등한다.

재능(Talent)과 달리 은사(Gift)는 이미 구원받은 사람에게만 주시는 특별한 은총이다. 재능(Talent)은 태어날 때부터 가지고 난 선천적 능력이다. 그러나 은사(Gift)는 후천적 능력이 있다. 예수 믿은 후에 성령으로부터 받은 선물이다.

그래서 재능과 은사는 일치하지 않는 경우가 많다. 선천적으로는 수줍음을 많이 타고 내향적인 사람이 성령이 임하면 외향적이며 열성적인 전도자로 바뀌는 경우가 많다. 섬기게 하기 위해 성령이 후천적으로 주신 은사이기 때문이다. 목회자들을 대상으로 MBTI 검사를 해보면 극도로 내향적인 사람들이 많다. 그러나 사역할 때보면 외향적 성향을 보인다. 이들의 외향성은 목회 사역을 하기 위해 성령이 주신 특별한 은총인 은사라고밖에는 해석할 길이 없다. 평소에는 말이 없는 목회자일지라도 대중 앞에만 서면 사자후의 열변을 토해내는 사역자가 되기도 한다. 그러나 이런 사람은 가정에 돌아가면 말이 없는 본래의 모습으로 돌아오며 나도 그런 사람 중에 하나이다. 가정에서는 이런 은사를 사용할 필요가 없기 때문이다.

예수 믿는 사람들이 탁월할 수밖에 없는 이유가 있다. 세상 사람들이 다 가지고 태어나는 선천적 재능(Talent)에다 예수 믿고 난 후 성령이 주시는 후천적 은사(Gift)를 더한 인생이기 때문이다. 더 이상 핑계 대며 살 수 없는 인생이 크리스천이다

그렇다면 내가 가진 재능과 은사를 확인하려면 어떻게 해야 할까?

첫째, 내가 이것을 좋아하는지 확인해보라.

「아인슈타인의 유쾌한 편지함」이란 책에 보면 아인슈타인은 떨어져 사는 아들에게 이런 편지를 쓴다. "피아노는 좋아하는 곡으로 연습하렴. 시간이 어떻게 가는지 모를 만큼 즐겁게 하는 일에서 가장 얻는 게 많단다." 사람은 자신이 좋아하는 일을 해야 잘 해낼 수 있다. 좋아하는 일을 해야 즐기며 일할 수 있기 때문이다. 인생을 '해야 할 일'로 채우지 말고 '하고 싶은 일'로 채우는 사람이 되라는 말이다. 자신이 좋아하는 일을 찾아낸 사람은 행복한 사람이다. 세상에서 제일 행복한 사람은 미치도록 사랑할 만한 일과 사람을 찾아낸 사람이다. 세상에서 제일 불행한 사람은 돈 벌기 위해 싫어하는 일을 평생 해야만 하는 사람이다. 이것은 재앙 수준이다.

하나님이 우리에게 일을 시키실 때 먼저 하시는 일이 있다. 먼저 우리가 그 일을 좋아하게 만드신다. 싫은 일을 억지로 시키는 비인격적인 신이 아니시기 때문이다. 억지로 시키면 효율 면에서도 떨어진다. 하나님이 이것을 너무나 잘 알고 계신다. 자신의 재능과 은사를 찾아내었다고 말하는 사람들의 공통점이 있다. 자신의 재능과 은사를 써먹을 수 있는 일에는 밤 새워 해도 피곤하거나 짜증난다고 말하지 않는 점이다. 그 일을 좋아하기 때문이다.

천재는 노력하는 사람을 당해 낼 수 없고 노력하는 사람은 즐기는 사람을 당해 낼 수 없다. 즐기는 사람은 미친 사람을 당해 낼 수 없고 미친 사람은 재능과 은사를 가지고 미쳐서 일하는 사람을 당해 낼 수 없다. 하나님이 사람을 이렇게 만들어 놓으셨다. 성령이 일을 시킬 때에는 사람을 먼저 미치게 만들어서 일을 시키신다. 순교자도 이래서 나오는 것이다.

〈생활의 달인〉이라는 TV 프로그램을 보면 자기 분야 최고의 달인들이 나와서 자신의 실력을 보여준다. 자신의 일을 잘한다고 해서 PD가 아무나 출연시키는 것이 아니다. 아무리 하찮아 보이는 일일지라도 자기 일을 좋아하고 일 때문에 행복한 사람들만 등장시킨다. 자신의 일에 의미 부여를 할 줄 아는 사람만 출연시키는 것이 철칙이라는 이야기를 들었다. 나온 사람들치고 이렇게 말하는 사람은 없다. "밥 벌어먹기 위해서 일하지요. 목구멍이 포도청이잖아요." 등장하는 달인은 모두 자신의 일을 자랑스러워하고 즐기는 사람들뿐이다. 즐기지 않는 사람에게 달인은 어림없다. 성령도 우리가 먼저 좋아하게 만드신 후에 일을 시키신다. 일을 해도 기왕이면 달인으로 만들기를 바라시기 때문이다.

유대인들은 자녀에게 물고기를 잡아주지 않고 물고기를 잡는 법을 가르쳤다. 자생력을 만들어 주기 위함이다. 그러나 크리스천들은 물고기 잡는 법은 물론 잡은 물고기를 맛있게 요리해 먹는 법을 자녀에게 가르쳐야 한다. 그래야 즐길 줄 아는 사람이 되기 때문이다.

유명한 사진작가인 조선희씨가 인터뷰한 내용을 들은 적이 있다. 남들이 잡아내지 못하는, 그 배우만의 특징을 당신은 어떻게 그리 잘 잡아내냐고 기자가 물었다. 이때 그녀는 두 가지 비결을 공개했다. 첫째는 자신이 어느 배우를 사진 찍기로 스케줄이 잡히면 몇 달 전부터 배우의 사진을 구해놓은 후 작업실에 붙여놓고 사진 큐티를 한다는 것이다. 얼마 동안 사진을 보며 묵상하면 그 사람이 좋아진단다. 이런 감정으로 사진을 찍으면 남다른 작품이 나온다는 것이다. 둘째는 자신에게 사진 찍는 일은 일이 아니라 놀이라고 말했다. 즐기고 있다는 말이다. 즐기며 사랑하는 감정으로 일하는 사람이 진정한 프로다. 하나님도 우리가 하나님의 일도 이런 식으로 하길 원하신다.

세상에 공부 못하는 아이는 없다. 죽기 살기로 공부하면 사실 공부 못할 아이가 없기 때문이다. 다만 공부 안 하는 아이와 공부하는 아이가 있을 뿐이다. 공부 안 하는 아이는 공부가 싫기 때문이다. 공부는 억지로 시켜서 될 문제가 아니다. 효과도 나지 않고 본인도 불행해진다. 위대한 사람은 의지와 극기로 일하는 사람들이 아니다. 자기 분야에서 즐기며 일하는 사람들이다. 의지의 한국인이란 말에는 한계가 있다. 의지로 일하는 것보다 일을 즐기는 사람이 훨씬 일을 잘한다는 것을 세상도 알게 되었다.

둘째, 내가 잘하는지 살펴보라. 좋아하면 그 일을 잘하게 되어 있다. 그러나 좋아는 하지만 잘하지는 못하는 일이 있다. 그것은 나의 재능과 은사가 아니다. 즐기고 좋아하는 수준 가지고는 안 된다. 다른 사람들보다 탁월하게 잘해야 한다.

셋째, 남들 역시 잘한다고 말하는지 확인해보라. 자신이 좋아하고 잘한다고 해서 은사와 재능이 아니다. 남들도 잘한다고 인정하는 객관적 검증이 필요하다. 내가 이것을 잘한다고 말하는 것은 어디까지나 주관적 검증이기 때문이다. 남들에게 검사지로 재능과 은사 체크를 받아야 하는 이유가 여기에 있다.

넷째, 이것이 의로운 일인지 확인해보라. 세상과 하나님은 묻는 내용이 다르다. 세상은 "돈 얼마나 벌었느냐? 몇 평 아파트에 사냐? 자식이 대학에 합격했냐? 선거에서 이겼냐?" 하고 결과만을 묻는다. 그러나 하나님은 "네가 바르게 돈을 벌었느냐? 대학가는 목적이 무엇이냐? 네가 어떤 마음을 가지고 시험을 준비했냐? 정치하려는 목적이 무엇이냐?" 하고 과정과 목적에 대해 묻는다. 과정과 목적이 의로워야 된다는 말이다.

그 일을 좋아하고 잘하고 남들도 잘한다고 해서 그 일을 해서는 안 된다. 한 가지 검증이 더 남았다. 그 일이 하나님과 세상 앞에서 옳은 일, 바른 일인가를 검증해 보아야 한다. 옳은 일이 아니면 아무리 좋고 잘하고 남들도 잘한다고 해도 하지 말아야 한다. 하나님이 의롭지 않은 일을 시키실 분이 아니기 때문이다. 요리사는 예수님께 드려도 손색이 없는 음식을 만들어 팔아야 한다. 몸에 해로운 조미료 쳐서 만들고 값을 속이는 것은 부끄러운 일이기 때문이다. 돈을 벌어 헌금을 드려도 예수님 보시기에 떳떳하게 돈을 벌어 헌금을 드려야 한다. 불의하게 번 돈으로 드린 헌금은 하나님의 장부에 기록되지 않기 때문이다. 창기와 세리의 돈은 받지 않겠다 하신 이유가 여기에 있다.

다섯째, 얼마나 오래 노력했는지 살펴보라.

무엇인가를 잘하는 방법에는 두 가지가 있다. 처음부터 재능과 은사 때문에 잘하는 방법이 있다. 그러나 재능과 은사는 없지만 한 가지 일을 집중하여 오래 하면 결국 잘하게 되는 두 번째 방법도 있다. 투자한 시간이 잘하게 만들어 준 것이다. 광화문 사거리에서 한 손을 들어 하늘을 가리키며 서 있어 보면 이 말이 무슨 의미인지를 금방 알 수 있다. 지나가는 사람들은 처음에는 멀쩡한 사람이 미쳤다고 말할 것이다. 한 분야에 개척자들은 다 처음에는 이런 소리를 들은 사람들이다. 한 달이 지나면 손이 가리키는 하늘을 다 쳐다보고 지나간다. 무엇이 있는지 보려고⋯. 1년이 지나면 〈세상에 이런 일이〉라는 TV 프로그램에서 취재를 나와 매스컴을 탄다. 10년이 지나면 자신의 행동을 그대로 따라하는 매니아가 생긴다. 20년이 지나면 〈한 사람의 지속적 행동이 사회에 미치는 영향에 대한 소고〉라는 논문이 나오고 학파가 형성된다.

얼마나 오래 하느냐가 그 사람의 재능과 은사를 결정짓기도 한다. 어떤 직업을 3대만 거치면 명장이 나온다는 말이 있다. 공병호가 지은 「10년의 법칙」 안에도 10년만 집중해서 무슨 일이든 하면 실력이 2차 곡선을 그리듯 일취월장하여 그 분야에 프로가 될 수 있다는 가능성을 말한다. 오래 투자한 시간도 신개념의 은사와 재능이다.

# 위, 아래가
# 없다
_ 은사의 특징들

 **1. 은사는 다양하나 동등하다.**

먼 산이든 가까운 산이든 식물이 섞여서 자라면 병충해가 없다. 오히려 같은 식물끼리만 자라면 병이 나기 마련이다. 과수원을 만들면 병충해가 많다. 그러나 여러 종류들 가운데 있는 과수나무는 병충해가 없다. 본래 섞여서 자라는 게 하나님의 뜻이다. 유전학적으로 서로 다른 것이 만나 자식을 낳아야 우성의 혈통이 만들어 진다. 근친간의 결혼을 금하는 이유가 바로 여기에 있다. 근친간에 결혼하면 유전학적 열성이 나올 확률이 높기 때문이다. 자연세계에도 잡종강세이며 순종약세이다. 은사도 마찬가지이다. 같은 은사를 가진 사람끼리만 모여 사역하면 비교하여 싸우게 되고 병들게 된다. 같은 사람끼리 모이면 창조성도 떨어진다. 코드인사는 기독교적인 인사가 아니다. 코드인사는 나 편하자고 하는 인사이지 일을 잘하자고 하는 인사가 아니기 때문이다. 사람들은 나와 같은 사람들이 모여 일하면 잘할 수 있는 줄로 안다. 그러나 나와 같은 사람끼리만 일하면 내가 잘하는 일만 잘할 수 있다. 나와 다른 것은 해 낼 수가 없다. 그래서 다양한 은사를 가진 사람들이 모여서 함께 일하는 것이 하나님의 뜻이다. 요즘 소품종 대량생산 시대라고 말한다. 그러나 은사는 다품종 소량생산이 맞다.

재능에는 차별이 있고 위아래가 있다. 선천적으로 잘하는 사람과 못하는 사람이 있다는 말이다. 그러나 성령이 주시는 은사에는 위아래도, 계급도 없다. 이것을 차별이 아닌 구별이라고 말한다. 은사는 서로 쓰이는 역할과 기능이 다르기 때문이다. 모든 것이 다 소중하다. 은사가 동등한 또 하나의 이유는 같은 성령이 주시는 선물이기 때문이다. "다른 사람에게는 같은 성령으로 믿음을 어떤 사람에게는 한 성령으로 병고치는 은사를"(고전 12:9).

'같은 성령, 한 성령'이라는 말은 성령이 우리에게 은사를 주실 때 차별하지 않음을 강조하기 위한 표현이다. 자식에게 가장 치명적으로 입히는 상처는 편애이다. 성령은 우리에게 이러한 상처는 주지 않는다.

우리 부모님들이 자녀를 위해 기도할 때 머리가 될지언정 꼬리가 되지 말게 해달라 기도하던 기억이 난다. 은사에 관해서는 맞지 않는 기도이다. 은사에 관해서는 꼬리, 머리가 다 있어야 한다. 모두 소중한 부위이기 때문이다. 꼬리의 달인이 나와야 하고 꼬리 되는 것을 자랑스럽게 여기는 사람이 나와야 교회가 건강해 지고 좋은 교회가 된다. 꼬리 없는 동물은 방향감을 잃어버려 균형을 잃는다. 꼬리도 되게 하시고 머리도 나오게 해달라는 기도가 좋은 기도이다.

## 2. 은사는 중복적이며 변한다.

은사를 하나만 주시는 것이 아니라 필요에 따라 여러 개 중복적으로 주시기도 한다. 성령은 사람이 맡은 일에 따라 은사를 달리 주신다. 두 가지 다른 일을 시키시면 필요한 두 가지 은사를 주신다. 그리고 일이 바뀌면 은사도 바꾸어주신다. 일의 성격에 따라 연장을 달리 주시는 것이다. 나무를 깎을 때는 대패를 주시고 자를 때는 톱을 주시듯 일의 성격에 따라 은사도 달리 주신다.

은사는 사용하지 않으면 소멸한다. 그러나 다시 필요하면 언제나 주신다. 일을 정하고 필요한 은사를 달라 하면 성령은 반드시 주신다. 하나님이 우리에게 일은 시키시면서 연장을 주지 않으실 리가 없기 때문이다.

## 3. 은사에도 필수 과목이 있다.

성령께서 주시는 여러 가지 은사가 있는데 월등히 우선되는 단 한 가지 은사가 있다. 사랑의 은사다. 사랑의 은사가 으뜸이며 근본이고 다른 모든 은사는 지엽이며 딸림이다. 모든 은사는 동등하나 사랑만이 모든 은사 가운데 차별이 있다.

은사에는 '필수과목' 과 '선택과목' 이 있다. 필수과목은 반드시 이수해야 하는 과목인데 사랑이 바로 그 필수과목이다. 사랑 없는 방언과 통변과 가르치는 것은 아무 쓸모없는 은사가 된다. 사랑

없이 일하면 일할수록 다른 사람에게 상처를 입히고 봉사를 방해하고 교회의 온전함을 훼손하기 때문이다. 사랑이 있고나서야 다른 모든 은사가 빛을 발한다. 사랑의 은사에다 다른 은사를 더해야 한다.

은사를 중시하면 때론 사람을 기능과 역할로만 대할 위험성이 있다. 이것은 성령이 원하시는 바가 절대로 아니다. 은사는 일 자체를 위해 주신 것이 아니다. 은사를 교회의 유익함을 위해 주셨다. 그러나 교회가 사람 자체이므로 은사는 사람을 위하여 주신 것이다. 그래서 최고의 은사는 사랑이며 사랑을 필수과목으로 삼으신 이유가 여기에 있다. 케논의 종신고용선언을 보면 이런 말이 나온다. "최악의 위기에서도 회사는 버려도 사람은 절대 버리지 않는다." 조선시대 거상 임상옥은 이런 말을 했다. "장사는 이문을 남기는 것이 아니라 사람을 남기는 것이다." 은사도 이익을 남기기 위하여 주신 것이 아니다. 사람을 소중히 여기는 철학이 있어야 은사도 제 기능과 역할을 발휘할 수 있다.

### 4. 은사에는 균형이 없다.

크리스천 가운데 모든 일을 다 해낼 수 있는 팔방미인은 없다. 모든 은사를 다 가진 사람은 없다는 말이다. 팔방미인은 다 할 수는 있지만 진짜 잘하는 것은 하나도 없다는 말이기도 하다. 이 말은 어떤 의미에서 칭찬이 아니라 욕이다. 은사에 있어서는 균형이란 없다. 균형을 깨는 것이 은사 사역이다. 남이 가진 은사에 욕심내지 말고 자신에게 주어진 은사에 올인하는 것이 은사 사역이다.

없는 은사에 매여 시간낭비하지 말라는 말이다. 자신에게 없거나 약한 은사는 다른 사람에게 위임하면 된다. 은사에 있어서 균형을 잡으려거든 나와 다른 은사를 가진 사람을 곁에 두어 도움을 받으면 된다. 은사에 있어서도 팔방미인은 없기 때문이다.

중국 춘추 전국시대 법가이자 사상가인 한비가 지은 「한비자」에 보면 이런 말이 나온다. "삼류리더는 자기 능력만을 사용하고 이류리더는 남의 힘을 사용하고 일류리더는 남의 지혜를 사용한다." 남의 힘은 물론 지혜까지 사용할 줄 아는 사람은 탁월한 사람임에 분명하다. 요즘 들어 부쩍 영어열풍이 불어 온 나라가 난리다. 그러나 모든 사람이 영어를 잘 할 필요가 없다. 영어가 필요한 사람만 잘하면 된다. 영어를 해도 원어민처럼 할 필요가 없다. 외국인이 우리 한국말을 우리와 똑같이 하면 존경스럽기는커녕 징그럽다. 약간 어설퍼야 오히려 정감이 간다. 외국인도 외국인답게 한국말을 하면 된다. 내 영어에 한국인 발음이 남아 있다는 것을 오히려 자랑스럽게 여겨야 한다. 독일 태생으로 나치의 유대인 박해를 피해 15세 때 가족이 미국으로 이주한 헨리 키신저 전 국무장관의 영어에도 독일어 악센트가 강하게 남아 있다. 그는 이것을 하나도 부끄럽게 생각하지 않는다. 자신의 태생을 영어 악센트가 저절로 말해주기 때문이다.

모든 사람이 영어를 잘해야 한다는 생각은 성경이 말하는 은사와 배치된 유치한 발상이다. 생존에 필요한 영어는 천 단어이면 된다. 미국 가면 거지도 영어 잘한다. 그렇다고 우리가 존경하지는 않는다. 언어는 도구나 기능일 뿐 인격이나 성품이 아니기 때문이다. 영어 못하면 돈 벌어 영어 잘 하는 직원을 고용하면 된다. 내가 다 하려 들지 않는 것이 훨씬 성경적인 생각이다. 다 하려 들어도 다 잘 할 수는 없다.

> 우리에게 주신 은혜대로 받은 은사가 각각 다르니 혹 예언이면 믿음의 분수대로, 혹 섬기는 일이면 섬기는 일로, 혹 가르치는 자면 가르치는 일로, 혹 위로하는 자면 위로하는 일로, 혹 구제하는 자는 성실함으로, 다스리는 자는 부지런함으로, 긍휼을 베푸는 자는 즐거움으로 할 것이니라(롬12:6,8).

### 5. 내 곁에 모여드는 사람들만 보아도 나의 은사를 알 수 있다.

영적인 은사는 자연스럽게 나타난다. 내가 가진 영적인 은사를 다른 사람들이 먼저 알아보고 알려주는 경우가 많다. 사역을 하다 보면 내가 가진 은사가 저절로 드러나기 때문이다. 은사는 자랑해서는 안 되지만 그렇다고 일부러 숨길 필요는 없다. 성경도 은사를 숨기라고 말하지는 않는다. 나의 은사가 드러나면 도움이 필요한 사람들이 저절로 몰려들게 된다. 상처를 극복한 사람 주변에는 상처 입은 사람들이 모여든다. 위로의 은사를 가진 사람 주변에는 위로가 필요한 사람이 모여든다. 어떤 사람은 내 주변에는 왜 그렇게 가정이 깨어진 사람들만 모여 드냐고 말하는 사람이 있다. 깨어진 가정을 위로하고 치유하는 은사가 그 사람에게 있기 때문이다. 아무에게나 사람들이 모여드는 게 아니다. 사람들은 자신과 같은 상처를 가진 사람 주변에 모이는 법이다. 속칭 끼리끼리 모이는 것이다.

아내와 함께 안경점에 갔다. 일하는 분이 여섯 명인데 안경을 쓴 사람이 그중에 두 명이 있다. 이때 아내는 꼭 안경 낀 사람에게 가서 안경을 구입한다. 나와 같은 불편함을 겪었기에 나를 잘 이해할 수 있을 거라는 확신 때문이다. 정말로 끼리끼리 모인다.

끼리끼리 모인 다음에는 자신을 치유할 사람을 귀신처럼 알아보고 그 사람 주변에 집중해서 모여든다. 예전에 청소년 사역을 했을 때 아이들이 이구동성으로 하는 말이 있다. 자신과 같은 상처를 가진 아이들은 뒤통수만 쳐다보아도 끌린다는 이야기였다. 끌린다는 말은 저절로 알아본다는 말이다. 내 주변에 어떤 사람들이 모여드는지만 보아도 나의 은사를 알 수 있다. 사람들이 나의 은사를 알아보고 도움을 받으려 모이는 것이다. 사람들이 그냥 모여드는 것은 아니기 때문이다.

### 6. 은사는 역할과 기능 개념이다.

성령이 주시는 은사는 꼭 바둑판의 바둑알과 같다. 장기판의 장기알은 귀천이 있고 계급도 있다. 그러나 바둑알은 귀천도 없고 차별도 없기 때문이다. 모두 같되 놓인 위치에 따라 서로 다른 역할을 한다. 은사는 높고 낮음을 말하는 계급이나 자리가 아니다. 역할과 기능일 뿐이다. 자신의 역할과 기능에 자부심을 갖고 만족하는 것이 중요하다. 그러면 남의 역할과 기능도 존중할 줄 알게 된다.

자리나 계급 중심의 생각은 서열과 연공을 중시하는 동양적 문화에서 영향을 받았다. 사실 어른을 존경하고 효도하는 것은 성경도 권하는 내용이다. 그러나 교회 안의 모든 직분을 계급과 자리 개념으로 여기는 것은 전혀 성경적이지 않다. 오히려 유교문화에 가깝다.

일제시대 삼일운동이 일어났던 시절 독립선언서에 기독교 대표 이승훈을 먼저 쓸 것인가, 천도교의 대표 손병희를 먼저 쓸 것인가 논란이 있었다고 한다. 늦게 들어온 이승훈 선생이 던진 한 마디로 논쟁이 끝났다. "무슨 순서는 순서! 이 순서가 죽는 순서야!" 교회 주보에 나와 있는 이름 순서에 사람들은 민감하다. 그러나 이 순서가 계급과 자리가 아니라 죽는 순서라는 것을 아는 사람은 없다. 교회 안의 순서는 세상과 전혀 다른 의미를 가지고 있다.

기러기가 이동하는 모습만 보아도 역할과 기능 중심으로 움직이는 것을 보게 된다. 기러기는 V자 대형으로 날아간다. 앞에서 나는 새들이 날개를 저으면 상승기류가 생겨 뒤에서 나는 새가 힘이 덜 들기 때문이다. 혼자 날아가는 것보다 71퍼센트를 더 날아갈 수 있다고 한다. 길을 잃을 염려도 없다. 맨 앞의 기러기가 지치면 뒤로 가서 쉬고 교대한다. 팀원이 돌아가며 역할을 하기에 서열은 당연히 없다. 서로 돕는 시스템을 가지고 있다. 서로의 힘을 북돋기 위해 울음소리를 크게 낸다. 한 마리가 병이 들어 낙오하면 두 마리가 남아 지상에 내려 도와준다. 죽을 때까지 함께해 준다. 힘이 세다 하여 리더로 뽑히는 것이 아니다. 순환과 협력의 법칙에 의해 리더가 정해진다. 역할과 기능을 중시하는 문화를 오히려 무지해 보이는 새가 가지고 있다. 그래서 새는 날다가 자리 가지고 싸우지는 않는다. 자리 갖고 싸우면 같이 죽는다는 사실을 잘 알기 때문이다.

나무를 보면 더 은혜가 된다. 연한 첫 번째 순이 올라와 나뭇가지가 된다. 몇 년 후 두 번째 순이 나와 가지가 되면 첫 번째 가지가 더 높은 곳에 더 좋은 자리를 차지하지 않는다. 나무가 자랄수록 첫 번째 가지는 점점 밑으로 간다. 처음 나온 가지가 나는 높은 자리, 경치가 좋은 자리에 가고 싶다고 말하면 나무는 굵은 가지의 무게에 못 이겨 꺾어질 것이다. 새와 나무도 서로 잘 살 수 있는 방법을 알고 있는데 사람은 무지한 경우가 많다.

# 이런 은사도 있나?
_다양한 은사

 **1. 약점도 은사이다.**

미국 존슨 대통령이 사람을 뽑을 때 절대 쓰지 않는 두 종류의 사람이 있었다. 하나는 너무 빨리 성공한 사람이고 다른 하나는 실패한 경험이 없는 사람이었다고 한다. CEO의 최고 덕목은 실패를 경험했느냐 하는 것이다. 실패를 인정할 줄 아는 법을 아는 사람이 리더이다. 이런 사람은 실패를 통하여 교훈을 얻는다. 그리고 실패 가운데 베푸시는 하나님의 은혜를 경험한다. 이 세 가지를 얻는다면 얼마든지 실패는 해볼 만한 싸움이다. 실패도 딛고 일어서면 은사가 된다.

세상에 약점 없는 사람은 없다. 다만 약점을 극복한 사람과 약점에 평생 발목 잡혀 사는 사람만이 있을 뿐이다. 성경에 하나님께 쓰임 받았던 인물들은 한결같이 약점을 지닌 사람들이었다. 예수님의 족보에 보면 여인 다섯 명이 나온다. 다말, 라합, 룻, 우리아의 아내, 마리아다. 한결같이 치명적인 약점을 가진 사람들이다. 시아버지와 관계한 여인, 몸 파는 여인, 이방 여인, 남의 아내, 미혼모 어느 것 하나 정상적인 사람이 없다. 예수님의 족보에 이렇듯 약점을 가진 이들의 이름을 써놓은 것은 다분히 의도적이며 교훈적이다. 성경은 약점이 있는 사람도 하나님께 귀하게 쓰임 받을 수 있다고 말해주고 있다. 이런 사람들이 쓰임 받았다면 우리도 쓰임 받을 가능성이 있다는 소망을 주기 위해서이다. 그러나 약점이 있다 하여 무조건 쓰임 받는 것은 아니다. 약점을 신앙으로 극복한 사람들만 쓰임 받는다.

하나님이 약점을 가진 사람을 쓰는 데는 네 가지 이유가 있다.

첫째, 약점을 가지고 사는 사람에게 소망을 주기 위해서이다. 약점을 가진 사람을 두고 사람들은 못난 사람이라 부른다. 그러나 약점을 가진 사람과 못난 사람이라는 말은 구별해서 써야 한다. 세상에 못난 사람은 없다. 못났다는 말은 모든 것이 부족하다는 말이기 때문이다. 다만 몇 가지 약점을 가지고 있다는 말이 정확한 표현이다.

장점이 많은 사람이 하나님께 쓰임 받으면 사람들이 소망을 갖지 않는다. 장점이 있는 사람이라서 쓰임 받았을 것이라 생각하기 때문이다. 그러나 약점이 많은 사람이 쓰임 받으면 특히 약점이 많은 사람들이 희망을 갖는다. 저 사람이 쓰임 받았으면 나도 쓰임 받을 수 있다는 기대가 생기기 때문이다. 하나님은 약점이 많은 사람들에게 소망을 주기 위해 약점이 많은 사람을 쓰신다.

둘째, 공을 하나님께 돌리기 때문이다. 드라마에서 감초 같은 역할을 해내는 조연들이 있다. 대부분 외모상 주연과는 확연히 구분되는 약점이 있는 사람들이다. 좋게 말하면 개성 있는 사람들이다. 우리 교회에 다니는 조연 전문 배우를 만날 기회가 있었다. 조연으로서 어떤 철학을 갖고 있냐고 물었다. 그랬더니 돌아오는 대답이 참 놀라웠다. 자신은 대본을 받으면 자신의 대사부터 보지 않고 주연의 대사부터 본다고 한다. 주연이 되려는 것이 아니다. 어떻게 하면 주연을 돋보이게 할 수 있는지 연구하는 것이다. 주연이 흰색이면 자신의 검은색 역할을 한다. 주연이 볼록이면 자신은 오목 역할을 한다. 주연이 잘 생겼으면 자신은 못생긴 얼굴로 나오고 주인공이 똑똑하면 자신은 푼수 역할을 한다는 것이다. 주연을 돋보이게 하려 노력했더니 조연도 돋보이더라는 말이었다. 이런 사람이 프로 조연이다.

약점이 많이 있음에도 쓰임 받는 사람은 항상 겸손하다. 내가 누구 때문에 잘되었는지 잘 알기 때문이다. 하나님 덕분에 내가 잘된 거라고 말한다. 주연이신 하나님께 모든 공을 돌린다. 주연이신 하나님을 돋보이게 하려 했더니 나도 돋보이게 되었다고 말한다. 하나님이 약점 많은 사람들을 좋아하는 이유가 여기에 있다. 장점 많은 사람이 잘 해내면 자기가 잘나서 성공한 줄 안다. 내 덕분에 성공한 거라고 하나님께 돌아갈 영광을 가로챌 가능성이 많다. 하나님을 조연삼고 자신이 주연 역할만 하려 드는 사람은 결국 버림받는다. 육신의 아버지를 가장 흥분하게 만드는 말이 있다. "내가 이렇게 잘된 것은 다 아버지를 잘 만난 덕입니다. 아버지가 자랑스럽습니다." 하나님도 이 말에 제일 흥분하신다.

  셋째, 약점 가진 사람의 아픔을 잘 알기 때문이다. 세상 사람들은 아픔과 상처를 약점이라고 말한다. 그러나 신앙으로 극복된 약점은 더 이상 약점이 아니다. 약점이 은사가 된 것이다. 나와 같은 상처와 아픔을 가진 사람을 도울 수 있는 사람이 될 수 있다.「상처 입은 치유자」를 쓴 헨리 나우웬은 상처를 입어본 사람만이 다른 사람의 상처를 치유할 수 있다고 했다. 약점을 가진 사람이 약점을 가진 사람을 위로할 수 있다는 것이다. 다른 사람의 약점과 상처의 아픔을 가슴으로 알기 때문이다. 자신의 경험으로 실제적인 도움을 줄 수 있다. 그러나 상처가 없던 사람은 다른 사람의 상처를 치유할 수 없다. 가슴이 아닌 이론으로 알기 때문이다. 약점과 상처의 아픔을 모르는데 어찌 다른 사람의 아픔을 이야기할 수 있겠는가? 공감대가 없으니 상대방의 가슴을 움직일 수 없다. 오프라 윈프리가 항상 했던 말이 있다. "아픔이 소명이다." 그의 토크쇼에는 항상 웃음과 눈물이 있다. 삶의 체취와 감동이 있다. 왜냐하면 같은 아픔을 겪어 본 사람이 곁에서 함께 웃어주고 울어주는 프로그램이기 때문이다.

  낳은 지 한 달만에 의료사고로 아들을 잃은 젊은 새댁이 있었다. 장례를 직접 치루면서 네 번에 걸쳐 예배를 드렸음에도 아무런 위로가 되지 않는 어려움이 있었다. 자매는 "제가 열심히 예수를 믿었는데 하나님이 저한테 이러시면 안 되지요. 하나님의 처사가 이해가 안 됩니다"라고 말했다. 나는 "당신의 아픔을 내가 압니다"라고 말했는데 집에 와서 생각해보니 거짓말이었다. 나는 내 아들을 잃어보지 않았는데 어찌 그 아픔을 안다고 말했을까? 생각해보니 낯이 뜨거웠다. 자매님을 어떻게 위로할까 하고 기도중에 하나님이 아이디어를 주셨다. 예전에 고등학생 딸을 교통사고로 잃었음에도 신앙으로 아픔을 잘 극복한 권사님이 떠올랐다. 모시고 가서 자매님을 위로해 드리라고 했더니 단 한 마디에 완전한 위로가 이루어졌다. "나도 그랬어. 나도 힘들었어. 나도 그 아픔을 알지." 아들을 잃은 엄마는 목사의 해석이 필요한 게 아니었다. 목사인 나는 정답을 이야기했다. 너무 힘들면 정답은 더 이상 위로가 되지 않는다. 같은 아픔을 겪어본 사람만이 가슴으로 울어 줄 수 있다. 아픔이 겪고 있는 사람에게는 정답이 필요한 게 아니라 같이 울어줄 사람이 필요하기 때문이다.

권사님의 아픔은 상처인 줄 알았더니 은사였다. 권사님은 오늘도 자식을 잃고 슬퍼하는 사람들을 치유하는 상처입은 치유자로 살고 있다. 고통을 하나님의 도움으로 이겨낸 사람들은 그 고통이 은사가 되어 같은 고통을 가진 사람을 치유하는 사역자로 산다.

넷째, 현재보다 미래가 좋아질 사람이기 때문이다. 예수님께 제자로 부름 받은 사람치고 과거 경력이 좋은 사람은 없다. 현재 상태가 좋은 사람도 없다. 다만 미래가 좋을 가능성이 있는 사람들일 뿐이다. 예수님은 가능성을 보고 사람을 쓰신다. 세상은 배우자와 직원을 고를 때 과거 경력과 현재 상태를 보고 뽑는다. 그러나 과거 경력과 현재 상태를 보지 않고 미래의 가능성을 보고 배우자를 고르거나 직원을 뽑는다면 대단한 사람임에 틀림없다. "당신은 과거가 좋은 사람입니다" 하는 것은 사실 욕이다. "현재가 좋은 사람입니다" 하는 것도 칭찬은 아니다. "당신은 미래가 좋은 사람입니다" 하는 것이 최고의 칭찬이다.

현재 상태는 좋지 않지만 미래 가능성이 보이는 사람을 부르신 또 하나의 이유가 있다. 예수님이 부르신 사람들의 성장을 책임지겠다는 뜻이다. 우리가 사람을 쓸 때 제일 쉬운 방법이 있다. 현재 상태가 좋은 사람을 골라 쓰는 것이다. 왜냐하면 이미 다른 사람이 공을 들여 만들어 놓은 사람을 그냥 갖다 쓰는 거라 나의 노력이 덜 들기 때문이다. 가장 어려운 방법은 현재 상태가 좋지 않은 사람을 데려다가 미래가 좋은 사람으로 바꾸어 쓰는 것이다. 예수님은 이 방법을 쓰셨다. 가장 근사한 리더는 자신 곁에 있는 사람들을 성장시키는 사람이다. 어떻게 내 주변의 사람들을 성장시킬지 고민하며 사는 사람이 있다면 당신은 하늘이 내리신 리더가 분명하다. 크리스천들은 이러한 리더를 꿈꾸며 살아야 한다.

세상에서 제일 못난 사람은 상처받았다고 상처 타령만 하며 사는 사람이다. 세상에서 상처받고 교회 와서 타령하면 그래도 봐줄 만 하다. 그러나 교회에서 상처받고 교인에게 타령하는 것이 문제다. 상처받는 분명한 이유가 있다. 상처를 입히는 사람이 못되서가 아니다. 외적 공격이 너무 커서도 아니다. 상처받는 사람이 약하기 때문이다. 과일 알레르기에 걸리는 사람들을 보면 원리가 같다. 평소 건강할 때 수박 먹으면 아무 탈이 나지 않는다. 그런데 극심한 스트레스나 피곤한 상태에서 수박을 먹으면 꼭 체하게 된다. 이때 체한 수박은 알레르기가 되어서 다음에 수박을 먹으면 두드러기 증세가 나타나는 것이다. 몸이 건강하면 알레르기가 생기지 않는다. 그러나 자신이 약하면 물을 먹고서도 체하는 법이다. 상처는 자신이 강하면 해결된다.

어떤 사람이 물었다. "목사님, 어떻게 하면 교회에서 상처받지 않고 살 수 있습니까?" 주저하지 않고 대답해주었다. "상처를 주더라도 받지 마세요." 상처는 공과 같아서 상대방이 던질 때 안 받으면 끝이다. 상대가 던진 상처를 자기가 받아놓고 상처받았다고 난리를 떠니 그게 문제다. 아들이 어릴 적 울면서 달려왔다. "아빠, 저 친구한테 상처받았어요." 이때 해주었던 말이 있다. "친구가 상처를 던져 준다고 그걸 받아가지고 오면 어떻게 해. 내일 가서 다시 되돌려 주고와." 이제는 어린아이처럼 상처 타령이 아니라 상처를 극복하여 사역자로 쓰임 받는 수준을 욕심내야 한다.

## 2. 콤플렉스도 은사이다.

청소년 집회나 교사부흥회를 인도하다 보면 신체적인 콤플렉스를 가진 사람들을 예상외로 많이 만나게 된다. 고치고 싶은 부위를 말하라고 하면 다들 견적이 안 나온다고 말한다. 신체 어느 것 하나 맘에 드는 것이 없다는 말이다. 이때 나의 성장과정을 이야기해 주면 웃음을 통해 치유가 일어난다.

눈 작아 고민하는 사람들에게 말한다. "눈 작은 나를 봐라. 눈 작아도 세상에 볼 것은 다 본다. 내가 만든 명언이니 외워. '세상은 눈으로 보는 것이 아니라 마음으로 보는 것이다.' 눈 큰 말치고 경주마로서 우승하는 말을 본 적 있니? 눈 큰 말은 우승 못한다. 눈이 큰 놈은 달리다가 보이는 것이 많아 곁눈질하다 우승 못한다. 이런 말은 앞만 보고 뛰라고 눈에 가리개를 씌우지. 눈 작은 말은 일단 보이는 게 별로 없어 좋다. 앞만 보고 달리기에 우승마가 된다. 눈 작으면 앞만 보고 달리는 추진력 있는 사람이 될 테니 두고 보아라. 다른 사람이 만들어 놓은 과녁에 대고 활을 쏘는 인생을 살지는 말아라. 남이 정해 놓은 규격에 평생 맞추며 사는 것이 불행한 인생이다. 일단 아무 벽에나 온 열정을 다해 너만의 방식으로 화살을 쏴라. 그리고 꽂힌 화살 주위에 네가 너의 과녁을 그려 넣는 방법도 있다는 것을 잊지 말아라. 세상이 만든 편견에 휘둘리며 인생을 소비하지 말라는 말이다." 이 말에 눈 작은 사람들이 얼마나 행복해 하는지 모른다.

　키 작은 사람들에게는 말한다. "키를 꼭 땅에서부터 위로 재란 법이 어디 있나? 하나님이 재시면 위에서부터 아래로 줄자를 내려 재실 거다. 키 작다고 주눅 들지 말아라. 키 작은 등소평이 키 큰 미국 레이건 대통령과 악수할 때 손을 위로 올리지 않고 일부러 팔을 아래로 내렸다. 미 대통령이 자신 앞에 머리를 구부려 손을 잡도록 유도한 게지. 결국 레이건이 머리 숙이는 모습이 대서특필되었어. 당당하면 이런 아이디어가 절로 나온다. 주일학교 선생님이 어릴 적 키 작아 고민하던 나에게 예언했다. '너는 키 작은 것 때문에 하나님께 영광을 돌릴 날이 반드시 한번은 올 것이다.' 그 예언이 진짜 이루어지더라. 군복무시절 유격장에서 구보를 하다가 우리 소대가 꼴찌를 한 적이 있어. 유격조교들이 내린 벌은 다름 아닌 나무 전봇대를 들고 어깨 위에서 좌우로 번갈아 옮기는 목봉체조였어. 내 앞에 1미터 85센티미터가 서 있고 내 뒤에 1미터 75센티미터가 서 있는 것이 아니냐? 전우애를 가진 나 1미터 65센티미터는 도우려고 팔을 올렸음에도 팔이 안 닿는데 어쩌란 말이냐? 할렐루야. 예언이 성취됐다. 군대에서 권투 시합하면 팔이 짧아 항상 불리했다. 이때 '로마의 칼은 짧았다' 는 글을 읽고 힘을 얻었다. 칼이 짧은 대신 한발을 앞으로 나아가며 자세를 낮추고 상대방의 심장을 찌른 것이다. 나도 한발을 내딛으며 자세를 낮추었더니 완벽하게 단점이 커버되었다." 키 작아 고민하는 아이들이 재미있어 죽어라 한다.

학벌 콤플렉스와 머리 나빠 고민하는 사람들에게 말한다. "재수한다고 기죽지 말아라. 재수는 또 하는 것이 아니라 공부를 더 하는 것이다. 학벌 나쁘다고 걱정하지 말아라. 나이 마흔 넘어서 학벌 자랑하는 사람이 있으면 그 사람이 바보다. 왜냐하면 나이 마흔은 학벌로 사는 나이가 아니라 지혜로 사는 나이이기 때문이다. 지혜를 갈고 닦으며 기다려라. 나이 마흔이 금방 되니 지혜 있는 사람이 좌장되는 날이 온다. 나이 마흔이 넘으면 동창회가 잘 되는 이유가 있다. 그 나이 전에는 서로 학벌 컴플렉스가 있어 만나기 꺼려하기 때문이지. 그러나 나이 마흔이 넘으면 학벌을 뛰어넘기 때문에 동창회가 잘 되는 거야. 그렇다고 이 말을 청소년에게 하지 말아라. 이 말 믿고 공부 포기하면 저만 손해야. 최선을 다하되 최고가 되지 못한 것에 대한 부끄러움은 갖지 말라는 말이다. 머리 나쁘다고 해서 돌머리라고 실망 말거라. 돌은 한번 새기기가 힘들어서 그렇지 한번 새기면 천년 간다. 신앙은 머리 나쁜 것이 오히려 좋다. 왜냐하면 지은 죄를 기억 못해 죄책감이 없어지기 때문이다. 기억력이 없기에 오히려 뻔뻔하게 살 수 있다."

이런 나의 콤플렉스를 스스럼없이 이야기할 수 있다는 것은 이미 극복했다는 뜻이다. 콤플렉스를 극복한 사람이 이야기해주면 치유의 역사가 일어난다. 나의 콤플렉스를 신앙으로 극복하면 남의 콤플렉스도 고쳐줄 수 있다.

### 3. 남보다 더 가진 것이 은사이다.

사람들은 건강과 재물을 축복이라 말한다. 그러나 이것들은 축복이 아니라 은사라는 말이 옳다. 건강과 재물이 축복이라면 예수 잘 믿는 사람들 가운데 가난하고 병든 사람이 많은데 이를 설명할 길이 없다. 예수는 믿는데 축복을 못 받았다라고 말하는 것은 이상하기 때문이다. 예수는 믿지 않는데 재벌이거나 건강한 사람들도 많다. 그들이 건강과 재물의 축복을 받았다고 말하면 더 이상하다. 죄 짓는 데 건강과 재물을 써먹을 사람들을 놓고 축복 받았다고 하는 것은 합당한 표현이 더더욱 아니다. 그래서 건강, 재물, 자녀, 명예는 축복이라는 단어보다 은사라는 단어가 적합하다.

건강한 사람이 병든 사람 앞에서 건강을 자랑하면 시험에 든다. 돈 있는 사람이 돈 없는 사람 앞에서 자랑하면 시험에 든다. 은사의 용도를 잘못 사용했기 때문이다. 은사는 자랑하라고 주신 것이 아니라 일하라고 주신 것이다.

기도할 때도 "건강의 은사, 재물의 은사를 주소서"라고 해야 올바른 기도이다. 은사이니 주시면 일하겠다는 기도이다. 건강의 은사를 받은 사람은 건강한 만큼 일하면 된다. 건강 없는 사람은 쉬면 그만이다. 건강하다 자랑할 필요도 없고 병들었다 하여 비굴할 필요도 없다. 물질의 은사를 받은 사람은 물질로 봉사하고 물질의 은사를 받지 못한 사람은 몸으로 봉사하면 된다. 부자라고 해서 교만할 필요도 없고 가난하다 해서 비굴할 필요가 없는 이유가 여기에 있다. 가진 만큼 일하면 되기 때문이다. 남보다 더 가진 모든 것이 은사이기에 가진 만큼 더 일하면 된다.

### 4. 부담감도 은사이다.

중국 지도만 보면 영적인 부담이 생긴다는 사람이 있다. 영화를 보아도 중국 영화만 보고 음식을 먹어도 자장면을 제일 좋아하며 펀드도 중국 관련 펀드만 든다. 중국에 대한 뉴스 기사가 나오면 가슴이 뛴다고 한다. 그분의 꿈은 중국 선교사로 나가는 것이다. 어릴 적 집회에서 하나님이 중국 땅을 보여주시며 선교사로서의 소명을 주신 것이 평생 부담감으로 가슴에 다가온 것이다. 청소년 집회에서 중국을 위해 평생 중보할 사람은 손들라는 말에 겁없이 손들었다가 평생 코 꿰인 사례이다. 어떤 사역을 접하면 내가 꼭 해야만 될 것 같은 부담감이 밀려드는 경우가 있다. 부담감이 있으면 주저 없이 해야 한다. 하나님이 주신 은사일 가능성이 아주 높기 때문이다. 아무에게나 부담감을 주시는 것이 아니다.

### 5. 직분도 은사이다.

교회 안의 집사, 권사, 장로, 목사 같은 직분은 계급이나 자리 개념이 아니다. 직분은 철저히 기능과 역할일 뿐이다. '차별'이 아니라 '구별'이며 은사이다. 직분에 따라 해야 할 일이 서로 다르다. 쓰이는 용도와 역할도 다르다는 말이다. 직분을 가지고 계급이나 자리싸움하는 교회는 건강한 교회가 아니다. 모든 직분은 하나님 앞에 동등하며 소중하기 때문이다. 모두가 목사와 장로, 권사일 필요가 없다. 교회 안에 장로와 권사만 있다면 정상적인 교회가 아닐 것이다. 목사가 있어야 장로와 권사도 의미가 있다. 장로가 있어야 집사도 의미가 있는 것이다. 서로 다른 직분을 존중하며 감사해야 한다. 그가 존재하기에 나의 존재도 의미 있고 소중해지기 때문이다. 각자가 맡은 직분의 역할을 각자의 자리에서 소중히 여겨 잘 해내는 것이 중요하다.

열두 지파 가운데 레위 지파를 성전에서 수종드는 제사장 지파로 하나님이 지명하여 세운 일이 있다. 제사장 하면 세상과는 구별되어 하나님께 특별히 쓰임 받는 직분이라고 사람들은 생각한다. 그런데 성경 어디에도 레위 지파가 제사장 지파로 선택된 이유에 대해 언급한 부분이 없다. 레위 지파가 다른 지파보다 숫자가 많거나 아주 적은 것도 아니었다. 탁월할 정도로 거룩하게 살았던 것도 아니었다. 하나님이 레위 지파를 제사장 지파로 선택한 이유는 단 한 가지이다. "그냥"이다. 레위 지파는 처음부터 제사장 지파로 태어난 지파가 아니다. 제사장의 역할과 기능을 위해 만들어진 지파이다. 이것을 차별이 아니라 구별이라고 말한다. 하나님은 사람을 차별하거나 편애하실 분이 아니다. 역할과 기능을 위해 선택되었고 훈련되어 만들어졌다. 제사장으로 선택된 레위 지파가 그것을 자랑하거나 우쭐해 하지 않았다. 레위 지파가 선택된 것에 대해 다른 열한 지파가 배 아파하지도 않았다. 열한 지파는 왜 배 아파하지 않았을까? 제사장의 직분과 마찬가지로 자신의 역할과 기능도 소중한 역할이라고 생각했기 때문이다. 열한 지파 없는 제사장 지파는 아무 의미가 없으며 제사장 지파 없는 열한 지파도 의미가 없기 때문이다. 서로에게 꼭 필요한 존재였던 것이다.

절에 가면 새끼 스님이 있고 큰 스님이 계시다. 불공드릴 때면 신도들은 큰 스님만 찾는다. 큰 스님이 영험하다 믿기 때문이다. 사실 큰 스님이 다 영험하다는 말은 잘못된 표현이다. 큰 스님이라고 해서 다 영험한 것은 아니기 때문이다. 직분과 영험을 동일시하는 것이 모순이다. 교회에서도 이런 모순이 얼마든지 일어날 수 있다. 직분은 은사이므로 그 기능과 역할을 다하면 된다.

새문안교회에서 2년 동안 전임전도사 사역을 마치고 신일교회로 임지를 옮겨 부목사로 섬긴 적이 있다. 새문안교회에서 부목사로 청빙이 들어와 다시 돌아왔는데 권사님들은 몇 달간 나를 계속 전도사님으로 부르는 것이었다. 듣는 나로서 기분이 썩 좋지 않았다. 내 마음에도 목사가 전도사보다 높다는 속물적인 생각이 있었기 때문이다. 교회 안에서 이분이 권사님인가 집사님인가 헷갈릴 때가 있다. 그러면 무조건 권사님이라고 부른다. 권사님을 집사님으로 부르면 다들 기분나빠하기 때문이다. 직분이 계급이라는 생각을 버리지 못하는 한 이런 일은 계속 일어날 것이다. 직분이 은사라는 마인드의 결핍 때문에 오는 현상이다.

# 훈련보다
# 은사가 먼저다
_훈련과 은사

우리는 지금까지 제자는 태어나는 것이 아니라 만들어지는 것이라고 배웠다. 후천적인 훈련으로 사역자가 만들어진다는 뜻이다. 그러나 사역의 현장에서는 정반대로 일이 벌어진다. 은사가 없는 사람은 아무리 훈련을 해도 소용이 없는 경우가 태반이다. 몸에 맞지 않는 옷을 억지로 입히는 것과 같기 때문이다. 훈련하면 입기야 입겠지만 불편하기는 마찬가지이다. 이런 사람은 오히려 본인도 힘들어 하고 다른 사람에게도 피해를 준다.

교회 안의 일을 할 때에는 무조건 훈련부터 받을 생각을 버려야 한다. 은사 점검부터 받고 하는 것이 순서다. 외국의 교회들이 모든 사역자의 이름을 자원봉사자로 칭하는 이유가 여기에 있다. 교사, 성가대원, 주차봉사, 헌금위원이란 단어 자체가 없다. 모두 같은 이름으로 자원봉사자라 부른다. 은사가 점검되어 확인되지 않은 이상은 특정 사역을 지속적으로 맡길 수 없다는 철학 때문이다. 일단 자원을 받고 봉사부터 시작하게 한다. 그런 다음 훈련받은 전문 사역자들이 주의 깊게 관찰하고 인터뷰하면 은사가 드러난다는 것이다. 은사가 드러나면 그제야 그 사람에게 특정 사역에 필요한 훈련을 받을 기회를 제공해 주는 것이다. 어떤 훈련을 받았느냐가 그 사람의 사역을 결정짓지 않는다. 어떤 은사를 가졌느냐가 그 사람의 사역을 결정짓는다.

훈련보다 은사를 강조해야 하는 이유 두 가지가 있다. 첫째, 훈련받지 않아도 자신의 은사는 돋보이기 때문이다. 통계에 의하면 전문적인 상담가에게 치료받은 사람이 치유되는 퍼센트는 43~65퍼센트이다. 반면 가만히 있는데도 자연적 치유가 된 사람의 퍼센트도 43~65퍼센트이다. 어떤 사람이 전문적인 치료를 받으나 가만히 있으나 치유되는 퍼센트는 거의 같다는 말이다. 그러나 알고 보면 가만히 있어서 치유가 된 것이 아니다. 자신의 주변에 있는 평신도 상담가들의 치유와 도움을 받은 것이다. 평신도 상담가들은 자격증이 있거나 훈련을 받은 사람들이 아니다. 그저 성령이 주시는 은사를 가지고 평범하게 사는 아줌마 같은 사람들이다. 가장 가까이 있고 평소 구역모임이나 교회 남, 여 선교회 안에서 만났던 일상의 사람들이다. 치유를 목적으로 만난 사람들이 아니다. 그러나 믿음의 사람들을 만나 교제하다 보니 자연적인 치유가 일어난 것이다. 알게 모르게 나를 치유해 주었던 사람이 있었던 것이다. 이런 치유 과정은 너무나 자연스럽고 일상화된 일이다. 그래서 가만히 있어도 치유가 된 것으로 착각하는 것이다.

은사는 이렇게 자연적으로 드러난다. 전문적인 훈련을 받은 사람 이상으로 효과를 발휘하는 경우가 많다. 평신도 가운데 은사가 있는 사람은 학위와 훈련 없이도 높은 치유율을 가진 사역을 할 수 있다. 성령이 주신 은사는 이런 능력을 가지고 있다. 이것이 절대적으로 은사가 훈련보다 앞서는 이유다.

치유와 격려와 상담, 가르침은 훈련의 문제가 아니다. 은사의 문제이다. 우리 모두는 회심한 후 성령으로부터 부여받은 은사가 다 있다. 자신도 모르게 성령으로부터 받은 은사를 가지고 남을 치유하는데 활용하고 있는 것이다. 더 이상 남들이 좋다 하는 훈련받으려 쫓아다니지 말고 내가 받은 은사가 무엇인지 알아보려 하는 것이 중요하다. 훈련은 은사 체크 후 받아도 늦지 않기 때문이다.

둘째, 겸손해질 수 있기 때문이다. 교회에서 행하는 제자 훈련의 큰 약점이 하나 있다. 자신이 받은 제자훈련을 자신의 신앙 수준과 동일시하는 것이다. 고급 과정의 훈련을 받으면 자신의 신앙도 고급이 된 줄로 착각한다. 사실 자신이 받은 훈련과 자신의 신앙과는 아무런 관련이 없는 경우가 많다. 받은 훈련이 나의 신앙 성장에 도움을 주는 것은 사실이다. 그러나 내가 받은 훈련이 나의 인격과 신앙 자체는 아니기 때문이다.

돈 많은 사람이 백화점이나 호텔에 가서 쉽게 착각하는 것이 있다. 직원들에게 극진한 대접을 받고 나면 나의 인격을 알아보고 대접하는 것이라 생각한다. 대접과 인격은 전혀 별개의 문제이다. 왜냐하면 직원들은 손님의 돈을 보고 인사하고 접대하는 것이지 인격을 보고 대접하는 것이 아니기 때문이다. 이와 같이 훈련과 인격도 전혀 별개이기는 마찬가지이다.

    훈련보다 은사를 강조하면 겸손해지는 이유가 있다. 훈련은 자신의 노력과 시간의 투자로 얻어지는 결과이므로 자랑하고 교만해 질 가능성이 있다. 자신의 노력으로 얻은 결과이기 때문이다. 그러나 은사는 하나님이 주신 전적인 선물이므로 자랑하지 않게 된다. 자신의 노력으로 은사가 주어지는 것이 아니기 때문이다. 처음부터 은사는 자랑하라고 주신 것이 아니라 일하라고 주신 것이라 미리 들은 효과도 있다. 은사를 강조하면 교회 안에 직분과 훈련받은 내용을 가지고 귀족화되는 것도 방지할 수 있다.

# 네트워크가
# 대안이다
_ 은사 사역

축구의 중원은 최전방 공격수가 있는 자리가 아니다. 골키퍼 자리도 아니다. 미드필더 자리이다. 미드필더가 중원을 장악하고 적시적소에 볼을 배급해 주어야 승리할 수 있다. 이것이 남을 잘되게 할 수 있는 네트워크의 힘이다.

항공모함 활주로가 일반 비행장보다 짧음에도 비행기가 뜨고 내릴 수 있는 이유가 있다. 뜰 때는 항공모함이 비행기가 날아가는 방향으로 전속력으로 달려준다. 내릴 때는 낙하산의 힘으로 공기 저항을 받아 내릴 수 있다. 누군가가 뜰 때는 같은 방향으로 달려가 주고 내릴 때는 낙하산 같은 역할을 해줄 사람이 필요하다.

스파이더맨에게도 한계가 있다. 반드시 건물이 있어야 한다는 것이다. 뉴욕, 맨해튼 정도는 되어야 스파이더맨이 활약할 수 있기 때문이다. 나뭇가지고서는 어림없다. 한 사람이 탁월하다 해서 모든 것이 해결되는 것이 아니다. 우리에게도 스파이더맨이 타고 다녔던 빌딩 같은 역할을 해주는 사람이 꼭 필요하다.

사람이 혼자서 일하는 것은 바람직하지 않다. 혼자서 모든 일을 다 해낼 수 있는 사람은 없기 때문이다. 최초의 아담에게도 하와를 붙여 주신 이유가 있다. 다른 사람들의 도움을 받아야만 온전한 사역을 할 수 있기 때문이다. 각자 자신의 역할을 잘 해내는 사람들이 함께 모여 일을 해야 온전한 공동체가 되는 것이다.

성령이 각자에게 주신 은사를 발견하도록 돕는 것으로 은사 사역은 시작한다. 발견한 각자의 은사를 개발해주며 극대화시켜 줄 필요가 있다. 그리고 각각의 은사에 맞는 역할과 기능을 하도록 재배치해주는 것이 은사 사역이다. 어느 공동체이든 은사 사역을 하려면 커다란 패러다임의 전환이 필요하다. 기존의 서열, 직제 중심의 사역이 커다란 방해물이 되기 때문이다. 직분과 나이순으로 모든 것이 결정되는 공동체는 은사 사역이 어렵다. 서열, 직제 중심의 사역을 역할, 기능 중심의 사역으로 전환할 필요가 있다. 은사 사역은 세 가지 과정을 반드시 거쳐야 한다.

### 1. 은사를 발견하도록 실패할 기회를 주라

순정만화를 보면 항상 사람들에게 주목받지 못하던 시골 소녀가 주인공으로 등장한다. 우연히 누군가 이 소녀에게 특별한 재능이 있다는 것을 발견하게 된다. 재능의 발견을 돕는 테리우스 같은 멋진 남자가 나타난다는 것이 순정만화가 가진 도식이다. 사람들은 평범한 소녀가 주인공이라는 사실과 그녀에게 특별한 재능이 있었고 재능이 발견되도록 도운 멋진 테리우스가 있었다는 사실에 감동받는다. 교회 공동체 안에서도 평범한 사람들의 은사를 발견할 수 있도록 돕는 테리우스 같은 멋진 사람들이 필요하다.

사람이 자신의 은사가 무엇인지 발견해내는 것은 시간이 걸리는 어려운 과정이다. 자신의 은사를 발견하려면 공동체 안에서 직접 다양한 사역을 경험해 보는 것이 제일 좋다. 일단 자신의 은사가 무엇인지 모르면 무슨 일이든 닥치는 대로 해보는 것이다.

은사 사역을 성공적으로 정착시킨 공동체나 교회들은 여러 특징을 가지고 있다. 무엇보다 다양한 종류의 사역이 준비되어 있다. 어떤 교회는 은사에 맞는 수백 가지 사역을 찾아내 교인들에게 나열해 놓는다. 수백 가지 사역을 분류해 놓는 과정이 어렵지만 세분화하면 얼마든지 만들어 낼 수 있다. 교회가 사역을 만들어 교인들에게 제공하기도 하지만 교인들 직접 만들어 교회에 제시하는 경우도 있다. 일정한 인원이 되면 사역으로 인정해주어 교회 안에서 공개적으로 사람을 모집하도록 해주는 경우도 있다.

그리고 모든 사람에게 다양한 사역을 할 수 있는 기회가 열려 있다. 이것을 '맛보기 사역'이라 한다. 빌 하이벨스(Bill Hybels) 목사가 목회하는 윌로우 크릭 교회는 교인들에게 일명 맛보기 봉사를 경험시킨다. 처음부터 사역을 정해놓고 정착시키는 것이 아니다. 일단 다양한 사역에 맛보기 식으로 참여시켜본다. 해보고 나서 자신의 은사에 맞는 일을 발견한 후에 사역을 선택하게 한다. 맛을 본 후에 맛이 없으면 사먹지 않아도 된다는 관용의 은사 목회 철학이 맛보기 봉사 안에 담겨 있다. 은사 사역을 하는 교회들은 교회학교 교사를 양성하는 교사대학이라는 것도 없다. 예비교사들을 모집해 훈련부터 하지 않는다. 일단 교사 사역을 원하는 자원봉사자를 모집해 일부터 시켜본다. 일단 얼마간 교사사역을 해보고 난 후 자신의 은사를 점검받도록 한다. 자신의 은사에 맞는다고 결정되면 그제야 교사 사역을 위해 필요한 훈련 프로그램을 교회가 제공해 준다.

　마지막으로 실패를 용납하는 분위기가 되어 있다. 은사를 발견하기 위해서는 반드시 거쳐야 할 과정이 있다. 실패해 보는 것이다. 단 한 번의 사역을 해봄으로 자신의 은사를 발견하는 사람은 거의 없다. 새들백 교회의 릭 워렌(Rick Warren) 목사는 교회에 은사 사역이 자리 잡게 된 비결이 무엇이냐는 질문에 단 한 마디로 답했다. "우리 교회에는 실패를 용납하는 분위기가 있습니다." 맛보기 사역을 할 때에는 주의할 사항이 있다. 맛보기 사역을 하다 중도에 그만두거나 포기하는 사역자들에게 불성실하다고 비판하거나 정죄하지 않는 것이다. 다만 이 사역에 당신의 은사가 맞지 않았을 뿐이라고 해석해 말해 준다. 그리고 다른 사역을 경험할 기회를 다시 준다. 실패를 용납하는 분위기가 형성되어 있는 것이다. 여러 번 실패할수록 자신의 은사를 발견할 가능성이 높아진다. 실패할 기회를 주지 않는 교회는 자신의 은사가 무엇인지 발견할 기회를 주지 않는 교회이다.

### 2. 발견한 은사를 개발할 수 있도록 도와줘라.

　은사를 발견했다고 해서 처음부터 사역을 완벽하게 잘 해내는 사람은 없다. 발견된 은사를 가지고 일할 수 있는 기회를 지속적으로 제공해 주어야 은사가 개발되는 것이다. 은사는 지속적으로 개발되어야 전문화된 사역자로 설 수 있는 기초가 될 수 있다.

몇 년 전 온누리 교회에서 주최하는 큐티 세미나를 참석한 적이 있다. 목회자들이 2천 명 정도 모였는데 주강사로 나온 분이 집사님이셨다. 집사님이 소개되자 목회자들이 갑자기 팔짱을 꼈다. "얼마나 잘하나 보자"는 분위기였다. 그러나 시간이 지날수록 강의가 매끄럽고 은혜롭게 진행되는 것이 아닌가? 목회자들은 점차 팔짱을 풀고 강의에 집중했다. 새문안교회에 그 집사님을 초청해 큐티 세미나를 열었을 때 집사님을 찾아가 물었다. "몇 년간 큐티를 하셨어요? 강의는요?" 큐티한 지는 20년 넘었고 강의한 지는 10년 되었다고 말씀하셨다. 처음부터 그렇게 강의를 잘하셨냐고 물었더니 처음 강의할 때는 사람들이 못 들어 줄 정도로 아마추어였단다. 그런데 정말 배 아팠던 것이 있다. 아마추어였던 집사님에게 큐티 강의를 계속할 수 있게 기회를 주었던 그 교회시스템이다. 집사님의 세련된 강의는 태어난 것이 아니라 만들어진 것이다.

은사 개발은 저절로 태어나는 것이 아니라 주변의 지속적인 도움으로 만들어지는 것이다. 목사 혼자 다 하는 교회는 좋은 교회가 아니다. 이런 교회는 대부분의 사역이 미숙한 아마추어 사역이 될 가능성이 있다. 모든 일을 다 잘 하는 슈퍼맨 목회자는 존재하지 않기 때문이다. 당신의 영적 스승 뒤에 가서 줄을 서라 했을 때 목사 뒤에만 줄서는 교회는 좋은 교회가 아니다. 모든 교인들 뒤에 골고루 줄을 서는 교회가 좋은 교회이다.

### 3. 은사대로 재배치하라.

크리스천 공동체는 모자이크와 같다. 각각의 퍼즐 조각이 모여서 그림이 완성되는 것이다. 한 조각이 없어지면 그림은 미완성이 된다. 한 조각이 그렇게 중요하다. 모자이크는 각각의 조각이 제자리에 있을 때에만 그림이 된다. 한 사람도 예외 없이 자신이 맡아야 하고 있어야 할 각자의 자리와 역할이 있다는 말이다. 하나님이 사람도 그렇게 소중한 존재로 만들어 놓으셨다. 세상에 없어도 되는 사람은 없다. 그 사람이 없어지면 공동체가 미완성 그림이 되기 때문이다. 있되 제자리에 있어야 한다. 그래야 공동체가 완성된 그림이 될 수 있기 때문이다.

퍼즐 조각은 남의 자리를 탐내지 않는다. 탐내는 순간 그림자체가 엉망이 되기 때문이다. 크리스천도 남의 자리와 역할을 탐내지 말아야 한다. 그 순간 공동체가 엉망이 되기 때문이다. 그러나 남의 역할과 기능을 탐내는 사람이 있다. 자신의 역할과 기능에 만족하지 않았기 때문이다. 자신의 역할과 기능에 만족한 사람만이 남의 역할과 기능을 탐내지 않는다. 자신이 만족하는 역할과 기능을 찾는 것이 그래서 중요하다. 그래야 쓸데없는 자리싸움하지 않게 된다. 퍼즐 조각이 제자리에 있어야 하듯 사람도 자신에게 꼭 맞는 역할과 기능이 있다. 이 확신을 갖고 제자리를 찾아내 자신의 역할과 기능을 해낼 때 자신과 공동체 안에 유익이 있다.

# 7. 사단이 주는 나쁜 선물 _ 죄책감

나 곧 나는 나를 위하여 네 허물을 도말하는 자니
네 죄를 기억하지 아니하리라 (사 43:25).
내가 그들의 악행을 사하고 다시는 그 죄를 기억하지 아니하리라
여호와의 말씀이니라 (렘 31:34).
누가 능히 하나님께서 택하신 자들을 고발하리요
의롭다 하신 이는 하나님이시니 누가 정죄하리요
죽으실 뿐 아니라 다시 살아나신 이는 그리스도 예수시니
그는 하나님 우편에 계신 자요 우리를 위하여 간구하시는 자시니라
누가 우리를 그리스도의 사랑에서 끊으리요
환난이나 곤고나 박해나
기근이나 적신이나 위험이나 칼이랴 (롬 8:33-35).

# 염치 좀
## 있어봐라
_죄책감의 결과

크리스천들의 신앙을 방해하는 최대의 적이 있다. 다름 아닌 죄책감이다. 죄책감의 정의는 이렇다. "이미 회개한 죄를 다시 기억나게 하는 것"이다. 이러한 죄책감은 하나님이 아니라 사단이 주는 마음이다. 코리텐 붐은 죄책감에 대하여 말한다. "하나님은 우리 죄를 다 바다 속에 던져 버리신다. 그리고 팻말을 하나 꽂아 두신다. 낚시금지!" 하나님이 바다 속에 버린 죄를 우리가 다시 끄집어내어 죄책감 속에 빠져 살지 말라는 말이다.

하나님이 사람을 창조하신 목적은 사랑하시기 위해서이다. 인생의 목적은 그 하나님의 사랑을 받아 누리고 감사하며 사는 것이다. 그러나 사단이 존재하는 목적은 정반대이다. 우리가 하나님의 사랑을 받아 누리지 못하게 만드는 것이다.

사단이 우리가 하나님의 사랑을 받아 누리지 못하게 하는 방법에는 두 가지가 있다. 우선, 우리를 속여 죄를 짓게 만든다. 사단은 거짓말로 우리를 속이는 데 명수다. 우리를 속여 일단 죄를 짓게 만드는 것이 사단의 일차 목표이다. 우리가 사단에게 속아 넘어가 하는 모든 일이 죄가 되기 때문이다. 사단은 거짓말의 명수답게 항상 그럴 듯한 말로 우리를 유혹한다. 사단은 예수님이 공생애를 시작하실 때 내게 절하면 세상의 모든 것을 주겠다고 말했다. 절만 하면 세상 전부를 준다니 이보다 그럴 듯한 제안이 어디 있겠는가.

그러나 하나하나 짚어보면 뻔한 거짓말임을 금방 알 수 있다. 세상이 아버지 하나님의 것이면 아들 예수님의 것이다. 아들이 친구를 집에 데려와 "우리 집이야" 이러지 "우리 아버지 집이야"라고 말하지 않는 것과 같다. 아버지 것이 아들 것이기 때문이다. 주인은 따로 있는데 사단이 주인 행세하고 있다. 그런데 이 뻔한 거짓말에 속아 세상을 얻으려 사단에게 절하는 사람들이 많다. 사단은 에덴에 사는 아담에게 네가 선악과를 먹으면 선악을 알게 되어 하나님처럼 될 수 있다는 거짓말도 한다. 우리도 아는 뻔한 거짓말에 아담이 속아 넘어간다. 아담을 나무랄 것 하나 없다. 첫 아담이 그랬다면 우리는 더 말할 필요도 없기 때문이다.

사단에게 속아 죄를 짓게 된 사람이 보이는 나쁜 반응이 있다. 하나님으로부터 도망가는 것이다. 하나님은 "아담아 어디 있느냐" 하고 부르며 찾으시는데 정작 아담은 숨는다. 이것이 죄짓게 된 후 사람에게 나타나는 가장 심각한 영적 증세이다. 하나님이 아담을 사랑하고 싶어도 사랑할 수 없게 된다. 아담이 숨어버리기 때문이다. 이것이 사단에게 속아 죄지은 후 아담에게 나타난 비극적인 결말이다. 사단에게 속은 사람은 결국 하나님과 단절된다. 그래서 죄를 하나님과의 단절이라 말한다. 이것은 하나님이 사람을 떠나 생긴 단절이 아니다. 사람이 하나님을 떠나 도망가서 생긴 단절이다. 사람이 죄를 지으면 누가 말하지 않아도 스스로 하나님으로부터 멀리 도망간다. 도망가니 하나님과의 사이가 멀어질 수밖에 없다. 멀어지면 하나님과 사랑을 나누며 사는 것이 불가능하게 된다. 바로 이것이 사단이 바라는 목적이다.

우리가 하나님의 사랑을 영원히 받아 누리며 사는 비결이 있다. 하나님으로부터 스스로 도망가지 않는 것이다. 도망가지 않으려면 일단 사단에게 속아 죄짓지 말아야 한다. 죄 짓지 않으려면 사단에게 속지 않으며 살아야 한다. 사단에게 속지 않는 것이 죄 짓지 않는 것이기 때문이다. 사단에게 속지 않는 방법이 있다. 첫째, 사단이 하는 말은 아예 처음부터 다 거짓말이라 무시하고 시작하는 것이다. 그리고 둘째, 사단이 하라는 것이 있으면 무조건 정반대로 하는 것이다. 코스톨라니라는 "투자에서 성공하는 비결은 남들과 반대로 하는 것"이라는 명언을 남겼다. 영적 투자에 성공하는 비결도 같다. 사단과 정반대로 하는 것이다. 사단이 울라 하면 웃고, 불평하라 하면 감사하기로 결정하는 것이다.

둘째로 사단은, 죄지은 우리에게 죄책감을 불러일으킨다. 원죄가 없던 에덴의 아담도 사단이 넘어뜨렸다면 원죄 가운데 태어난 우리는 사단에게 너무나 무방비인 것이 사실이다. 사단이 찍으면 우리는 모두 넘어간다. 그러나 넘어가는 것이 문제가 아니다. 하나님도 넘어갈 것을 이미 알고 계셨기 때문이다. 넘어간 후 사후 조치가 훨씬 중요하다. 죄지은 것으로 우리의 모든 것이 망해 끝나는 것이 아니다. 죄지은 후 갖게 되는 죄책감 때문에 망하게 되는 것이다.

죄책감은 예수를 잘 믿는 사람에게 많다. 오히려 예수 믿지 않는 사람들에게는 없다. 사단은 죄책감으로 예수 믿지 않는 사람들은 건드리지 않는다. 왜냐하면 가만히 두어도 멸망할 것인데 굳이 힘들여 건드릴 필요가 없기 때문이다. 그래서 사단이 건드리지 않는 사람이 세상에서 제일 불쌍한 사람이다. 그러나 예수를 잘 믿는 사람은 사단이 가만두지 않는다. 사단이 거짓말을 하여 우리가 일단 죄를 짓게 만든 후 다음 단계로 죄책감을 불러 일으킨다.

사단이 죄책감을 불러 일으켜 망하게 하는 과정이 있다. 사단은 하나님을 찾아가 이런 식으로 말하지 않는다. "하나님, 저 사람은 하나님의 사랑을 받아 누릴 만한 자격이 없으니 사랑하지 마십시오." 감히 사단이 하나님 앞에서 그런 요구를 할 수 없기 때문이다. 또 그런 요구를 한다 해서 들어 주실 하나님이 아니란 걸 사단이 잘 알고 있다. 이미 시작된 우리를 향한 하나님의 사랑을 막을 수 없음을 사단도 알고 있다.

이때 사단은 결코 포기하지 않고 죄지은 우리에게 찾아온다. 와서 귓속말로 한 마디 말한다. "너 염치 좀 있어봐라!" 이 말에 넘어가지 않을 사람이 없기 때문이다. 생각해보니 염치가 없는 것이 사실이다. 같은 죄를 회개하고 또 짓고 다시 회개하는 데 어디 염치가 있을 수 있겠는가? 염치가 없어서 나는 하나님의 사랑을 받을 자격이 없다고 스스로 결정하고 하나님의 사랑을 거절한다. 하나님은 가만히 계시는데 자기 스스로 형량을 결정한다. 자신이 죄수와 판사 역할을 동시에 한다. 너무나 어이없게도 교수대에 걸린 밧줄을 스스로 자신의 목에 걸고 자신이 줄을 잡아당긴다. 죄책감이 가져다주는 최악의 결과이다. 이렇게 사단은 죄책감을 이용해 자신의 목적을 완벽히 성취하게 된다. 사람이 하나님의 사랑을 받아 누리지 못하게 만드는 목적을 성취하는 것이다. 1차 세계 대전 때 영국이 독일과의 전투를 앞두고 있었다. 이때 영국 군인들은 힘도 없고 사기도 없는 상태였다. 이때 영국의 처칠이 한 유명한 연설이 있다. "싸우다가 진 나라는 다시 일어서지만 스스로 무릎을 굽힌 나라는 소멸합니다." 죄책감은 사단 앞에 스스로 무릎을 꿇는 것이다. 이제는 영원히 자신의 힘으로 일어설 수 없게 된다. 사단과 싸우다가 질 수는 있다. 그러나 스스로 사단 앞에 영적인 무릎을 꿇는 일만큼은 하지 말아야 한다.

죄책감이 가져오는 결과는 무시무시하다. 먼저, 스스로 하나님의 사랑을 거절하게 된다. 회개하면 하나님은 언제나 용서하신다고 하셨다. 그러나 사람은 하나님의 용서를 받아들이지 않는다. 죄책감 때문이다. 죄책감은 하나님도 사단도 아닌, 자신이 스스로 쌓는 장벽이다. 하나님과 나 사이에 스스로 벽돌 하나하나를 높이 쌓으며 사는 것이 우리의 영적인 현실이다. 이것이 죄책감의 위력이며 사단이 만든 최고의 전술 전략이다.

탕자의 비유에 나와 있는 아들을 기억하는가? 아버지와의 첫 대면에서 말한다. "나를 당신의 종으로 삼아주소서." 아버지는 종이 아니라 아들로 기다렸다. 와서 용서한 게 아니라 이미 용서해 놓고 기다렸다. 그러나 아들은 자신을 종으로 삼아달라고 말한다. 염치가 없기 때문이다. 아들 자리를 내려놓으라고 탕자에게 말한 사람은 아무도 없다. 그러나 죄책감 때문에 아들의 자리를 스스로 내려놓았다. 자격이 없다고 아버지의 사랑을 거절한 것이다.

죄책감은 또한 자존감을 낮추는 결과를 가져온다. 사람들은 지폐가 구겨져 있거나 얼룩져 있다 해서 버리지 않는다. 왜냐하면 구겨지고 얼룩이 져도 지폐의 가치는 떨어지지 않았음을 알기 때문이다. 내재가치가 남아 있는 것이다. 하나님도 마찬가지이다. 우리가 죄를 지어 찢어지고 구겨져도 버리지 않으신다. 왜냐하면 하나님께서 우리에게 주신 가치는 내재되어 있기 때문이다. 그러나 죄책감은 사람의 내재 가치를 의심하게 만들거나 아예 부정하게 만든다.

어릴 적 우리 할머니가 엎드려 기도하던 내용이 생각난다. "하나님 아버지, 이 벌레만도 못한 저를 용서해 주소서!" 분명 겸손의 자세에서 나온 기도일 것이다. 그러나 이것도 한두 번이지 기도할 때마다 반복해서 매일 들으시는 하나님의 심정은 불편하실 게 분명하다. 자신을 하나님의 자식이라 말해놓고 자신을 벌레라고 말하면 아버지 하나님은 무엇이 되겠는가? 하나님도 벌레라는 말이 되기 때문이다. 처음에는 벌레였다고 고백하더라도 나중에는 자녀라고 당당히 말할 수 있는 사람을 하나님은 좋아하신다. 아버지는 뻔뻔한 아들이 좋다. 벽에 머리 박으며 자책만 하는 자녀는 부모의 마음만 아프게 할 뿐이기 때문이다.

# 무조건 거부해야 할
# 거짓말들
_ 인생의 참 목적

사단은 인생의 목적에 대해 두 가지 거짓말을 속삭인다.

첫째, 죄를 짓지 않는 것이 인생의 목적이라고 말한다. 죄를 짓지 않으며 사는 것을 인생의 목적으로 삼으면 누구도 예외 없이 죄책감에 빠져든다. 세상에 죄 안 짓고 살 수 있는 사람은 없기 때문이다. 사람은 과거에도 죄를 짓고 현재에도 지으며 죽을 때까지 지을 것이다. 예수 믿는 사람도 예외가 아니다. 예수를 믿은 후에도 계속 죄를 지어왔다. 이것만 보아도 예수 믿는 목적이 죄를 짓지 않는 것이 아님을 알 수 있다. 하나님도 이 사실을 잘 아신다. 십자가에서 예수님은 과거의 죄만 담당하신 것이 아니다. 우리가 죽을 때까지 지을 모든 죄를 다 지고 십자가에서 죽으셨다. 인생의 목적을 죄짓지 않는 것으로 삼으면 사단이 쳐놓은 덫에 완전히 걸려든다. 한 번만 죄를 지어도 인생의 목적을 상실한 사람으로 자신을 전락시키기 때문이다. 사단이 말하는 것은 무조건 틀린 말이다. 죄를 안 짓는 것이 인생의 목적이라면 하나님은 사람에게 자유의지를 주지 않으셨을 것이다. 그러면 원천적으로 죄를 지을 수 없게 되기 때문이다. 우리가 예수를 믿고 구원받았음에도 불구하고 아직도 죄를 지으며 사는 것을 보면 죄 안 짓고 사는 것이 인생의 목적이 아닌 것이 분명하다.

우리는 죄를 짓지 않으며 사는 것을 목적으로 창조된 인생이 아니다. 사단은 우리가 인생의 목적을 정할 때 수준을 낮추어 잡게 한다. 죄 안 짓고 사는 정도로 목적을 정하라 말한다.

사실 간음하지 말라는 계명을 소극적 계명으로 지키면 단지 간음만 하지 않으면 된다. 하나님은 간음하지 않는 것을 목적으로 이 계명을 주신 것이 아니다. 너의 아내를 사랑하며 살라는 것이 계명을 주신 온전한 목적이다. 너의 가정을 지키길 원하신다는 하나님의 사랑이 들어 있다. 이것을 적극적 계명이라고 말한다.

"간음하지 말라"를 목적으로 삼으면 오히려 사단의 계략에 넘어갈 가능성이 많다. 간음하지 않는 하나님의 적극적인 방법이 있다. 아내를 지극히 사랑하는 것이다. 이것이 하나님이 계명을 주신 본래 목적이다. 그러나 사단은 간음하지 말라는 계명을 지키는 것을 인생의 목적으로 삼으라 하여 수준을 낮추어 놓는다. 결국 간음한 사람은 가정도 망가지게 되고 죄책감에 빠지는 최악의 상황을 맞이하게 된다.

"살인하지 말라"는 계명은 사람을 죽이지 말며 살라는 소극적 계명이 아니다. 나는 너의 생명을 지키길 원한다는 사랑이 담긴 계명이다. 그리고 네 이웃을 사랑하며 살라는 목적으로 주신 적극적 계명이다. 성경에 무엇을 하지 말란다고 해서 그저 하지 않고 사는 것을 인생의 목적으로 삼지 말아야 한다. 그럴듯 해 보이지만 사단의 속임수에 넘어가는 셈이 되기 때문이다. 사단은 최저 수준으로 살라 말하고 있다. 그러나 하나님은 최고 수준을 목표로 살아가라 하신다.

건강을 정의할 때 과거에는 "질병이 없는 상태"라고 했다. 소극적인 뜻이다. 그러나 지금은 "최상의 심신 상태"라고 말한다. 적극적인 뜻으로 정의한다. 무엇인가를 하기 위하여 최적의 몸 상태를 만들어야 건강하다는 뜻이다. 영적인 건강도 마찬가지이다. 죄를 안 짓는 정도 갖고서는 영적으로 건강한 게 아니다. 이 정도를 인생의 목적으로 삼아서도 안 된다. 의를 행하는 최상의 상태를 목적으로 삼아야 영적으로 건강해 진다.

둘째, 사단은 인생의 목적이 죄를 안 지으려 피 흘려 노력하는 것이라고 말한다. 죄를 안 지으려 노력하는 것이 인생의 목적이라고 말하면 말은 참 그럴 듯하다. 여기에는 엄청난 사단의 함정이 숨겨져 있다. 만일 인생의 목적이 죄를 안 지으려 피 흘려 노력하는 것이라면 하나님은 은혜를 주시지 않고 율법을 강화시켰을 것이다.

인간이 죄를 덜 짓게 만드는 가장 쉬운 방법이 있다. 죄에 대한 형벌을 혹독하게 강화시키는 것이다. 하나님은 우리가 서로 미워하면 무기징역을 선고할 수 있으셨다. 저주하면 사형이라고 율법을 통해서 얼마든지 정하실 수 있으셨다. 이러면 형벌이 무서워 죄를 더 이상 짓지 않을 것이 분명하다. 그러나 하나님은 형벌이 무서워 죄짓지 않고 살기를 원치 않으셨다. 이것은 잠시 못 하는 것이지 안 하는 것이 아니기 때문이다. 언젠가는 기회가 생기면 할 것이 분명하기 때문이다. 사람이 하나님을 사랑하고 은혜를 경험해서 죄를 안 짓게 되길 원하신 것이다. 사랑하면 사랑하는 사람이 원치 않는 것은 하고 싶지 않는 것이 정상이다. 하나님은 이러한 관계를 원하셨다. 죄의 유무가 아니라 사랑하는 관계를 원하신다. 사랑하는 관계가 이루어지면 죄의 문제는 저절로 해결되기 때문이다.

그러면 성경이 말하는 인생의 목적은 무엇인가? 인생의 목적은 죄를 지었음에도 불구하고 십자가를 붙들고 사는 길이 있음을 믿고 사는 것이다. 인생은 이미 죄를 지으며 살았고 지금도 죄를 짓고 있으며 죽을 때까지 죄를 지으며 살 것이다. 이것 때문에 절망하거나 포기할 필요 없다. 그럴수록 십자가를 붙들고 사는 길이 있다는 것을 믿고 당당히 살아가는 것이 하나님을 기쁘게 한다.

# 배알도 없는
# 하나님
_ 하나님의 속성

 죄를 회개하는 우리를 용서하기 위해 하나님에게 없는 두 가지가 있다.

하나님은 기억력이 없으시다. 하나님은 회개한 죄에 관해서는 기억력이 없으시다. 외람되지만 이것을 하나님의 영적 치매라고 부른다. 성경은 히브리서 10장 17절에서 말한다. "또 그들의 죄와 그들의 불법을 내가 다시 기억하지 아니하리라 하셨으니." 세상에서는 죄를 재범하면 가중처벌법이 따로 있다. 그러나 회개한 죄에 관해서는 가중처벌법도 없고 누진률도 적용되지 않는다.

어릴 적 부흥집회 때 부흥사 목사님들이 하시던 이야기가 생각이 난다. 천국에 가면 영사기가 돌고 있는데 살아생전에 우리가 지었던 죄를 하나님이 모두 찍어서 상영하니 다시는 죄짓지 말며 살라는 요지였다. 이 말씀을 듣고 있던 어린 나는 갑자기 천국 가기가 싫은 마음이 들었다. 불꽃 같은 눈으로 바라보시는 하나님의 시선이 부담스럽고 힘들었던 적이 있다. 지금은 불꽃 같은 눈으로 나를 바라보시는 하나님이 참 안심되고 좋다. "감시하려는 눈"이 아니라 "보호하려는 눈"이라는 믿음이 있기 때문이다. 이미 회개한 죄를 다시 기억나게 하는 것은 사단의 일이다. 사단은 우리가 지은 죄에 대하여 비상한 기억력을 주어 우리가 중요한 하나님의 일을 할 때마다 지은 죄를 생각나게 해 우리 발목을 잡는다. "너 같은 사람이 어떻게 그런 일을 하냐? 그럴 자격이 너에게는 없다, 다른 사람들이 네 죄를 알면 다 웃는다." 사단이 던진 이 말에 대부분의 사역자가 좌절한다. 죄책감을 일으켜 하나님의 일을 하지 못하게 만들려는 사단의 전술, 전략에 넘어간 것이다.

수련회나 부흥회에 가면 참 기이한 일이 벌어진다. 첫날이 되면 꼭 불이 꺼지고 단골 기도제목으로 우리의 모든 죄를 회개하는 기도제목이 나온다. 꼭 회개해야 할 것만 같은 분위기로 만들려 배경음악을 키보드로 잔잔하게 깐다. 어두침침한 조명을 만들어 회개 분위기를 연출하고 기도인도자는 자극적인 멘트를 날린다. 엄마 젖꼭지 깨물었던 것부터 회개하자고 하면 강퍅한 사람 빼고는 눈물로 회개한다. 회개한 후에는 용서의 확신이 안 들었던지 종이를 나눠주고 죄를 적어 보라고 말한다. 그리고 난 다음 캠프파이어를 하면서 죄를 적은 종이를 태우고 발로 비비며 죄 용서를 확신하게 만드는 순서를 갖는다. 여기까지는 그래도 좋다. 다음 해가 되면 이와 같은 과정을 똑같이 반복한다. 다시 엄마 젖꼭지 깨물었던 죄부터 회개하게 만드는 것이다. 이것은 십자가의 능력을 능멸하는 것이다. 십자가는 용서했다고 말하는데 나는 용서가 아직 안 되었다고 우기는 격이 되기 때문이다. 십자가의 능력을 인정하는 방법이 있다. 작년 부흥회에서 회개한 죄 이후의 죄만 회개하는 것이다. 회개했던 죄는 다시 기억하지도 말고 회개하지도 않는 것이 십자가의 능력을 인정하는 것이다. 회개한 죄에 관하여는 영적인 치매에 걸려도 좋다. 이것이 하나님을 가장 기쁘시게 한다.

둘째, 하나님은 배알도 없으시다. "너는 배알도 없는 인간이다" 이 말을 남에게 듣고 기분 좋을 사람이 없다. 배알이 없다는 말은 자존심도 없고 얼빠진 인간이라는 뜻이기 때문이다. 그러나 우리가 아는 하나님은 아무리 보아도 배알이 없으시다.

예수님을 모른다고 계집애 앞에서 세 번이나 부인하고 저주했던 베드로를 대하는 예수님의 반응만 보아도 금방 알 수 있다. 베드로는 예수님이 부활했다는 소식을 들었음에도 고기를 잡으러 디베랴 바닷가로 도망갔다. 깊은 죄책감 때문이었다. 예수님이 그 베드로를 찾아가셨다. 찾아가실 뿐 아니라 물고기와 떡을 구워놓고 베드로를 청하셨다. 배알이 없는 분이 확실하다. 우리 같으면 고기 잡는 베드로의 배를 확 뒤집어 놓았을 텐데 말이다.

우리는 지금까지 하나님이 상처 받으실 말을 많이 하며 살았다. "하나님 저 지쳤어요. 더 이상 저에게 요구하지 마세요. 제 헌신 여기까지입니다. 왜 저만 손해를 봐야 합니까? 하나님 생각만 하면 이젠 징그러워요. 저를 건드리지 말아주세요." 그러나 하나님이 만일 우리에게 이러셨다면 정말 큰일이다. "동일아, 나 지쳤다. 너 이젠 정말 징그럽다. 너 더 이상 책임 못 지겠다. 나 여기까지다. 나 부르지도 말고 건드리지도 말아라." 하나님이 이런 말씀 하시는 것을 한 번도 들어 본 적이 없다. 이것 참 다행이다. 하나님은 정말로 배알이 없으신 것이 확실하다.

# 그래,
# 나 염치없다, 왜?
### _죄책감을 이기는 방법

　죄책감 자체가 모든 죄 중에서 치명적인 죄이다. 죄책감을 가지고 산다는 것 자체가 십자가의 능력을 능멸하는 것이기 때문이다. 그런데 이상하게도 예수를 잘 믿는 사람일수록 죄책감이 많다. 하나님은 용서하셨다 하는데도 스스로를 쉽게 용서하지 않는다. 우리가 제일 먼저 회개해야 할 큰 죄가 있다. 바로 죄책감을 계속 가지고 다니는 것이다.

　죄책감은 영적인 수치심을 가져다준다. 수치심이란 부끄러워하는 마음이다. 사단은 이미 회개한 죄를 기억하게 하여 과도한 부끄러운 마음을 갖게 한다. 이러한 영적인 수치심을 완벽하게 극복하는 두 가지 비결이 있다.

　먼저, 하나님 믿고 아주 뻔뻔해지는 것이다. 최악의 욕은 뻔한 사람이라는 말이다. 너에게는 소망도 없고 기대할 것도 없으니 포기하겠다는 말이기 때문이다. 뻔한 사람보다 더 치욕적인 욕은 뻔을 하나 더 붙인 뻔뻔한 사람이다. 그러나 하나님은 죄책감에 관해서는 뻔뻔한 사람을 제일 좋아하신다. 자식은 살다보면 아버지 앞에 잘 못하는 경우가 많다. 아버지가 이것을 누구보다 잘 알고 있다. 그러나 아버지의 마음을 제일 기쁘게 해드리는 아들이 따로 있다. 과도한 부끄러움을 가지고 스스로 멀어지는 자식이 아니다. 얼굴에 철판 깔고 아버지 앞에 뻔뻔하게 서는 아들이다.

탕자는 무조건 아버지 품에 돌아와 안기며 이렇게 말했어야 했다. "아버지 … 저 아직도 사랑하시는 거 맞죠?, 저 여전히 아버지 아들인 거죠?" 뻔뻔한 아들이 사실은 하나도 밉지가 않다. 아버지와 아들의 관계가 본래 그렇기 때문이다. 세상에서 뻔뻔한 사람이란 소리를 듣고 살면 실패한 인생이다. 치명적인 욕이기 때문이다. 그러나 아버지와 자식 사이에는 뻔뻔하다는 말은 오히려 최고의 칭찬이 된다. 뻔뻔함이 통하는 관계는 세상에 그리 많지 않기 때문이다.

아버지의 마음을 가장 슬프고 아프게 만드는 자식이 있다. 탕자처럼 기껏 돌아와선 나를 당신의 품꾼 중 하나로 삼아 달라 말하는 아들이다. 왜냐하면 아버지의 용서와 사랑을 도저히 받아들이지 못하겠다는 말을 하고 있기 때문이다. 아버지 보기에 세상에서 제일 못난 아들이 있다. 아버지는 용서했다 하는데 매일 죄책감 속에 사는 아들이다. 아버지는 나를 용서하셨지만 나는 나를 용서할 수 없다고 벽에 머리 박으며 자책하는 아들이 실제로 있다. 스스로를 용서하지 못해 불행하게 사는 바보 같은 크리스천이 많다는 데 심각성이 있다. 아버지에게는 당당하고 뻔뻔하다 못해 능청스런 아들이 더 예쁜 법이다.

사단이 죄짓고 사는 우리에게 항상 던지는 말이 하나 있다. "너 염치 좀 있어봐라"이다. 이 말을 가장 멋지게 받아치는 방법이 있다. "그래 나 염치없다, 그래서?" 이렇게 따지면 사단이 도리어 엄청난 상처를 입게 된다. 사단은 세상에서 제일 불쌍한 존재이다. 한번 상처 입으면 치유해 줄 곳이 세상 천지에 하나 없는 존재이기 때문이다.

〈포브스〉에 의해 세계에서 가장 영향력 있는 명사 100인 중 최고로 선정된 사람이 오프라 윈프리이다. 그녀에게 항상 붙어 다녔던 꼬리표는 이렇다. "흑인, 사생아, 가난, 뚱뚱보, 미혼모." 이에 대해 그녀가 항상 강하게 받아친 말이 걸작이다. "그래서? 그게 뭐 어쨌다고?" 이 말은 사단에게 훨씬 더 잘 먹힐 말이다. 사단이 "염치 좀 있어봐라!" 하고 말하면, "그래서 … 그게 뭐 어쨌다고?" 하면서 머리 확 디밀고 대들어 버리는 것이다.

그리고 과거에 매이지 않고 미래를 바라보는 것이다. 사단은 죄책감을 통해 우리가 과거에 매여 살도록 만든다. 사단이 즐겨 쓰는 영어 단어는 "if only, 만일 그랬다면"이다. 후회는 신앙적으로 유익하지만 평생 후회만 하며 사는 것은 가장 불행한 인생이다. 사실 과거는 내 힘으로 바꿀 수 없는 시간이다. 사단은 우리가 바꿀 수 없는 것에 매여 쓸데없이 소진하도록 만든다. 그러나 하나님은 더 나은 미래를 소망하며 십자가 붙들고 살도록 만들어 주신다. 하나님이 즐겨 쓰시는 영어는 "next time, 그 다음은"이다.

하나님은 미래를 보시고 우리에게 투자하시는 분이시기 때문이다. 베드로를 보시고 주님이 말씀하셨다. "장차 게바라 하리라." 지금은 짱돌이지만 장차 반석이 될 것이라는 말씀이다.

하나님은 사랑과 믿음에 대해 말씀하실 때 과거형을 쓰지 않으신다. 내가 너를 사랑했었다고 말하는 것은 지금은 사랑하지 않는다는 의미이기 때문이다. 상대방을 제일 공격하는 말이 "나는 너를 믿었었다"라는 말이다. 죄책감이 들게 하는 말이기 때문이다. 사랑의 반대말이 80년대는 미움이었고 90년대는 무관심이었다. 그러나 지금은 사랑의 반대말은 "사랑했었다"이다. 주님은 언제나 'ing' 진행형과 앞으로도 사랑할 것이라고 'will' 미래형으로 말씀하신다.

사단이 우리를 향해 즐겨 쓰는 속담이 있다. 안 그래도 죄책감으로 힘든데 사단은 우리를 완전히 때려 눕힐 말만 골라서 한다. "너 같은 인간을 하나님이 사랑하시는 것은 밑 빠진 독에 물 붓기다. 하나님의 자녀가 되고 싶다고? 어림없다. 못 오를 나무는 쳐다보지도 말아라. 죄책감을 이길 수 있다고? 계란으로 바위치기다!"

하나님의 큰 사랑을 아무리 많이 부어도 너는 죄지은 밑 빠진 독이니 새어나가 소용이 없다는 말을 하고 싶은 것이다. 하나님의 자녀가 되는 것은 너에겐 못 오를 나무이니 쳐다보지도 말고 살라고 기부터 죽인다. 계란으로 바위 쳐 보았자 계란만 깨지니 너는 죄책감이란 큰 바위를 어쩔 수 없이 받아들여야 한다고 절망시킨다. 너의 믿음 갖고서 죄책감을 이기는 것은 어림도 없다며 아예 사단에 대한 저항 자체를 포기하게 만든다.

이때 사단에게 던지는 저항의 멘트가 있다. "밑 빠진 독이라 포기할 것 없다. 하나님이 콩을 밑 빠진 독에 담아 두시면 물을 부으면 빠져 나가도 콩나물이 잘 자란다. 하나님의 사랑이 소용없다는 말은 사실이 아니다. 하나님의 사랑이 콩나물에 남아 있기에 물 붓는 것이 소용 있다. 못 오를 나무처럼 보인다고 해서 절망하지 말라. 하나님은 도끼자루 주시며 찍어서 넘어뜨려 오르라고 하신다. 계란으로 바위 치면 계란이 아니라 바위가 깨진다. 힘은 공식으로 $E=mv^2$이다. 에너지는 던지는 달걀의 무게 m이 결정하는 것이 아니다. 던지는 분의 속도에 의해 결정된다. 하나님이 엄청난 속도로 던지면 죄책감이란 바위는 반드시 깨진다. 내가 깨는 것이 아니라 하나님의 사랑이 깨는 것이다. 하나님의 사랑을 매일 매일 받으면 사단이 주는 죄책감은 얼마든지 KO 시킬 수 있다. 어퍼컷은 아니어도 잽으로 얼마든지 넘어뜨릴 수 있다.

하나님 아버지는 기억력도 없고 배알도 없으시고 자녀인 우리는 염치도 없고 뻔뻔하다. 그 아버지의 그 아들이다. 제일 중요한 것은 아버지의 사랑과 용서를 무조건 받아들이는 것이다. 아무런 조건을 대지 말아야 한다. 지나간 과거를 잊고 미래를 바라보는 것이다. 예전 탕자의 삶을 지금부터 반복하지 않으면 된다. 한번 돌아온 탕자는 등 떠밀어 나가살라고 권장해도 이젠 집을 나가지 않는다. 나가봤자 고생만 하고 결국 돌아올 수밖에 없다는 것을 알기 때문이다. 그래서 집나가는 것을 아버지가 허락하신 것이다.

# 죄의식과 죄책감은 다르다
_ 죄의식과 죄책감

죄의식과 죄책감은 전혀 다르다. 죄의식은 성령이 주시는 마음이나 죄책감은 사단이 주는 마음이다. 죄의식은 "내가 죄인이라는 인식"이다. 깊은 죄의식을 가지면 가질수록 깊은 은혜가 있다. 죄의식을 가지면 영적으로도 겸손해진다. 로마서 5장 20절에 보면 "죄가 더한 곳에 은혜가 더욱 넘치나니"라는 말씀이 있다. 성경은 죄를 더 많이 지은 사람을 정죄하지 않고 이렇게 위로한다. 오히려 더 큰 은혜가 있다는 것이다. 이 말씀을 듣고 아직 죄를 더 지어야 한다는 생각은 잘못된 생각이다. 우리는 사망하기에 충분한 죄를 이미 짓고 살았다. 은혜를 더하게 하려고 더 이상 죄를 짓지 않아도 될 정도이다. 이것을 알고 인정하는 것이 죄의식이다. 내가 멸망하기에 충분한 죄를 이미 지었다고 말하는 것이 건강한 죄의식이다.

죄인이라는 고백은 신앙인의 기본기이다. 이것이 해결 안 되면 신앙의 진도가 더 이상 나가지 않는다. 죄의식이 있어야 대속해 줄 예수님에 대한 필요를 인정할 수 있기 때문이다. 자신을 의인이라 여기면 내 대신 죄를 해결해주는 예수님은 나에게 더 이상 필요 없는 분이 되기 때문이다. 감옥에 가서 설교할 기회가 많다. 자신을 죄인이라 여기는 사람은 손들어 보라 하면 드는 사람이 별로 없다. 다 억울하다 말하고 자신을 피해자라고 말한다. 그러나 새벽예배 설교 때는 전혀 다른 반응이 나온다. 자신을 죄인이라 고백하는 사람은 손들어 보라고 하면 너무나 신기하게 모두 손을 든다. 이것이 새벽예배에는 은혜가 있고 감옥에는 은혜가 없는 이유다. 죄 고백한 것만큼 은혜가 임한다.

교회 안에는 예상 외로 탕자의 형인 장자 같은 사람이 많다. 탕자처럼 교회 밖으로 나가 큰 죄를 지어 본 적 없이 순탄하게 살아온 모태신앙을 가진 사람들이다. 장자는 교회 봉사도 하고 헌금도 하는, 꾸준하고 성실한 사역자들이다. 그러나 이런 사람들에게는 이상하게 대부분 은혜가 없다. 왜냐하면 바리새인과 서기관들처럼 '죄인의식'은 없고 '의인의식'만 있기 때문이다.

이런 교인들에게는 솔직히 목사로서 하기 힘든 이야기이지만 하고 싶은 말이 있다. "탕자처럼 한번 집 나갔다 오세요. 죄짓고 오세요." 차라리 죄짓고 와서 자신이 죄인임을 인정하는 것이 훨씬 낫다. 집 나가 보아야 아버지 품이 얼마나 좋은지 알 수 있다.

교회에서 보면 자칭 "은혜 받았다"고 말하는 사람들이 많다. "은혜 받았다"는 의미가 무엇일까? 사람들은 방언이나 예언하는 은사를 받으면 은혜 받았다고 말한다. 좋은 설교를 듣고 은혜 받았다고 하기도 한다. 손뼉 치며 찬양하고는 은혜 받았다고 한다. 이것은 손바닥을 쳐서 열받은 것이지 은혜 받은 것은 아니다. 은사를 받았다고 자랑하는 것도 은혜 받은 게 아니다. 은사는 일하라고 주신 것이지 자랑하라고 주신 게 아니기 때문이다. 은사와 은혜는 전혀 다른 단어이다. 은사는 일에 관계되어 있다. 그러나 은혜는 구원과 관계되어 있다.

은혜 받았다는 의미는 "내가 죄인임을 알았다"는 의미이다. 내가 죄인이라 말할 줄 아는 사람이 은혜 받은 사람이다. 죄인임을 알아야 나의 죄를 대신 갚아주시는 예수님이 필요한 사람이 된다. 구원받았다는 것은 바로 이런 의미이다. "나는 죄인이므로 예수님이 필요합니다"라는 고백이 예수님을 영접했다는 의미이다.

"큰 은혜를 받았다"는 "내가 큰 죄인임을 알았다"는 의미다. 큰 죄인에겐 큰 은혜가 주어지고 작은 죄인에게 작은 은혜가 주어진다. 앞으로 은혜 받았다는 말을 할 때는 의미를 잘 알고 해야 한다. "은혜 받았다"는 말은 "나는 죄인입니다"라는 자백이기 때문이다. 누가복음 5장에 보면 예수님을 처음 만난 베드로가 "나는 죄인입니다, 나를 떠나소서" 하고 말하는 장면이 있다. "주님, 제가 주님을 만나 은혜 받았습니다"는 말을 하고 있는 것이다. 죄인과 은혜는 뗄래야 뗄 수 없는 관계다.

큰 은혜를 경험하는 방법이 있다. 먼저 내가 큰 용서를 받은 큰 죄인이라 고백을 하면 된다. 큰 죄인이라 고백할 때마다 떠오르는 장면이 있다. 어릴 적 은행열매를 따서 껍데기를 벗겨 본 적이 있다. 이때 은행을 손으로 벗기면 옻이 오른다. 집게로 은행을 자루에 담아서 소똥을 쌓아 만든 두엄에 박아 놓으면 된다. 나중에 꺼내보면 껍데기는 다 녹아 없어지고 하얀 알맹이만 남아 있다. 사람이 하얀 은행처럼 쓸모 있는 존재가 되는 방법이 있다. 은행처럼 두엄에 푹 박아 놓아야 한다. 충청도 말로 "꼬라박아 놓는다"고 말한다. 죄인임을 아는 것이 꼬라박아 놓는 것이다. 우리에게 은혜가 없는 이유가 있다. 죄인인 우리가 의인인 양 행세하기 때문이다. 두엄 같은 저 밑바닥에 꼬라박아 놓을 필요가 있다. 두엄 속에 꼬라박아 놓은 은행열매는 "나는 정말로 주님이 필요한 큰 죄인이 맞습니다"를 말해준다.

사도 바울의 초기, 중기, 말기 서신을 비교해 보면 재미있는 부분이 있다. 초기 서신에서 바울은 자신을 "죄인"이라 말한다. 중기 서신에 가면 "사도 중에 지극히 작은 자"라 자신을 낮춘다. 그러다 말기 서신에 가면 "죄인 중의 괴수"라고 자신을 아예 꼬라박아 놓는다. 사도 바울이 사역을 하면 할수록 죄를 더 많이 지어서 죄인 중의 괴수라 말한 것이 아니다. 오히려 죄는 덜 짓고 살았을 것이다. 그러나 은혜가 깊어지자 자신의 실체를 안 것이다. 본래 바울은 죄인이 아니라 죄인 중의 괴수였던 것이다. 오히려 자신을 죄인 중의 괴수라 고백해서 은혜가 깊어진 것이다. 사도 바울이 자신을 죄인 중의 괴수라고 말했다면 과연 우리는 자신을 무엇이라 말해야 할까? 죄인 중의 괴수 중의 괴수밖에는 할 말이 없다.

신학계의 거목이며 66권 성경주석을 쓴 박윤선 박사가 80세 생일잔치에서 한 말이다. "나는 80년 묵은 죄인입니다. 저하고 조금만 다니면 죄의 냄새가 납니다." 거목들은 자신을 꼬라박아 놓으며 사는 공통점이 있다. 그만큼 큰 은혜를 사모하며 살았던 사람들이라고 말하는 게 더 정확하다.

바리새인들과 서기관들은 하나님의 계명을 철저히 지키려 노력하는 사람들이었다. 계명을 치열하게 지키려 노력했던 것은 높이 사야지 결코 폄하해서는 안 된다. 그러나 치명적인 약점 한 가지가 있었다. 율법의 본래 정신과 내용은 버리고 형식만 지킨 것이다. 형식만 지키고 나서 자신이 의인이라 말하며 죄인임을 인정하지는 않게 된 점이다. 죄인임을 인정하지 않게 되었으니 자연히 십자가와 대속의 예수님이 필요 없어지게 된 것이다.

예수님은 저들에게 율법의 기준을 아주 높게 만들어 말씀하신다. "여인을 보고 음욕을 품으면 간음하였느니라. 형제더러 라가, 바보라 말하면 살인하였느니라." 이 말씀은 저들을 절망케 하고 골탕 먹이려는 목적으로 하신 말씀이 아니다. 저들이 율법을 다 지켰다고 말하니 죄인임을 고백 받아 낼 수 없었기에 하신 말씀이다. 세상 그 누구도 지킬 수 없을 정도로 율법의 기준을 높여 버렸다. 자신들이 죄인임을 스스로 인정할 수 있도록 하신 것이다. 율법을 주신 목적 가운데 하나는 죄인임을 토설케 하는 것이다. 예수의 이 말에 바리새인과 서기관들은 모두 살인자와 간음자로 전락하게 되었다. 그러나 자신들이 죄인임을 끝까지 인정하지 않고 예수를 십자가에 못 박아 죽이는 것을 선택하게 된 것이다. 죄인임을 고백하는 것이 그렇게 어렵고 중요하다. 죄인임을 고백하면 대속의 예수를 의지하고 붙들게 된다. 그러나 죄인임을 고백하지 않으면 결국 예수를 십자가에 못 박게 되기 때문이다. 중간은 없고 양자택일만 있다. 자신을 죄인이라 인정하든지 아니면 자신을 죄인이라 말한 예수님을 못 박든지 둘 중 하나를 선택하는 것이다. 지금도 자신이 죄인임을 인정하지 않는 사람은 매우 위험한 사람들이다. 바리새인과 서기관들처럼 결국 예수님을 십자가에 못 박는 사람이 되기 때문이다.

자신을 죄인이라 인정하며 사는 사람은 다른 사람을 정죄하거나 비판하지 않는다. 겸비하여 죄인인 자신에게 임한 하나님의 은혜에 그저 감사하며 살 뿐이다. 이러한 죄의식은 우리를 하나님께로 더 가까이 가게 한다.

책상 위에 "나는 죄인이다"라는 문구를 써 붙여놓고 지낸 적이 있다. 그 기간 동안 얼마나 큰 영적인 유익이 있었는지 모른다. 이 문구는 우선 나의 교만을 꺾었다. 죄를 덜 짓게 하는 브레이크 장치 역할도 했다. 더 이상 쉽게 남을 정죄하거나 비판하지 않게 되었다. 그 당시 제일 많이 떠오른 우리 속담이 있다. "똥 묻은 개가 겨 묻은 개를 나무란다." 아내나 친구를 보고 속으로 말했다. "어이, 겨 묻은 개, 난 똥 묻은 개여." 나 스스로 죄의 문제를 해결할 수 없음도 고백하게 되었다. 십자가와 예수 그리스도를 더욱 의지하게 만들어 주었다. 내 삶에 엄청난 위력을 발휘한 문구였다. 가정에서도 도움을 많이 받았다. 부부간에 서로 섭섭한 부분이 있을 때가 있었다. 이때마다 우리 부부를 "한 지붕 밑에 사는 두 죄인"이라 생각했더니 없던 마음의 여유가 생겼다. "나는 공사중, 당신은 수리중, 우리집은 공사판." 이것이 우리 집 표어다.

# 8. 주여, 어서 오시옵소서 _ 종말론

한번 죽는 것은 사람에게 정해진 것이요
그 후에는 심판이 있으리니 (히 9:27).
그의 경건한 자들의 죽음은
여호와께서 보시기에 귀중한 것이로다 (시 116:15).
초상집에 가는 것이 잔칫집에 가는 것보다 나으니 모든 사람의 끝이
이와 같이 됨이라 산 자는 이것을 그의 마음에 둘지어다 (잠 7:2).
예수께서 이르시되 나는 부활이요 생명이니 나를 믿는 자는 죽어도 살겠고
무릇 살아서 나를 믿는 자는 영원히 죽지 아니하리니
이것을 네가 믿느냐 (요 11:25-26).
우리가 예수께서 죽으셨다가 다시 살아나심을 믿을진대 이와 같이
예수 안에서 자는 자들도 하나님이 그와 함께 데리고 오시리라 (살후 4:14).
그 날과 그 때는 아무도 모르나니 하늘에 있는 천사들도 아들도 모르고
아버지만 아시느니라 (막 13:32).
이르되 갈릴리 사람들아 어찌하여 서서 하늘을 쳐다보느냐
너희 가운데서 하늘로 올려지신 이 예수는
하늘로 가심을 본 그대로 오시리라 하였느니라 (행 1:11).

# 끝은 반드시 있다
_개인적 종말과 우주적 종말

종말을 이야기할 때마다 떠오르는 우화가 있다. 한 사람이 호랑이에게 쫓겨 달아나다가 깊은 웅덩이를 발견한다. 칡넝쿨을 타고 웅덩이로 내려가 한숨을 돌렸다. 막상 바닥에 닿으려 하니 독사들이 우글거리는 게 아닌가. 밖에는 호랑이가 있어 올라갈 수도 없고, 그야말로 진퇴양난에 빠진다. 할 수 없이 칡넝쿨에 매달려 있는데 눈앞에 벌이 모아다 놓은 꿀통이 있는 게다. 자신이 호랑이에게 쫓기고 있고 발 밑에는 독사들이 우글거리고 있다는 것을 잠시 잊어버리고 정신없이 꿀을 먹는다. 이때 생쥐들이 어디선가 나타나 자신이 매달린 칡넝쿨을 조금씩 조금씩 갉아먹는다.

이것은 사람의 종말론적 인생을 빗댄 우화이다. 생쥐들이 갉아먹어 언젠가는 줄이 끊어지는 임박한 종말이 엄연히 눈앞에 있다. 그러나 꿀을 정신없이 빨아먹고 있는 존재가 다름 아닌 우리 자신이다. 지금은 꿀이나 정신없이 빨아먹을 때가 아니다. 우리 앞에 놓여 있는 호랑이와 독사 같은 종말의 심판과 멸망이 기다리고 있음을 잊지 말라는 교훈이다. 지금 살아있다 하여 죽음을 영원히 피한 것이 아니라 잠시 피했을 뿐이다. 시간의 줄은 언젠가 닳아져 끊기는 날이 온다.

기독교의 종말은 '우주적 종말'과 '개인적 종말'로 구분된다. 우주적 종말은 2천 년 전 승천하신 예수님이 성경의 예언대로 다시 재림하시는 종말이다. 성경은 너희가 본 그대로 예수님이 다시 오셔서 세상을 심판하실 것이라 못 박아 말씀하신다.

기독교의 역사를 보면 크리스천들의 신앙을 역동적으로 만들어 준 것이 핍박이다. 이러한 핍박을 이겨내게 했던 것은 다름 아닌 종말신앙이었다. 역동적 기독교의 근본은 종말신앙이다. 교권이 강해져 성 베드로 성당과 같은 대형교회당을 세우며 종교가 권력과 결탁해 외형적으로 융성했던 시기가 중세였다. 그러나 기독교 역사가들이 이때를 역설적으로 기독교의 암흑기로 분류하는 것은 우리에게 주는 교훈이 크다. 교부들의 말처럼 기독교는 권력과 영토가 아니라 순교자들의 피를 먹고 번성해왔기 때문이다.

순교자들이 흘린 피가 교회를 강하고 역동적으로 만들었던 이유가 있다. 순교자들이 죽음을 맞이하면서 믿고 고백한 종말신앙 때문이었다. 이땅에서 영원히 살 것처럼 현세의 삶을 만족하는 신앙은 기독교의 신앙을 좀먹는 독소였다. 고난 없는 영광 또한 기독교를 소멸케 만들었다. 종말신앙 없는 기독교가 되면 결국 영적 능력을 상실해 지구상에서 영원히 사라질 가능성이 높다.

엄청난 핍박을 받았던 초대교회 크리스천들에게 가장 큰 힘이 되어 주었던 세 가지 믿음이 있었다. 첫째, 상급이 있다는 믿음이다. 지금 내가 당하는 핍박은 핍박으로만 끝나는 것이 아니라 이생과 내세에 하나님이 주시는 상급이 있을 것이라 순교자들은 믿었다. 바보가 아닌 이상 아무런 확신 없이 핍박 받았을 리가 없다. 핍박과 맞바꿀 만한 보상을 믿었기 때문에 견딘 것이다.

핍박이 핍박으로만 끝나면 이것은 기독교의 신앙이 아니다. 고통 자체를 즐기고 목적으로 하는 새디즘에 가까울 것이다. 홍수가 난 뒤에는 반드시 무지개가 있음을 믿는 것이 기독교이다. 십자가를 지고 죽으면 반드시 부활이 있다고 믿는 것이 기독교이다. 고난 뒤에 반드시 영광이 있을 것이라는 믿음이 초대교인들을 지탱하게 만들었던 것이다. 자신은 순교할지라도 후손들에게는 이생에서의 상급이 있다고 믿었다. 자신들도 죽어 천국에서 순교자의 면류관을 상으로 받을 것이라는 믿음이 있었다. 사실 막상 죽어 천국에 가서 상급과 면류관을 놓고 따질 사람은 없다. 그런 사람은 천국에 없을 가능성이 높다. 왜냐하면 나 같은 사람이 천국에 왔다는 사실에 기뻐 상급을 논할 정신이 없기 때문이다. 그러나 이생에 있어서는 상급을 따져야 한다. 계산기를 놓고 꼼꼼히 따져 상급이 있음을 믿고 견뎌내야 하는 것이 크리스천의 삶이다.

새문안교회에서 부목사로 섬길 때 아주 놀라운 사실을 발견한 것이 있다. 그 교회는 웬만하면 신앙이 3대 아니면 4대였다. 놀라운 것은 3~4대에 걸쳐 예수 믿고 세상적으로도 속칭 성공하지 못한 가정이 없었다. 예수 잘 믿어 일단 술, 담배하지 않고 부부간에 사랑하며 열심히 공부하고 일하여 3~4대를 지나 성공하지 못하는 것이 오히려 기적일 정도이다. 예수 믿고 30년만 지나보면 이생의 상급이 무엇인지도 분명히 알 수 있다.

둘째, 주가 속히 오실 것이라는 종말신앙에 대한 믿음이다. 극심한 핍박을 받았던 초대교인들은 임박한 종말을 기다리며 잠시의 고통과 핍박을 참았다. 주가 속히 오셔서 핍박하는 자들을 심판하실 것이며 우리를 고통으로부터 구원하실 것이라는 믿음이 견딜 수 있게 만들어 주었다.

로마의 카타콤에 갔을 때 지하 3층 깊이의 벽에 손톱으로 오래 전에 긁어 쓴 글씨를 본 적이 있다. 가이드에게 무슨 뜻이냐고 물었더니 이렇게 해석해 주었다. "우리는 언제쯤 이곳을 나갈 수 있을까?" 처음에는 언제 끝날지 모르는 핍박을 받으며 초대교인들이 절망 가운데 쓴 글씨라고 생각했다. 그러나 이글의 속뜻은 주님이 속히 재림하셔야만 핍박이 끝나니 속히 와달라는 간절한 요청이었다. 재림하시면 이 지긋지긋한 동굴을 나가게 된다는 확신과 소망이었다. 신앙의 자유와 정조를 지키기 위해 카타콤에 들어간 로마교인들이 한 점 햇빛도 보지 못하고 전염병으로 죽어가면서도 동굴 밖으로 나오지 않은 이유가 있었다. 배교하면 동굴 밖의 편리한 삶을 얼마든지 맛보며 살 수 있었다. 그러나 배교의 길을 선택하지 않은 데에는 분명한 믿음과 확신이 있었던 것이다. 임박한 종말신앙 때문이다. 몇 대를 걸쳐가며 조상들이 죽으면 동굴 아래를 파서 묻고 또 묻으면서도 끝까지 포기하지 않고 가졌던 꿈이 종말신앙이었다. 이러한 임박한 종말신앙이 기독교를 2천

년이 지났음에도 생명력 있는 진리의 종교로 생존하게 만들어 놓은 것이다. 오늘도 우리가 땅에 발을 딛고 살지만 하늘을 바라보고 하늘을 추구하고 살아야 하는 이유가 여기에 있다. 그래야만 복음의 생명이 유지될 수 있기 때문이다.

셋째, 부활신앙에 대한 믿음이다. 죽음 이후에 대한 3가지 견해가 있다. 이교도들은 윤회설을 믿는다. 이생에서 쌓은 인과에 따라 다음 세계에 응보가 있다는 믿음이다. 아무 의미 없이 사라질 뿐이라고 대부분의 무신론자들이 믿는 소멸설도 있다. 그러나 기독교는 부활한다는 신앙을 가지고 있다. 부활은 기독교의 뚜렷한 정체성이다.

예전에 어른들은 불교를 초상 집에, 유교를 제사 집, 기독교를 잔치 집에 비유하였다. 기독교는 장례조차도 잔치집의 축제처럼 치를 수 있다. 왜냐하면 이생에서의 죽음이 마지막이 아님을 믿고 부활을 소망하며 떠나기 때문이다.

세상에는 죽음의 두려움을 이기며 살았던 두 종류의 사람들이 있다. 첫째는 자연 속에서 사는 자연인들로 자연의 순환을 통하여 죽음을 자연스럽게 받아들이며 살기 때문에 가능하다. 둘째는 부활과 천국신앙으로 죽음의 두려움을 이겨낸 순교자들이다.

순교자들에 대한 역사를 보면 박해자들이 기독교인들에게 배교할 기회를 주었음에도 신앙을 포기하지 않았다. 죽음 너머의 천국을 믿었기 때문이다. 순교자들이 목베임을 당하면서 자신에게 외쳤던 말이 있다고 한다. "조금만 참아라, 영원의 문이 열리리니 … 조금만 견뎌라, 영생의 시간이 열릴 것이니." 저들은 자신의 목숨을 아무 생각 없이 던질 바보가 아니다. 맹목적인 추종자들도 아니다. 다만 순간의 고통과 영생을 맞바꾼 사람들이다. 죽어도 살 수 있다는 신앙이 죽음의 자리에서도 굴하지 않는 신앙인으로 만들어 놓은 것이다. 육신은 죽여도 영혼은 죽일 수 없다는 믿음이 있었다. 전지전능의 부활을 믿는 신앙 고백이 순교자들을 죽음의 자리에서조차 강하게 만들어 놓은 것이다.

부활주일에 이전과는 전혀 다른 가장 큰 소망과 감동으로 예배드리는 사람이 있다. 다름 아닌 고난주간에 사랑했던 사람을 장례 치룬 사람들이다. 어떤 사람들에게는 부활의 감동이 없는 이유가 있다. 죽음을 보지 않았기 때문이다. 깊은 죽음은 깊은 부활의 기쁨을 가져다준다. 깊은 고통은 깊은 부활과 재림의 소망을 가져다준다.

2000년 4월 고난주간 수요일에 영락교회 원로목사님인 한경직 목사님이 돌아가셨다. 장례를 다 치르고 난 다음 교회 토박이인 교인이 이렇게 말하는 것을 들었다. "수십 년을 영락교회 다녔지만 이렇게 큰 부활의 소망으로 감동으로 부활절 예배드리기는 처음입니다." 죽음을 가까이서 보았기 때문이다. 이 이야기를 듣고 나도 죽을 일이 있거든 고난주간에 죽게 해 달라 기도해야겠다는 욕심이 생겼다.

산상수훈의 팔복 가운데 보면 천국을 주시겠다고 약속하신 두 종류의 사람이 나온다. "가난한 자는 복이 있나니 천국이 저희 것임이요, 의를 위하여 핍박을 받는 자는 복이 있나니 천국이 저희 것임이라." 천국을 소망하는 사람들이 많은데 유독 이 두 사람에게만 주시겠다고 하신 이유가 무엇일까? 저들만큼 부활과 재림과 천국을 간절히 소망하며 사는 사람은 없기 때문이다.

곽선희 목사님이 북한을 방문했을 때 일이다. "어머니 무덤에 가보고 싶지 않나요?" 보시겠다고 하면 모셔다 주겠다고 북한 고위층이 말했다고 한다. 이때 곽 목사님이 하신 말이 압권이었다. "저희 어머니는 거기 계시지 않습니다. 천국에 있습니다. 부활을 기다리고 계십니다. 가볼 필요 없습니다." 이 말에 간부가 놀랐다고 한다. 다른 사람들은 북한에 오면 무덤부터 가자고 하는데 전혀 다른 반응이 나온 것이다. 나중에 곽 목사님이 말했다. "그놈들이 다른 뼈 갖다 놓고 어머니 무덤이라고 우기면 별 수 없잖아요." 세상을 압도하는 여유 있는 부활신앙인의 모습이다. 기독교는 과거의 무덤을 팔아먹는 종교가 아니다. 미래의 부활을 팔아먹는 종교이다.

불교 죽음학이라는 부제가 붙은 「우리는 어디로 가는가?」라는 책에서 저자 울산 기도암 주지 송암 스님은 이렇게 말했다. "생의 마지막에 기독교로 개종하는 이들의 90퍼센트가 임종 때문임에도 죽음에 대한 불교계의 대처는 미약하였다." 불교는 이미 죽은 사람을 위한 천도제와 49제로 절의 살림을 유지하는 데만 급급하다. 그러나 정작 지금 죽어가는 사람을 위해선 하는 게 전혀 없다고 쓴 소리를 한 것이다. 불교의 범부나 이른바 큰 스님 반열에 오른 스님일지라도 정말 순교를 앞에 두고 죽음과 신앙의 자존심 중에 하나를 선택하라고 하면 불교인들은 기독교의 유신론에 비해 불계패할 것이 뻔할 것이라 그는 말했다. 기독교의 부활신앙이 이러한 분명한 차이를 가져오게 만든 것이다.

사람이 이 땅에 올 때 아기는 울지만 주변 사람들은 웃는다. 그러나 죽을 때는 정반대의 모습을 한다. 죽는 고인의 영혼은 천국의 소망으로 웃으며 떠나가지만 주변 사람들은 운다. 부활과 천국의 소망이 영혼을 죽음의 자리에서조차 웃게 만든다.

아직도 이 땅에 복음 때문에 고난과 핍박 당하는 수많은 선교사들과 크리스천들이 있다. 저들에게 지금도 힘이 되는 신앙은 다름 아닌 임박한 종말신앙이다. 조금만 참으면 주님이 재림하시는 세상의 끝이 온다는 신앙으로 버티고 있다.

우주적 종말과 개인적 종말을 말할 때에는 4가지 공통점이 있다. 첫째는 끝이 반드시 있다는 것이며 둘째는 심판이 있으며 셋째는 그 날짜는 언제인지 모른다는 것이다. 넷째는 우리는 이 땅에 살면서 종말을 준비하며 살아야 한다는 것이다.

아이들에게 너희들이 죽는 날짜를 안다면 어떻게 하겠느냐고 물었던 적이 있다. 그랬더니 대부분의 아이들이 실컷 죄짓고 놀다가 죽기 직전에 예수 믿고 천국 갈 거라고 대답하였다. 하나님은 이럴까봐 죽는 날짜를 알려주지 않으신다.

신앙 없는 사람에게 죽음을 보여주거나 종말을 이야기해주면 염세주의자가 되어 자포자기하거나 극단주의자가 된다. 사는 목적도 없으니 "먹고 죽은 귀신이 때깔도 좋다"며 먹고 마시는 향락에 빠져들 것이 뻔하다. 시한부 종말론자 같은 이단들은 세상을 도피하거나 현실을 부정하는 신비주의 신앙에 빠진다. 그러나 건강한 신앙인들에게 죽음을 보여주거나 종말을 이야기하면 전혀 다른 반응이 나온다. 오히려 삶이 반듯해지며 오늘이 마지막인 것처럼 치열하게 살아가는 사람이 된다.

로마서 13장 11~13절을 보면 "또한 너희가 이 시기를 알거니와 자다가 깰 때가 벌써 되었으니 이는 이제 우리의 구원이 처음 믿을 때보다 가까웠음이라 밤이 깊고 낮이 가까웠으니 그러므로 우리가 어둠의 일을 벗고 빛의 갑옷을 입자 낮에와 같이 단정히 행하고 방탕하거나 술 취하지 말며 음란하거나 호색하지 말며 다투거나 시기하지 말고"라고 말씀한다. 이 말은 잘못된 종말신앙을 가지면 오히려 방탕하고 술 취하며 음란하거나 호색하며 다투고 시기할 수 있다는 경고이다.

시험 준비를 끝낸 수험생과 시험 준비를 못한 수험생은 시험에 대한 반응 자체가 다르다. 준비를 끝낸 사람은 시험을 기다린다. 자신의 실력을 테스트해볼 수 있는 절호의 기회이기 때문이다. 그러나 준비를 못한 사람은 전혀 반응이 다르다. 시험 날짜가 다가오면 올수록 불안해 하고 두려워 한다. 성적에 대한 심판이 두렵기 때문이다. 어떤 사람에게는 시험 날이 자신의 실력을 인정받는 날인가 하면 어떤 사람에게는 심판의 날이 된다. 종말은 시험이며 우리는 시험 날짜를 받아 놓고 사는 사람들이다. 종말을 준비한 사람과 못한 사람은 꼭 이와 같은 반응을 보인다. 종말을 준비하며 사는 사람은 죽음조차 두렵지 않는 사람이 된다. 언제와도 당당히 맞이할 수 있다. 준비하여 살았기 때문이다. 그러나 종말을 준비 못한 사람은 전혀 다르다. 어떠한 일에도 새가슴처럼 마음 졸이며 무기력하게 사는 크리스천이 되어버리고 만다.

# 기왕이면
## 주님이 오시죠
_개인적 종말론

종말신앙 가운데 가장 가까이서 실감할 수 있는 종말은 개인적 종말이다. 개인적 종말은 나의 죽음을 의미한다. 개인의 죽음은 엄밀히 말하면 우주적 종말과 같은 의미이다. 내가 죽으면 세상도 끝이기 때문이다. 종말에는 오는 종말과 가는 종말이 있다. '오는 종말'은 주님이 오시는 우주적 종말이다. 그러나 '가는 종말'은 내가 죽어 하나님께 가는 개인적 종말이다. 사람의 죽음은 내가 죽어 하나님께로 '가는 종말'이다. 개인이 죽으면 결국 죽는 즉시 하나님 앞에 설 것이며 심판을 받게 될 것이다. 본인에게는 우주적 종말이 되는 셈이다. 사람들은 한결같이 '가는 종말'을 기피한다. "주님 제가 갈 거 없구요. 이왕이면 주님이 오시죠." '오는 종말'을 선호한다. 왜냐하면 '가는 종말'은 죽음의 고통을 겪어야만 하기 때문이다. 그러나 2천 년 동안 모든 사람은 '가는 종말'을 맞이했다. 우리도 '가는 종말'을 코앞에 두고 살고 있다. 가을철 김장 서른 번만 담아도 이 세상에 없을 사람이 태반이다. 김장을 담아도 종말신앙으로 담아야 하는 이유가 여기에 있다.

목사인 나에게 누군가 사람에게 있어 가장 확실한 진리가 무엇이냐고 묻는다면 주저 않고 말할 것이다. "사람은 누구나 반드시 죽는다는 것입니다." 사람은 모두 시한부 인생을 살고 있다. 오늘 하루가 지나면 하루 수명이 짧아지는 게 인생이다. 모든 사람이 죽어가고 있는 것이다. 사람들을 가장 두렵게 만드는 것이 다름 아닌 죽음이다.

본당 설교단 맞은 편에 있는 시계가, 바늘이 돌아가는 아날로그 시계에서 숫자로 표시되는 디지털 시계로 바뀐 적이 있다. 설교할 때 시간 안배에 갑자기 문제가 생겼다. 디지털 시계를 쳐다보아서는 남은 시간이 얼마인지 감이 잘 오지 않았기 때문이다. 설교중이니 한참을 계산해야 남은 시간을 알 수 있었다. 디지털시계는 12:30 현재 시간을 보는 데는 아주 유익하다. 그러나 아날로그 시계는 남은 시간을 보는 데 유익하다. 신앙은 아날로그 시계를 보듯 사는 게 훨씬 좋다. 왜냐하면 현재 시각보다 우리에게 남은 시간이 얼마인지 보며 사는 것이 영적으로 유익하기 때문이다.

영화 속 사망의 원인은 1위가 살인, 2위가 자살, 3위가 교통사고, 4위가 추락사이고 6위가 암으로 나온다. 이것은 실제와는 전혀 다른 드라마 속 이야기일 뿐이다. 실제 한국인 사망원인의 순위는 전혀 다르다. 1위가 암, 2위가 뇌혈관 질환, 3위가 심장 질환, 4위가 당뇨병, 5위가 자살, 6위가 간 질환, 7위가 호흡기 질환이다. 우리는 모두 이와 같은 현실적인 이유로 죽음을 맞이하게 된다.

주일학교 아이들에게 교사가 물었다. "착한 일을 하면 천국 갈 수 있나요?" 아이들 모두가 말했다. "아니요." 교사는 다시 "그러면 주일예배 열심히 드리면 천국 갈 수 있나요?" 물었고 아이들은 다시 "아니요"라고 대답했다. "그러면 어떻게 해야 천국 갈 수 있나요?" 물었더니 아이들이 "죽어야 돼요"라고 답했단다. 정확한 답이다. 천국도 죽어야만 갈 수 있는 것이 사람이다. 사람은 죽어야만 모든 문제가 풀리는 존재이다. 욕심도 야망도 죽어야만 버릴 수 있기 때문이다. 죽어야만 천국 간다는 이유를 알 것 같다. 지구 전체에 엄청난 규모의 사막이 있다. 그러나 지구의 균형을 위해서 사막이 절대 필요하다고 생태학자들은 말한다. 죽음은 사막과 같은 존재이다. 영적인 균형을 위해서 반드시 필요한 존재이다.

개인적으로 임종 예배를 드릴 기회가 있을 때마다 느끼는 것이 있다. 세상에서 제일 비참한 것은 사람이 죽는 모습이다. 죽음을 두려워하지 않는 사람을 거의 본 적이 없다. 죽음보다 더 무서운 것은 죽음에 대한 두려움이다. 세상에 대한 희망은 버리고 힘은 내야 하는 상황이 되기 때문이다. 두려움은 자기의 죽음을 예견하고 있다는 데서 온다. 두려움이 죽음을 더 고통스럽게 만든다. 육체의 고통에다 마음의 고통을 더하기 때문이다.

사람이 죽을 때는 두 가지 증세로 죽는다. 암환자라 해서 암으로 죽는 것이 아니다. 폐렴으로 인한 호흡기능의 정지와 심장기능의 정지로 오는 심장마비로 죽는다. 처절한 고통의 과정을 지켜보면서 인간처럼 허무하고 나약한 존재가 있을까 하는 생각이 든다. 고통스러운 임종을 볼 때마다 우리 예수님이 오셔야만 했던 필연적 이유를 알 것 같다. 인간이 숙명처럼 겪어야 하는 죄로 인한 죽음의 문제를 해결하기 위함이다.

세상의 모든 사람들이 개인적 종말인 죽음을 두려워하는 데는 몇 가지 이유가 있다.

첫째, 죽음을 먼저 경험하고 말해주었던 사람이 없기 때문이다. 세상에서 제일 무서울 것 없는 존재는 하루살이다. 하루살이가 외치며 사는 구호는 "내일은 없다"이기 때문이다. 다른 곤충이 하루살이에게 내일이 있다고 아무리 말해 주어도 믿지를 않는다. 하루 이상을 살아 본 하루살이가 없기 때문이다. 사람도 죽음 너머를 살아 본 사람이 없어서 답답하기는 마찬가지이다.

죽음 너머의 세상을 누군가 말해 주었으면 믿기 쉬울 텐데 아직 그런 사람은 없다. 한번 죽으면 돌아올 수 없기 때문이다. 죽은 사람은 더 이상 말이 없다. 산 사람과 죽은 사람의 완전한 분리만 있을 뿐이다. 이것은 하나님이 만드신 완벽한 격리다. 천국에 간 사람은 있으되 갔다가 와서 이야기해주는 사람이 없다는 데 호기심과 두려움이 있다. 두려움을 이기려면 천국이 있다는 믿음으로 이기는 수밖에 없다. 그래서 성경은 의인은 믿음으로 말미암아 살리라 말씀하신 내용이 정말 이해가 된다. 천국이 있다는 믿음이 죽음의 공포와 두려움으로부터 우리를 살리기 때문이다. 죽음 너머를 갔다 온 유일한 분이 있다. 죽었다 부활하신 예수님이시다. 예수님이 말하는 천국과 영생은 그래서 믿을 만한 근거가 된다.

둘째, 죽음에는 예외가 없기 때문이다. 「모리와 함께한 화요일」에서 보면 루게릭병에 걸린 스승이 제자에게 이렇게 말한다. "사람들은 사람이 죽는다는 것은 알고 믿는다. 그러나 자신이 죽는다는 것은 인정하지 않고 받아들이지도 않는다." 초상집에 가면 반드시 보아야 할 것이 있다. 바로 자신의 죽음을 보아야 한다. 얼마 후에 지금 영정 사진 안에 자신의 얼굴이 들어 있을 것을 보아야 한다. 그러나 초상집에 가서 화환 숫자나 세면서 참 위세 있는 집안이라고 부러워하거나 병원시설 보고 감탄하다가 봐야 할 것을 보지 못하는 철부지 같은 사람이 의외로 많다. 피해가고 싶은 마음 때문에 죽음을 의도적으로 보려 하지 않는다.

자포자기하지 않은 이상 죽음을 피하고 싶지 않은 사람은 없다. 그러나 죽음은 피하고 싶다고 피할 수 없고 예외도 없다. 미룰 수도 없고 조정가능하지도 않다. 죽음을 거부하는 것은 사람이기를 거부하는 것과 같기 때문이다. 모든 질병에는 치료약이 있다. 그러나 죽음만은 치료약이 없다. '받아들임' 이 최선의 방법일 뿐이다. 사람들에게 죽음이 두려움이 되는 이유가 있다. 예외가 없다는 데도 무조건 거부하기 때문이다. 이것은 죽음에 대한 제일 나쁜 자세이다. 죽음을 받아들이고 천국을 소망하면 두려움은 사라진다. "나는 죽음이 싫지만 두렵지는 않다" 말하는 사람이 크리스천이다.

명절 전에는 죽는 사람들이 현저하게 줄어든다는 흥미로운 기사를 본 적이 있다. 명절이 되면 임종환자들이 평소에는 못 보던 가까운 사람들을 볼 수 있다는 기대감으로 생존할 힘이 주어져 좀 더 오래 산다는 내용이다. 그러나 결국 이것은 심리적인 추측일 뿐 사실과는 다르다는 객관적 의료 자료가 나왔다. 명절 전에 사망률이 줄어든다는 기사에는 사람이 자신의 의지로 죽음을 지연할 수 있다는 의도가 숨어 있다. 죽음은 자신의 의지로 미루어지거나 유예되는 것이 절대로 아니다.

죽음은 돈과 명예와 소유가 있다고 하여 집행이 유예되지 않는다. 사람은 죽을 때가 되면 모두가 죽는다. 세상에 공짜가 없는데 죽는 것은 공짜다. 세상 모든 사람은 죽는 데는 돈이 들지 않는다. 죽음은 모든 사람의 빚을 공평하게 갚아준다. 죽음에 관해서는 차별이 없으며 예외도 없다. 죽음은 만인에게 평등하다. 사람은 모두 평등하게 다 늙고 병들며 결국은 죽는다. 세상에 두 번 죽는 사람도 없다. 육체의 죽음은 단 한 번뿐이다. 단 한 번의 죽음으로 모든 사람의 고통과 행복을 원점으로 되돌려 놓는다.

세상에서 차별받았다고 절망하는 사람들은 공동묘지에 가보면 금방 알 수 있는 것이 있다. 거지도 대통령도 죽어 묻혀 있다. 정말 중요한 문제에 관해서는 하나님이 절대로 차별하지 않으신다. 이것만 알아도 세상 살아가는데 불평을 덜하며 살 수 있다. 하나님을 불공평하다고 핑계 대며 살 수 없게 만들어 놓으셨다.

셋째, 그 누구도 대신할 수 없기 때문이다. 내가 아무리 상대를 사랑한다 해도 죽음만큼은 대신할 수 없다. 자신이 힘들다고 하여 다른 사람에게 대신 해달라고도 할 수도 없다. 세상에는 대신 할 수 있는 일이 있고 대신 할 수 없는 일이 엄연히 있다. 죽음은 그 사람이 감당해야 하는 자신의 몫이다. 마지막 순간에 사람은 죽음과 하나님 앞에 혼자만 남는다. 곁에 사랑하는 사람이 울어주고 위로해 주면 힘은 된다. 그러나 죽음 앞에 혼자 서는 절망을 피할 수도 없고 대신할 수도 없다. 사람은 죽음 앞에 서면 외로움을 탄다. 혼자 가는 길이기 때문이다. 전적으로 "죄의 삯은 사망이라"는 주의 말씀에 복종하는 수밖에는 없다. 자신의 죽음을 자신이 짊어지고 가야 한다. 죽음은 받아들이는 것만이 답이다. 받아들이지 않는다고 해서 피할 수 있는 게 아니기 때문이다. 절망으로 받아들이거나 소망으로 받아들이는 것은 전적인 자신의 선택이다.

엘리자베스 퀴블러 로스는 사람이 불치의 병이나 죽음을 앞두면 심리적으로 다섯 단계의 적응과정을 보인다고 말한다. 나는 죽지 않을 것이라고 우기는 부정의 단계, 죽음을 확인하고 "왜 하필 나야?" 하고 화를 내는 분노의 단계, "조금만 더 살게 해주면 착하게 살겠어요" 하는 타협의 단계, 타협으로 죽음을 막을 수 없다는 것에 위축되는 우울의 단계, 피할 수 없음을 알고 인정하는 수용의 단계이다. 그는 바로 이 수용의 단계에서 신앙이 위력을 발휘한다고 말했다. 용기 있게 자신의 죽음을 받아들이고 사후의 일들에 대해 이야기 할 수 있는 힘이 신앙에서 나온다는 말이다. 말기 암 환자들을 돌보는 호스피스들이 대부분 신앙인인 이유가 여기에 있다. 부정하는 환자에게 신앙의 소망으로 죽음을 수용할 수 있도록 도울 수 있기 때문이다.

대부분의 사람들은 '부정'과 '분노'의 단계에서 죽는다. 그러나 신앙이 깊거나 가족관계가 좋을수록 죽음을 잘 받아들인다. 우리는 봄, 여름, 가을, 겨울의 4계절을 보낸다. 시작과 성장과 수확과 휴식의 계절이다. 그러나 나는 풍성한 가을이 좋다 하여 영원한 가을만 기대하는 것은 성숙한 크리스천이 아니다. 내 인생에도 겨울이 있음을 받아들이는 것이 성숙한 크리스천의 모습이다. 내 인생의 겨울은 바로 죽음이다. 죽음 후 다가오는 봄의 부활이 있다고 믿는 것이 우리의 희망이다.

넷째, 언제 죽을지 모르기 때문이다. 자신이 죽는 날을 아는 사람이 있긴 하다. 사형선고를 받은 사형수다. 사형수 외엔 자신이 죽는 날을 아는 사람이 없다. 시한부 인생인데 그 끝은 언제인지 모른다. 하나님께 가르쳐 달라고 해도 가르쳐주시지 않는다. 죽는 날을 아는 것이 우리에게 유익이 없기 때문이다. 시한부 환자에게 의사들은 말한다. "의연하게 받아들이세요. 예전에 하시던 대로 친구도 만나고 맛있는 것도 드시고요." 말은 그럴 듯하지만 맘대로 되지 않는다. 죽는 날을 알고도 의연하게 살 강심장을 가진 사람은 없기 때문이다. 욱하는 심정으로 인생막장의 삶을 살 것이 뻔하다. 그래서 하나님이 죽을 날을 가르쳐 주지 않으신다.

언제 죽을지 모른다는 것이 사람에게는 두려움과 고통이다. 그러나 모른다는 것이 종말신앙의 핵심이다. 언제 죽을지 모르니 오늘이 마지막인 것처럼 치열하게 살아야 한다. 사람은 세상에 올 때에는 순서대로 오고 나이순으로 온다. 그러나 이 세상을 떠날 때는 순서가 없다. 나이순도 없어 어린아이도 죽고 청년도 죽는다. 마치 영원히 살 것처럼 사는 사람이야말로 가장 어리석다. 어느 날 갑자기 감기가 오듯 죽음이 온다. 영적으로 성숙한 사람이 있다. 죽음이라는 안경을 쓰고 삶을 바라볼 줄 아는 사람이다.

스티브 잡스는 2005년 스탠퍼드 대학의 강연에서 죽음에 대해 이렇게 말했다. "곧 죽는다는 생각은 인생의 결단을 내릴 때마다 나에게 가장 중요한 도구였다." 종말신앙이 모든 결정에 있어 가장 신중하고도 정확한 결정을 하게 만들어 주었다는 말이다. 죽음은 사람을 신중하게 만든다. 죽음 앞에서는 제일 중요한 것만이 남는다. 커보이던 일이 죽음 앞에서는 작아 보인다. 세상의 사소한 모든 것이 한꺼번에 걸러지고 중요한 일만 남기 때문이다.

다섯째, 죽음에는 극심한 고통이 있기 때문이다. "죽음은 급살이 제일"이라 전해 내려오는 말이 있다. 고통 없이 죽는 사람이 행복하다는 말이다. 우리 주변에도 나이 들어 자신이 고통 없이 죽게 해달라고 간절히 기도하는 사람들이 많다. 대부분의 사람은 드라마 장면처럼 할 말 다하고 품위를 갖추고 우아하게 죽지 않는다. 죽음이란 의학적으로 심장마비나 호흡기능의 정지로부터 온다. 갑작스럽게 심장이 멈추거나 폐 기능이 망가져 숨을 못 쉬어 죽는다. 극심한 고통에 몸부림을 친다. 중환자실에서 이를 지켜보면 지옥이 따로 없다. 나중에는 극심한 고통을 이겨내려 마약 성분을 투여하기까지 한다. 그러나 마약도 더 이상 내성이 생겨 들지 않는 경우가 많다.

극심한 고통의 임종을 맞이하는 교우에게 "무엇을 위해 기도해 드릴까요?"라고 물었던 적이 있다. "하나님께 저를 빨리 데려가 달라고 기도해주세요"라고 환자가 말한다. 너무나 고통스러우니 빨리 죽게 해달라는 기도부탁이다. 사람이란 절대 이렇게 기도할 존재가 아니다. 그러나 고통이 심해지면 저절로 이런 기도가 나온다. "하나님, 제발 이 영혼을 빨리 데려가 육신의 고통에서 면해주옵소서!" 눈물로 기도해주던 기억이 난다. 끔찍한 고통 앞에 차라리 죽음을 선택하겠다는 것이다. 세상에 죽음의 고통을 이겨낼 장사가 없다.

사람들은 모두 죽음을 싫어한다. 제정신이 아니고서 죽음을 좋아하는 이는 없다. 예수님도 십자가를 지기 전날 밤 이렇게 기도하셨다. "아버지여, 만일 할 만하시거든 이 잔을 내게서 지나가게 하옵소서!" 인간이 죽음 앞에 겪어야 하는 육신의 고통 때문이다.

여섯째, 심판이 있을 것에 대한 두려움 때문이다. 무신론자들은 말한다. "모든 사람에게 반드시 찾아오는 죽음을 두렵게 만든 것이 기독교다." 반드시 찾아오는 죽음을 사람이 두려워하는 것은 바보 같은 짓이라고 말한다. 기독교가 말하는 심판 때문에 사람들이 두려워하는 것이라 말하는 것이다. 그러나 사람이 죽음을 두려워하는 것은 기독교 때문이 아니라 자신이 지은 죄 때문이다. 믿지 않는 사람들에게 참 이상한 점이 있다. 천국과 지옥이 없다고 믿으면서도 정작 죽음을 앞두고는 극도로 두려워한다는 사실이다. 이는 죽음이 임박하면 자신이 살아생전 지은 죄의 심판을 내심 두려워하기 때문이다. 내가 지은 죄가 이토록 많은데 심판 없이 이대로 끝날 수 없음을 직감한다. 영혼이 있기에 죽음 후에 치러야 할 임박한 심판을 영적 본능이 감지했기 때문이다. 자신이 철석같이 믿고 살았던 인과의 법칙에 따라 죄에 따른 징계가 있을 것이라 생각한다. 이것이 영혼의 고통이다. 죽음에는 육체의 고통과 마음의 고통이 있다. 거기에다 심판을 두려워하는 영혼의 고통까지 있는 사람은 죽음 앞에서 최악의 상태를 맞이하게 된다.

일곱째, 세상의 것을 가져 갈 수 없기 때문이다. 죽음 앞에 서면 가져갈 수 있는 것과 없는 것이 확연히 구분된다. 염을 한 후 입히는 수의에는 주머니가 하나도 없다. 가져갈 수 있는 세상의 것이 하나도 없다는 것을 옷이 말해준다. 이 땅에서 많이 누리고 산 사람일수록 죽음이 고통스럽다. 모두 놓고 떠나야 하기 때문이다. 가난한 사람이 복이 있다는 팔복의 말씀이 이런 이유일 것이다. 가난한 사람은 죽는다 하여 더 이상 잃을 것이 없는 사람들이기 때문이다. 의를 위해 핍박 받는 자가 복이 있다. 왜냐하면 이 세상의 고통과 핍박이 죽음으로 단번에 끝나기 때문이다.

임종 때 내가 돈 좀 실컷 벌어보았으면 하고 후회하는 사람은 없다. 큰 자리 하나쯤 차지해보았으면 하는 후회도 없다. 임종이 되면 다들 이렇게 후회하며 죽는다. "예수를 잘 믿을걸, 사랑하면서 살걸, 용서하며 살걸, 베풀면서 살걸." 후회 가운데 죽는다. 죽을 때가 되어서야 사람은 진짜 소중한 것이 무엇인가 알게 된다. 죽음 앞에 그제야 철이 든 것이다. 죽음 앞에서는 사람이 진지해지고 신중해 진다. 세상에서 제일 소중한 것은 죽을 때 가져 갈 수 있는 것이다. 하나님의 사랑, 영생과 구원을 소유한 사람이 죽음 앞에서도 담대할 수 있는 이유가 여기에 있다. 사람이 오래 살았다고 해서 호상이 아니다. 아무리 오래 살았어도 세상 떠날 때 가져갈 것 하나도 없는 사람은 악상이다. 그러나 아무리 짧게 살았어도 예수 믿고 죽었으면 무조건 호상이다. 최고의 선물인 구원을 소유하고 떠났기 때문이다.

# 유사품에
# 주의합시다
_ 잘못된 종말론

자일리톨 껌이 충치예방에 도움이 되는 이유에 대해 들어본 적이 있다. 사람이 밥을 먹은 후 양치질을 하면 치아에 있는 충치균들이 먹을 것이 없어서 허덕이게 된다. 이때 자일리톨이 든 껌을 씹으면 충치균들이 입맛에 단 자일리톨을 당으로 착각해 실컷 먹어치운다는 것이다. 충치균은 입 안에 들어온 당을 분해해서 산을 만들어 이빨을 썩게 한다. 그러나 자일리톨은 유사당이라 아무리 충치균이 먹어도 분해가 되지 않는다. 당연히 분해되지 않으니 산이 분비가 되지 않아 이빨이 썩지 않는다는 것이다. 더 황당한 것은 많이 먹었는데 분해되지 않아 충치균에게 엄청난 고통을 안겨준단다. 충치균이 유사품에 속은 꼴이 된 것이다. 종말신앙에도 유사품인 짝퉁이 있다. 짝퉁이 있다는 말은 그 물건이 좋은 명품이라는 증거가 된다. 사단과 세상이 아무 것이나 짝퉁을 만드는 것이 아니기 때문이다. 기독교 신앙 가운데 사단이 가장 많은 짝 퉁을 만들어낸 것이 바로 종말신앙이다. 그 정도로 기독교 신앙의 명품이 종말신앙이라는 증거이다.

크리스천에게 종말신앙이 엄청난 능력의 원천임을 사단이 이미 알고 있다. 사단은 종말신앙의 유사품을 만들어 유혹하는 수법을 쓰고 있다. 1992년 10월 휴거설을 주장한 이장림 목사의 시한부 종말론 해프닝이 그 한 예이다. 다미선교회의 이장림 목사를 중심으로 한 시한부 종말론자들은 1992년 휴거를 부정하는 자는 휴거하지 못하게 되므로 지옥에 가든지 부끄러운 구원을 받을 것이라 말하였다. 노스트라다무스 같은 예언가들의 예언을 근거로 휴거날짜를 말하면서 성경계시와 저들의 예언을 동일시하였다. 주의 재림이 자신들에게 계시된 정해진 날짜와 시간에 이루어진다는 이단의 교리를 전파했다.

결국 10월의 휴거는 해프닝으로 끝났지만 한국 교회 안에 엄청난 영적인 부작용을 남겼다. 지금까지 한국교회가 급성장했던 신학적 배경이 있다. 가장 중요한 영향을 끼친 것은 종말신앙이다. 60, 70년대 부흥사경회 치고 종말론을 주제로 다루지 않는 집회는 없을 정도였다. 그러나 시한부 종말론이 한번 휩쓸고 간 후부터 종말신앙을 더 이상 교회 안에서 선포하지 못하는 분위기가 되어 버렸다. 종말신앙을 설교하면 이단 취급 받을 것 같은 분위기가 되었기 때문이다. 10월 휴거 날에 휴거는 이루어지지 않았지만 사단의 목적은 이미 성취한 셈이 된 것이다.

이러한 수법을 "양치기 소년의 수법"이라고 말한다. 양치기 소년이 양을 치다가 늑대가 나타났다고 거짓말을 반복하게 된다. 막상 늑대가 나타났을 때에는 아무리 "늑대다" 외쳐도 사람들이 더 이상 믿지 않게 되었고 결국 늑대가 양을 다 잡아 먹었다는 이야기다. 한국교회가 꼭 이와 같이 되었다. 이제는 아무리 종말이 온다고 해도 사람들이 믿지 않게 되었다. 종말을 더 이상 믿지도 않고 종말에 대해 말할 수도 없는 안타까운 현실이 되었다. 종말을 계속해서 설교하면 이단취급 받는 이상한 세대 속에 우리가 살고 있다. 사단이 이렇게 만든 것이다.

대부분의 시한부 종말론 이단들이 이미 교회에 다니고 있는 교인들만 전도하는 이유가 있다. 왜냐하면 저들이 전도하는 목적이 영혼구원이 아니라 교회를 무너뜨리는 것이기 때문이다. 기성교인들을 상대하다 보니 기존의 교회들을 폄하한다. 그러나 기존의 건전한 교단들은 믿지 않는 사람에게만 전도하는 차이가 있다.

이단들이 말하는 시한부 종말론에는 다음과 같은 세 가지 약점이 있다. 첫째, 성경에 정면으로 위배된다. 성경이 말한 주의 재림의 때는 심지어 아들도 모른다고 분명히 말씀하고 있다. 도적같이 주님이 오실 것이라는 말씀만 기억해도 이러한 현혹에 넘어가지 않게 된다.

위폐를 가려내는 직업을 가진 사람들에게 시키는 훈련이 있다고 한다. 위폐를 가지고 연습하게 할 것 같지만 진폐를 가지고 연습한다. 진폐를 가지고 수년을 세다보면 손에 진폐의 감각이 새겨지게 된다. 이때 위폐를 몇 장 끼어 넣으면 감각적으로 얼마든지 위폐를 가려낼 수 있다는 말이다. 위폐를 찾아내려면 진폐를 연습하면 된다. 영적인 원리도 마찬가지이다. 위폐인 이단과 사이비를 가려내고 싶은가? 진폐인 하나님의 말씀 그대로를 연습하고 공부하면 된다. 그러나 시한부 종말론을 가지고 처음부터 공부한다면 오히려 위폐인 이단에 빠질 가능성이 있다. 특히 이단 사이비를 연구하는 사람들은 이 점에 조심해야 한다.

시한부 종말론을 믿는 이단들이 주로 시키는 성경공부 방식이 있다. 우선, 성경을 편식시킨다. 자신들의 교리를 증명해줄 만한 말씀만을 뽑아내 암송하고 공부시킨다. 이단들이 암송에 강한 이유가 여기에 있다. 그러나 성경을 차례대로 하는 공부나 강해설교는 절대로 하지 않는다.

둘째, 사람을 세상과 격리시킨다. 시한부 종말론자들은 크리스천들을 세상과 격리하도록 만든다. 이단들은 휴거를 기다리는 사람들을 특정한 장소에 휴거를 대비해 모이게 한다. 직장과 학교를 그만두게 한 후에 종말을 기다리게 만든다. 성경에 보면 분명히 이와 전혀 다른 내용이 나온다. 어떤 사람은 맷돌 갈다가 밭을 갈다가 데려감을 당했다는 말씀이다. 손 놓고 하늘만 바라보다가 데려감을 당한 게 아니다. 자신의 일에 최선을 다하며 살고 있는 사람들을 하나님이 데려가셨다.

사람들을 세상과 격리하는 쪽으로 유도하다 보니 사회적으로 현실 부적응자들이 이단 교리에 쉽게 빠져든다. 현실 도피주의자들이 주로 이러한 교리에 동조한다. 미래에 대한 소망이 없기에 세상이 어쨌든 빨리 망했으면 하는 바람이 있기 때문이다. 죽은 후의 천국과 재림 후의 하나님나라만 소망한다. 이 땅에서 주가 통치하시는 하나님나라는 관심도 없고 부정하게 된다. 신비주의적인 신앙만을 추구한다. 세상과는 담을 쌓게 되어 재림이 부도수표가 된 후에도 결국 이런 사람들은 사회 부적응자로 남게 된다.

셋째, 결국 저들이 원하는 것은 돈이었다. 시한부 종말론자들은 휴거 계시가 성경적이라고 주장하였다. 그러나 이중적으로 자신을 따르는 추종자들에게 막대한 헌금을 거두어 들였다. 시한부 종말론에 빠진 사람들은 예수 재림 전에 정성을 다하겠다는 열정이 있는 상태였다. 교주는 교인들에게 휴거가 되는 상황에 무슨 돈이 필요 있냐며 자신에게 돈을 바치라고 요구했다. 추종자들에게는 재림이 오면 더 이상 돈이 필요 없으니 다 바치라고 해놓고는, 정작 재림을 주장하는 자신들은 돈이 필요하니 나에게 돈을 바치라고 한 것이다. 결국 돈 때문에 무지한 사람들을 유혹한 사기극으로 판명났다.

# 변명할 여지가 없다
_종말론의 실천 1

죽어서 가는 천국에 대해서는 고민하고 씨름할 필요가 없다. 구원은 전적으로 하나님 하시기 나름이기 때문이다. 죽어서 가는 천국은 예수를 영접한 사람에게 은혜로 주어지는 선물이다.

그러나 우리가 고민하고 씨름하며 살아야 하는 두 가지가 있다. 첫째는 이 땅에서 예수를 제대로 믿는 것과 둘째는 마지막에 잘 죽는 것이다. 이 둘을 합해 이 땅에서 누리는 천국이라 말한다. 예수 믿는 것은 하나님의 몫이지만 예수 잘 믿는 것은 나의 몫이다. 이것들은 우리가 얼마든지 노력해서 이룰 수 있는 문제이다. 이 땅에서 누리는 천국은 우리 하기 나름이기 때문이다. 잘 죽는 죽음도 우리 책임이다. 운명이 아니라 선택이라는 말이다.

현대인들이 잃어버린 가장 소중한 것 하나가 있다. 현실 속에 우리가 가까이 할 수 있었던 죽음이다. 현대인은 죽음을 잃어버렸다. 예전에는 할아버지, 할머니가 돌아가시면 병풍을 쳐 시신을 두고 장례를 치렀다. 한 여름에는 시체 썩는 냄새가 나서 향을 피우기도 했다. 시신을 방 한가운데 가까이 두고 장례를 치렀던 기억은 잊혀지지 않는다. 당시의 묘한 기분이 아직도 생생하다. 잠언 기자가 전한 말이 실감이 난다. "초상집에 가는 것이 잔칫집에 가는 것보다 나으니 모든 사람의 끝이 이와 같이 됨이라 산 자는 이것을 그의 마음에 둘지어다"(전 7:2). 인생을 지혜롭고 의미 있게 살려면 죽음을 가까이 접하며 살아야 한다는 뜻이다.

현대인들은 깨끗하게 장례를 치른다는 명목으로 인간의 소중한 경험 하나를 잃고 있다. 장례가 나면 장의사가 와서 시신을 거두어 냉동 창고에 넣는다. 가족들은 염습 후 시신을 한번 보고 나서 화장하거나 매장하는 것으로 끝난다. 사단은 세상과 결탁해 사람들에게 죽음을 보여주지 않는다. 사람들이 죽음을 보게 되면 진지해지기 때문이다. 죽음 앞에 서면 사람은 인생의 허무함을 알고 결국 영생을 소망하게 된다. 사단은 이것을 두려워한다.

세상은 늙는 것은 추하다고 말한다. 나이든 것 자체가 패배한 인생인 것처럼 몰아 부친다. 사람들이 무조건 젊어 보이려 엄청난 돈을 들여 수술하는 것이 이러한 이유다. 이것은 인생의 진정한 의미를 퇴색시키는 것이다. 세상은 젊은 것이 아름답다고 말한다. 이 말처럼 천박한 논리는 없다. 성경은 젊은 것이 아름답다고 말하지 않는다. 젊은 것이 아름답다고 말하는 사람은 언젠가는 추해지고 불행해 진다. 모든 사람에게 반드시 늙고 병들어 죽을 날이 오기 때문이다.

신차가 나오면 예쁜 아가씨들이 곁에 선다. 사실 신차는 아가씨들만 타는 것이 아니다. 할머니도 타는데 유독 아가씨들만 등장시킨다. 물건을 팔기 위한 이미지 상술에 불과하다. 할머니가 서면 신차가 팔리지 않을 게 분명하다. 인생의 마지막을 보면 쓸데없이 소비나 하며 살아갈 사람은 없기 때문이다. 세상은 물건을 팔기 위해 인생의 진짜 모습을 보여주지 않는다. 젊고 건강한 것만 보면서 살다간 속기 십상이다. 병원 응급실에만 갔다 와도 쇼핑하고 오락할 생각이 싹 사라진다. 백화점 앞에 죽은 사람을 넣은 관을 늘어놓으면 매출이 절반 이상 떨어질 것이 분명하다. 죽음을 보면 사치와 소비가 눈에 들어오지 않기 때문이다. 그래서 사람은 늙고 죽는 것도 가까이서 보며 살아야 할 필요가 있다.

나는 염습을 하게 되면 시신을 관에 안치하기 전에 고인의 얼굴을 모든 유족들에게 보여준다. 어린 손주들까지 모두 들어와 보고 시신을 만져보라고 청한다. 죽음에 대해 보고 경험할 수 있는 아주 드문 자리이기 때문이다. 어른들은 아이들에게 부정적인 충격이 될 거라고 생각한다. 절대 그렇지 않다. 하나님의 백성들은 죽음을 보면 오히려 신중해지고 경건한 삶을 치열하게 살게 된다.

중세의 교회들을 보면 교인들의 무덤을 교회 안마당에 만들었다. 심지어 사제들의 시신은 예배드리는 예배당 바닥에 안치했다. 죽음과 친숙한 구조물이었다. 종말신앙으로 무장할 수 있는 신앙교육의 장으로 무덤을 썼다. 할 수만 있다면 우리도 지금의 예배당 바닥을 파고 교인들의 무덤을 그곳에 만들고 싶은 심정이다.

제자 훈련 마지막 과정에 벽제화장터를 방문하는 시간을 가져

보았다. 교인들은 벽제 화장터에 앉아 관이 들어가 재가 되어 나오는 세 시간여 과정을 지켜본다. 평소 잊고 살았던 죽음을 가까이 보도록 훈련 과정에 넣은 것이다.

부활을 믿는 크리스천들이 시신 화장을 하지 않는 것은 더 이상 변명의 여지가 없다. 부활을 믿지 않는 세상 사람들도 매장지가 없는 나라를 배려해 화장하기 때문이다. 교인들 가운데 이렇게 묻는 사람이 있다. "목사님, 뼈 한 조각도 없으면 하나님이 나를 부활시키시는 데 어려움이 있지 않을까요?" 재로 사라진 시신일지라도 부활에는 아무런 지장이 없다. 크리스천들은 이제 화장을 넘어 시신기증까지 가야 세상에서 영향력을 발휘할 수 있다.

교회에서 유서쓰기 운동을 벌였던 적 있다. 유서를 쓰면서 살아온 인생을 돌아보고 남은 시간을 어떻게 쓸 것인가 다짐해보는 기회였다. 어떤 교회에서는 교인들이 유서를 쓰면 매년 다시 고쳐 쓰는 일이 있다고 한다. 해마다 신앙이 성장해서가 아니었다. 자식에게 남겨줄 유산의 액수를 써놓고 한 해를 보내고 나니 자식에게 섭섭한 것이 많아 액수를 줄이느라 그렇다는 것이었다. 유언장은 유산의 액수를 쓰는 게 아니라 남은 소명을 쓰는 종이다.

천상병 시인이 쓴 귀천이라는 시를 소개한다. 유골을 뿌리기 전에 드리는 안장 예배 때마다 유족들에게 읽어드리는 시이다.


귀천(歸天)


나 하늘로 돌아가리라

새벽 빛 와 닿으면 스러지는
이슬 더불어 손에 손을 잡고,

나 하늘로 돌아가리라
노을 빛 함께 단 둘이서
기슭에서 놀다가 구름 손짓하면은

나 하늘로 돌아가리라
아름다운 이 세상 소풍 끝내는 날
가서 아름다웠더라고 말하리라.

시인이 말했듯이 인생은 소풍이며 끝나는 날이 있다. 하나님 앞에 서서 삶이 아름다웠더라고 말할 수 있다면 성공한 인생이다. "나 하늘로 돌아가리라"는 믿음만 가지고 살아도 욕심을 덜 부리며 살 수 있다. 이것이 종말신앙의 선물이다. 해변에서 모래성을 쌓으며 노는 아이들을 본 적이 있는가? 저녁이 되면 엄마가 부른다. "애들아, 어두우니 집에 들어와 밥 먹어라." 아이는 주저 없이 하루 종일 쌓고 놀았던 모래성을 뒤로 놓아두고 엄마 품으로 돌아간다. 아쉬움은 있지만 모래성을 끌어안고 울거나 주저 앉아 버티는 아이는 없다. 이처럼 주님이 부르시면 주저 없이 하나님 품으로 돌아가는 것이 인생이다.

사도 바울은 "나그네와 행인 같은 너희를 권하노니"라고 말한다. 크리스천을 나그네와 행인으로 묘사한다. 나그네와 행인이 하는 여행은 종말신앙과 유사한 점을 가지고 있다. 여행은 좋은 사람과 같이 해야 한다. 그래야 덜 외롭기 때문이다. 종말신앙에도 좋은 믿음을 가진 사람들의 동행이 필요하다. 돌아갈 집이 있어야 여행이 힘들지 않다. 지금 머문 이 자리가 내 고향이 아니다. 돌아갈 곳이 따로 있음을 잊지 않아야 여행도 즐겁다. 여행이 가장 고통스러운 사람은 여행 끝난 후 돌아갈 집이 없는 사람이다. 여행을 떠날 때는 짐을 과도하게 지고 가지 않는다. 여행 떠나면서 장롱과 냉장고를 짊어지고 떠나지 않는다. 항상 가볍게 떠난다. 왜냐하면 돌아올 것이기 때문이다. 무겁게 떠나보았자 자신만 고생한다는 사실을 누구보다 잘 알고 있다. 계획이 있어야 여행이 즐겁다. 인생의 비전과 계획이 있어야 죽을 때도 좋다. 쉽게 결산하고 떠날 수 있기 때문이다. 여행을 많이 하는 사람들이 철이 빨리 드는 이유가 여기 있다. 여행은 종말신앙과 비슷하기 때문이다.

　필자는 9년째 매년 태국 치앙마이 메쑤웨이로 단기선교를 가고 있다. 일단 선교 팀이 만들어지면 대략 여덟 번씩 선교훈련을 하고 떠난다. 훈련의 마지막 하이라이트는 집안을 뒤지는 것이다. 집안을 완전히 정리하여 나에게 필요 있는 물건과 없어도 되는 물건을 구분해 본다. 나에게 없어도 되는 물건을 구분하여 선교지에 갖다 주는 훈련을 한다. 이 훈련을 하는 분명한 목적이 있다. 나그네와 행인의 삶을 본받는 종말신앙 훈련이다. 쉽게 말해 죽는 훈련이다. 짐을 가볍게 해서 떠나는 것을 해마다 연습한다. 연습할 때마다 보이지 않던 하늘이 보인다.

# 잘
## 죽자
_ 종말론의 실천 2

 살아 있는 사람에게 남은 가장 중요한 과제가 있다. 잘 죽는 것이다. 세상에서 가장 확실한 일인데 사람들이 전혀 준비하지 않는 게 있다. 바로 죽음이다.

내가 없으면 세상이 안 돌아갈 것 같은 심정으로 사는 사람들이 있다. 너무 큰 야망을 가지고 사는 사람들도 많다. 이런 사람들에게는 한번 국립묘지에 가보라고 말씀드린다. 왕년에 세상을 주름잡던 사람은 다 거기에 누워 있다. 그래도 세상은 아무 문제 없이 굴러가고 있지 않은가. 염려 말고 죽어도 된다. 세상은 내가 책임지는 게 아니라 하나님이 책임지기 때문이다.

사람은 누구나 죽을 날 받아놓고 사는 시한부 인생이다. 소명을 다하지 않는 한 절대 죽지 않지만 소명을 다하면 사람은 반드시 죽는다. 사람이 죽으면 "명을 다 했습니다"고 말한다. 여기서 말하는 명이 바로 소명이다. 소명을 다하는 것이 죽음이다. 나의 이해 여부와는 상관이 없다. 세상에는 이해 못할 죽음이 너무나 많다. 소명을 다했다고 밖에는 설명할 길이 없다. 예를 들어 어린 아이를 하나님이 불러 가시는 경우가 있다. 사람들은 도저히 하나님의 뜻을 이해하지 못한다. 그러나 시간이 지나고 보면 결국 이해하게 된다. 아이의 죽음을 통해 부모가 예수 믿게 되고 성숙하게 되는 경우도 있다. 땅에 발을 딛고 살지만 하늘을 보며 살 줄 아는 부모로 바뀐다. 어린아이가 부모에게 남겨준 선물이다.

  장례식장에서 남의 영정 보고 슬퍼할 일만은 아니다. 언젠가는 그 영정 사진 안에 내 얼굴이 들어 있을 것이기 때문이다. 영정 사진을 보면서 한 가지 아쉬운 점이 있다. 사진 속 인물은 한결같이 굳은 얼굴을 하고 있다. 영정 사진 찍는다고 하면 사람들의 얼굴은 굳어진다. 그러나 예수 믿는 사람은 활짝 웃는 영정 사진이 어울린다. 사진만 보아도 은혜가 되게 해야 하는 책임이 우리에게 있다.

  생전에 미리 육성을 녹음해 놓고 떠나는 것도 좋다. 장례와 추도식 때 고인의 생생한 육성이 울려 퍼지는 묘미는 백미다. 내가 부목사로 시무했던 새문안교회는 권사님들이 예배 시 대표 기도할 때 녹음을 떠 놓는다. 그 후 돌아가시면 영결식에서 기도하신 육성을 틀어 놓는다. 죽은 시신을 앞에 두고 산 사람의 목소리가 들리니 머리카락이 설 정도로 묘한데 이상하게도 은혜롭다. 유족들도 추도예배 때마다 틀어놓고 두고두고 은혜 받는다.

  어차피 죽을 인생인데 무엇을 하다 죽느냐가 중요하다. 〈각설

탕〉이라는 영화를 보면 천둥이라는 경주마가 나온다. 연습 경기 중 천둥이는 폐가 상해서 코에서 피가 나온다. 수술하고 경기를 포기할 것인가, 경기하고 수술을 포기할 것인가를 놓고 주인공은 고민한다. 결국 천둥이를 위해 수술하고 경기를 포기하기로 한다.

그러나 말이 사라져 찾아 보니 경기장에 서 있는 것이 아닌가? 천둥이가 달리고 싶어 해 결국 경기에 출전하게 된다. 예상대로 경기 도중 천둥이는 코에서 피가 터진다. 주인공은 말 위에서 외친다. "천둥아! 그만 달려, 그만 달려, 죽는단 말이야!" 천둥이는 1등으로 들어와 꺼꾸러진다. 조련사가 주인공을 위로하며 이렇게 말한다. "경주마는 어차피 달리기 위해 존재하는 동물이니 죽도록 달리다가 죽는 것도 행복한 것 아니냐?" 누워서 죽는 것보다 달리다 죽는 것이 경주마에게는 영광이라는 말이다. 이 영화를 보면서 천둥이처럼 살다 죽고 싶다는 생각을 했다. 저렇게 하나님을 위해 죽도록 달리다 죽는 영광을 나에게도 달라고 기도했다. 녹슬어 없어지는 인생이 아니라 닳아 없어지는 인생을 선택하고 싶다.

전쟁터에서 승리한 장수는 죽은 부하들의 시신을 뒤적거린다고 한다. 부하가 배에 화살을 맞았는지 등에 화살을 맞았는지 확인하는 것이다. 맞은 부위에 따라 유족에 대한 보상이 전혀 달라진다. 배에 맞은 부하는 전진하다 죽었고 등에 맞은 부하는 도망가다 죽었기 때문이다. 사람은 누구나 언젠가는 죽는다. 어차피 죽을 거라면 전진하다 배에 화살 맞아 죽는 병사가 되고 싶다. 그러나 전쟁터에서 꼭 옆구리에 화살 맞아 죽은 병사가 있다. 전진하기에는 겁나고 후퇴하기에는 양심이 꺼린 병사다. 주저하다 옆

구리에 화살 맞아 죽은 것이다. 세상에서 제일 못난 인생이다.

선교지에 가자고 하면 아프가니스탄 사건을 이야기하며 죽을까봐 겁이 나 못가겠다는 사람이 있다. 파송예배 때 서약하는 시간이 있다. "나는 선교지에서 죽더라도 교회에 어떤 이의 제기도 하지 않겠습니다." 사인하라고 하면 도망가는 사람이 실제로 있다. 평소에는 생명이 하나님의 것이라고 말하다가도 아웃리치만은 싫다고 거절한다. 소명을 다하지 않는 한 절대로 죽지 않는다고 말하다가도 죽음 이야기만 하면 벌벌 떤다. 어차피 사람은 죽는데 근사한 죽음을 맞이할 수도 있는 기회를 마다한다.

종말신앙이 없는 교회와 있는 교회는 너무 다르다. 교회학교 아이가 수련회에 갔다가 죽으면 어떤 교회인가 금방 폭로된다. 전국 교회에서 매년 교회학교 수련회 때 익사나 사고사로 아이들이 평균 4명씩은 죽는다. 이런 일이 일어나면 두 종류의 교회로 나뉘게 된다. 한 교회는 "안 죽을 우리 아이를 수련회에 데리고 가서 교회가 죽였다"고 엄청난 액수의 소송에 휘말리게 되어 결국 교회 문을 닫게 된다. 그런데 한 교회는 "나는 부모로서 이해는 안 되지만 내 아이가 하나님의 소명을 다하고 떠난 것이 확실합니다. 생명은 하나님의 것이라고 믿습니다. 교회 잘못으로 죽은 것은 아닙니다"라고 고백하는 부모가 간혹 있다. 이러면 교회는 오히려 부흥한다. 평소에 종말신앙으로 무장시키는 것이 이렇게 중요하다.

잘 죽는 길 중에 하나는 자신의 유산을 깨끗하게 정리하고 떠나는 것이다. 유산 안 남기기 운동은 희년의 정신을 실천하는 삶이다. 성경에서 50년마다 돌아오는 희년은 토지와 노예를 본래 제

주인에게 돌려주는 해이다. 지금도 얼마든지 희년의 정신을 실천하며 사는 길이 있다. 이 땅에서 나에게 주신 것을 쓰고 누리다가 남은 재산을 죽기 전에 사회에 환원하는 것이다.

위대한 자선 사업가인 앤드류 카네기는 사람들이 재산을 처리하는 방법에는 세 가지가 있다고 말했다. 첫째, 가족들에게 재산을 물려주는 것이다. 이것은 재앙이며 저주이다. 시한폭탄과 같은 재산을 가족들에게 던져주고 가는 셈이기 때문이다. 둘째, 공공의 이익을 위해 쓰도록 유언장에 남기는 것이다. 이것도 유언장 놓고 탐욕의 싸움과 다툼이 있을 가능성이 많다. 사람이 일단 죽으면 말할 수도 없고 개입조차 할 수 없기 때문이다. 셋째, 살아 있는 동안 공공의 이익을 위해 자기 재산을 직접 나누는 것이다. 자기 의지에 따라 재산을 처리할 수 있는 유일한 방법이다.

잘 죽는 사람은 묘비명도 다르다. 희극작가 조지 버나드 쇼 (George Bernard Shaw)의 비문에는 이런 글귀가 쓰여 있다. "우물쭈물 살다가 내 끝내 이렇게 될 줄 알았지." 놀라운 것은 자신이 이런 비문을 쓰게 지시했다는 점이다. 누구보다 치열하게 살았고 세계적인 작가이자 위대한 비평가가 이런 비문을 쓰게 했다면 과연 우리는 어떤 비문을 써 달라 해야만 하는가? 죽음 앞에 서면 쓸데 있는 것과 쓸데 없는 것이 명확히 구분된다. 소중한 것과 버려도 되는 것이 구분된다. 가져갈 수 있는 것과 가져갈 수 없는 것이 구별된다. 후회스러운 일과 자랑스러운 일이 구분된다. 종말신앙이 이것을 가능하게 만들어 준다.

사람은 마지막을 준비해야 할 시기가 분명히 다가온다. 그 때가 되면 분명 몹시 힘들 것이다. 어떤 사람들은 노후를 대비하여 미리부터 저축하며 준비한다. 노 테크하는 순서를 보면 돈, 건강, 가정, 신앙 순으로 준비한다. 그러나 크리스천은 신앙, 가정, 건강, 돈 순서로 준비한다. 사람은 돈을 준비는 해도 정작 자신의 영혼을 위한 준비는 하지 않는다.

세상에서 제일 무서운 사람이 있다. 언제든지 세상을 뜰 준비가 되어 있는 사람이다. 오늘이 마지막인 것처럼 사는 종말신앙을 가진 크리스천이 바로 그 사람이다. 죽음에 대한 해답을 주어야 진정한 종교다. 종교의 마지막 과제가 죽음과 종말이기 때문이다. 죽음을 받아들이라 말하는 정도 가지고는 종교가 아니다. 죽어도 부활하며 살아서 믿는 자는 영원히 죽지 않을 것이라 말하는 것이 기독교 능력의 핵심이다.

죽음은 크리스천에게 주시는 하나님의 마지막 선물이다. 영원한 쉼이 되기 때문이다. 더 이상 죄짓지 않아도 더 이상 아프지 않아도 이제 또 다시 죽지 않아도 된다. 이상호의 〈이웃집 아저씨의 탈출〉이라는 시가 그래서 참 좋다.

물샐 틈 없이 조여 오는
시간의 포위망을 뚫고
이웃집 아저씨가 달아났다
그는 지금 용인 공원묘지 산 1번지
양지바른 곳에 반듯이 누워
안도의 숨을 쉬고 있다